GREEN
BEAN
INSIDE

그린빈
인사이드

유대준 박은혜 저

The
Scholar
Bean

그린빈
인사이드

초판 인쇄 2020년 8월 14일
초판 발행 2020년 8월 25일

지은이 유대준 박은혜
펴낸이 임지호
펴낸곳 더스칼러빈(The Scholar Bean)

사진 유대준 임지호 박은혜
표지그림 오현정
일러스트 임지호
디자인 이우녕

출판등록 2020년 7월 30일 제 386-2020-000052 호
주소 경기도 부천시 경인로304번길 12 성지빌딩 2층
대표전화 032-664-7991
팩스 032-664-7990
이메일 tsbean20@gmail.com

ⓒ 유대준 박은혜, 2020
ISBN 979-11-971385-1-5 03570

이 책은 저작권법에 따라 보호받는 저작물이므로
무단 전재와 복제를 금합니다. 이 책의 전부 또는 일부 내용을
재사용하려면 사전에 저작권자와 본사의 서면 동의를
받아야 합니다.

이 도서의 국립중앙도서관 출판예정도서목록(CIP)은
서지정보유통지원시스템 홈페이지(http://seoji.nl.go.kr)와
국가자료종합목록 구축시스템(http://kolis-net.nl.go.kr)에서
이용하실 수 있습니다. (CIP제어번호 : CIP2020033054)

머리말

가르치고자 하는 분야에 있어 적합한 교재가 없다는 것은 교수자에게 있어 마치 광야에 홀로 남겨진 듯한 느낌을 주고, 강의를 진행하다 보면 학생들도 교재의 유무에 따라 수업에 대해 매우 다른 느낌을 받는 것 같습니다. 즉, 수업을 하는 입장이나 듣는 입장 모두 눈에 보이는 무언가의 유무에 따라 느끼는 감정에는 분명한 차이가 있는 것입니다.

수년 동안 커피에 대한 다양한 강의를 진행하면서 로스팅 이전의 커피 프로세스를 다룬 보다 전문적인 책의 부재는 강의를 하는 우리에게 책을 집필하고자 하는데 많은 동기부여가 되었습니다. 그럼에도 불구하고 이 책의 출판을 끝까지 주저했던 이유는 본 책에서 다루고 있는 내용이 과연 커피 즉, '그린빈'이라는 내용에 부합하는가 하는 의문 때문이었습니다.

수많은 시행착오, 자료수집, 내용수정 및 보완 등 산고의 과정을 거쳐 총 8단원으로 책의 내용을 구성하였습니다. 1단원부터 4단원까지는 커피나무와 커피 품종, 재배방법, 커피의 성장과 수확에 대해 다루었고 5단원에서는 커피 가공에 대해 구체적으로 살펴보았습니다. 6단원에서는 커피 중에서 다양한 인증커피들과 스페셜티 커피 및 COE 커피에 대해 알아보았으며 7단원과 8단원에서는 커피의 분류와 각 원산지의 커피 특성에 대해 살펴보았습니다.

그린빈 인사이드는 앞으로 저희가 출판하고자 하는 시리즈 중 첫 출발을 알리는 책입니다. 여전히 손봐야 하는 많은 부분이 남아있지만 그린빈 인사이드가 커피를 보다 더 깊이 있게 알고자 하는 수많은 사람들과 커피를 가르치는 선생님들께 도움이 되기를 진심으로 바라는 바입니다.

책이 나오기까지 옆에서 묵묵히 기다려주고 격려해 준 가족들에게 깊은 감사의 인사를 전하며 앞으로도 커피현장에 계시는 분들의 소리에 꾸준히 귀 기울여 더욱 내실 있는 책으로 수정 및 보완해 나갈 것을 약속드립니다.

2020년 6월
저자 유대준, 박은혜

CONTENTS

9	**커피나무**	나무 잎 꽃 뿌리 열매
19	**커피 품종**	생물학적 관점의 커피 커피의 종 아라비카와 로부스타 아라비카 품종 카네포라 품종 품종개량의 목적
71	**커피 재배**	재배 지역 재배 조건 재배 종류 재배 관리

101	**커피 성장과 수확**	개화 수분과 수정 열매의 성장 및 성숙 수확 수집/운반	205	**생두의 분류와 명칭**	생두의 분류 생두의 명칭
117	**커피 가공**	내추럴 가공 워시드 가공 건조/탈곡 보관 및 선적 생두의 품질	213	**커피 원산지**	남아메리카 멕시코·중앙아메리카 카리브해 아프리카 아시아·태평양
187	**프리미엄 커피**	스페셜티 커피 서스테이너블 커피 컵 오브 엑설런스	336 343	**참고자료** **찾아보기**	

커피나무

COFFEE TREE

나무

커피나무는 열대성 상록수로 다년생 쌍떡잎식물이다. 나무의 형태는 종에 따라 차이를 보이는데 일반적으로 아라비카(Arabica)는 수직으로 뻗은 하나의 줄기에서 두 쌍의 가지가 옆으로 나오고 끝이 처지는 반면 로부스타(Robusta)는 줄기가 여러 개이고 가지가 위로 뻗는다. 나무의 키도 종에 따라 차이를 보인다. 자연 상태에서 아라비카는 4-6m, 로부스타는 8-12m까지도 자라지만[1] 수확과 관리의 편의를 위하여 2-2.5m 정도로 유지시켜 재배한다. 근래에는 품종 개발을 통해 다 자랐을 때의 키가 2m를 넘지 않는 왜소종도 탄생되고 있다.

아라비카

로부스타

1. 커피나무 COFFEE TREE

잎

잎의 구조

① 돌기가 관찰됨
② 가장자리는 물결모양임
③ 잎 끝이 뾰족함

잎은 광합성과 증산, 호흡작용을 담당하는 중요한 기관으로 줄기에서 서로 마주 보고 나는데 길이는 10–15cm, 폭은 8cm 정도이다. 수명은 일 년 정도이지만 가뭄, 고온, 영양 부족 등은 잎의 수명을 단축시키기도 한다.[2] 잎의 형태와 크기는 품종에 따라 조금씩 다르지만, 일반적으로 타원형이며 잎의 끝은 뾰족하고 잎맥도 뚜렷한 편이다. 잎의 가장자리는 새 잎 때는 매끈하나 성장하면서 파도 모양으로 바뀌고 잎 표면은 광택이 나는 짙은 녹색인 반면 뒷면은 밝은 녹색이다.

잎은 마주 보고 남

뒷면은 광택이 없음

잎의 발달 단계

새잎은 처음에 가지 끝에서 두 장이 붙어 나지만(1단계) 자라면서 분리된다(2단계). 품종에 따라 옅은 녹색(3단계)이나 진한 녹색 혹은 브론즈색을 띠고 성장하면서 짙은 녹색(4단계)으로 바뀐다.

진한 녹색

브론즈색

짙은 브론즈색

1. **커피나무** COFFEE TREE

꽃

커피꽃은 흰색이고 크기가 작으며 재스민꽃과 생김새와 향이 비슷해 17세기 이후로는 '아라비아의 재스민(Jasminum arabicum)'이라고도 불리고 있다. 꽃잎 5장*, 수술 5개, 암술 1개로 구성되어 있는데 수술은 꽃밥과 수술대로 이루어져 있고 암술은 암술머리와 암술대, 씨방으로 구성되어 있으며 씨방 안에는 두 개의 밑씨(배주)가 들어있다. 품종에 따라 꽃의 크기와 형태는 조금씩 차이를 보인다.

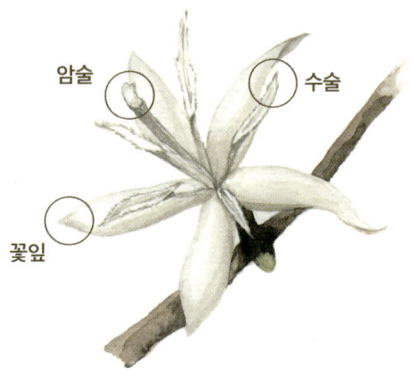

뿌리

뿌리는 총 길이가 20-25km 정도로 땅속 약 3m까지 뻗지만 대부분은 30cm 깊이 안에 분포하며 곧은 뿌리가 잘 발달한다. 곧은 뿌리는 굵고 짧은 형태로 나무를 지탱해주는 역할을 하며 지표면에서 30-45cm 깊이까지 뻗고 곧은 뿌리에서 갈라져 나온 4-8개의 곁뿌리는 2.5-3m 깊이까지 뻗는다. 곁뿌리에는 많은 잔뿌리들이 있는데 대부분 지표면에서 약 30cm 이하에 뻗어 있으며 나무줄기를 중심으로 지름 1.5m 안에 분포한다.[3] 커피나무는 이 잔뿌리들을 통해 수분과 영양분을 흡수하며 이러한 뿌리 발달은 토양의 종류와 영양분, 습도 등에 많은 영향을 받는다.

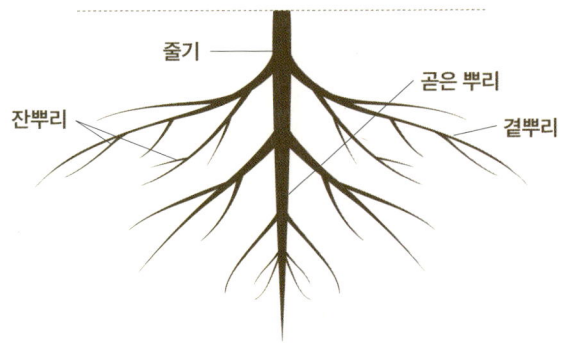

* 꽃잎은 아라비카, 로부스타는 5장, 리베리카(Liberica)는 6-7장 이다.

열매

커피꽃이 떨어지고 나면 그 자리에 열매가 맺힌다. 구조상 핵과(drupe)로* 분류되는 커피열매(coffee berry)는 초기에 녹색이었다가 익으면 대부분 붉은색으로 변하는데 품종에 따라 붉은색의 정도가 다르며 또 노란색이나 오렌지색을 띠는 품종도 있다. 커피열매는 체리와 형태가 비슷하다 하여 커피체리(coffee cherry) 또는 체리(cherry)라 부르며 아라비카 체리의 길이는 12-18mm, 로부스타는 8-16mm 정도이다.[4]

붉은 체리 　　　　　　　　　　　노란 체리

통상 체리 안에는 씨앗이 두 개 들어 있으며 부위별로 각기 명칭이 있다. 자세한 체리의 구조와 명칭은 아래와 같다.

구조

커피열매는 맨 바깥쪽부터 겉껍질(outer skin, skin), 펄프(pulp), 점액질(mucilage) 파치먼트(parchment), 실버스킨(silver skin), 생두(bean)의 순으로 구성되어 있다. 일반적으로 체리 안에는 생두가 두 개 들어있다.

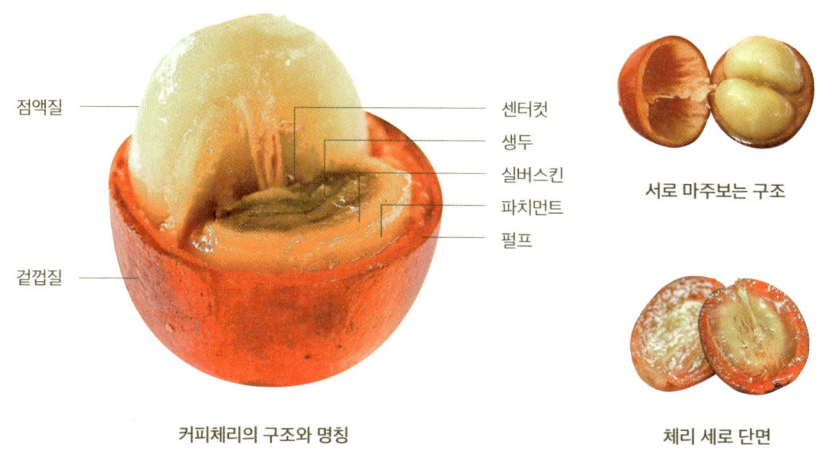

커피체리의 구조와 명칭 　　　　체리 세로 단면

---

* 외과피, 중과피, 내과피 등 3개의 뚜렷한 층 안에 씨가 들어있는 열매로 올리브, 복숭아, 매실나무 등이 여기에 해당된다.

- **겉껍질**
  맨 바깥쪽의 얇은 껍질을 말하며 외과피에 해당된다.

겉껍질

- **펄프**
  겉껍질 바로 아래의 과육 부분으로 중과피에 해당되며 펄프의 두께는 품종에 따라 조금씩 차이를 보인다. 체리 가공 시 펄프를 제거할 때 겉껍질과 펄프가 분리되지 않으므로 제거된 겉껍질과 펄프를 같이 펄프라 하며 이때 펄프 중량은 신선한 체리에서 약 43%를 차지한다.

펄프

점액질   건조 상태의 점액질

- **점액질**
  파치먼트를 감싸고 있는 0.5-2mm 두께의 젤리 같이 미끈미끈한 물질로 잘 익은 체리에서는 단맛이 난다.

- **파치먼트**
  생두를 감싸고 있는 얇은 껍질로 내과피에 해당된다. 건조되면 노란색을 띠며 탈곡 과정에서 제거된다.

점액질이 묻어있는 파치먼트   점액질이 제거된 파치먼트

실버스킨

- **실버스킨**
  파치먼트를 벗기면 생두를 감싸고 있는 얇은 껍질이 나오는데 이를 실버스킨이라 한다. 실버스킨은 배젖(생두)이 다 자란 후 배젖을 싸고 있던 외피가 반투명의 얇은 껍질로 남은 것으로 탈곡 과정에서 대부분 제거되지만 일부는 남아 표면에 달라붙어 있기도 한다. 실버스킨은 생두 표면에만 있는 것이 아니고 왼쪽 사진처럼 생두 내부까지 존재한다.

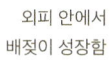  

외피 안에서 배젖이 성장함 → 배젖(생두) / 외피(실버스킨) → 배젖이 성장하여 외피를 가득 채움

연한옥색 / 짙은녹색 / 센터컷 / 실버스킨

- **생두**

생두는 녹색을 띠고 있어 그린빈(green bean)이나 그린커피(green coffee)라 부르며 보통 체리 안에서 두 쪽이 마주보고 있는 것이 일반적이고 한쪽 면이 평평하여 플랫빈(flat bean)이라 부른다. 젖은 상태에서의 생두는 옅은 옥색이지만 건조가 끝나면 짙은 녹색을 띠고 생두의 평평한 쪽의 가운데 오목한 부분은 센터컷(center cut)이라 한다. 생두는 평균 길이가 10mm, 폭은 6mm 정도이며 무게는 수분 함유율이 12-13%일 때 0.17-0.4g 정도이다.[5]

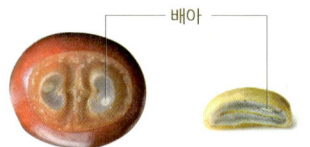

배아

- **배아**

생두의 볼록한 쪽에 들어있으며 길이는 3-4mm 정도이다. 파종하면 위쪽은 떡잎으로 아래쪽은 뿌리로 자란다.

피베리

일반적인 커피체리는 그 안에 두 개의 콩을 가지고 있으나 한 개의 콩만을 가지고 있는 경우도 있는데 이를 피베리(peaberry)라 하며 카라콜(caracol, 달팽이란 뜻) 또는 카라콜리(caracoli)라고도 부른다. 피베리는 체리 안에 한 개의 콩만이 자라기 때문에 체리 자체가 작아 플랫빈에 비해 크기가 작고 둥근 모양을 하고 있다. 나뭇가지 끝에 많이 달리고 하나의 현상으로써 어떠한 품종에서도 발생할 수 있다. 이러한 피베리의 발생 원인은 유전적 결함, 환경적 조건 또는 불완전한 수정 등이다. 발생 비율은 통상 5% 정도이지만 품종에 따라 그 차이가 매우 크고 특히 아라비카와 로부스타의 교배종에서 많이 발생한다.[6]

커피 생산 면에서 피베리의 존재는 하나의 결함으로 간주되기도 하지만 플랫빈보다 소량 생산되고, 두 개의 콩에 갈 성분이 하나의 콩에 집중되었다고 여겨져 일반적으로 플랫빈보다 비싼 가격에 판매된다. 피베리의 커피 특성은 플랫빈에 비해 가벼운 바디(body)와* 밝은 신맛을 지니고 있다고 평가된다.

---

* 바디는 고형 성분과 지방함량에 의해 결정된다.

피베리 체리(좌)와 일반 체리(우)의 크기 비교

피베리 체리 단면   피베리 파치먼트   피베리 생두

피베리 외에 커피체리 안에 생두가 여러 개 들어있는 경우도 가끔 발견된다. 그중 생두가 세 개 있는 것을 트라이앵글러빈(triangular bean)이라 하며 생두의 한 쪽 면이 평평하지 않고 각진 형태를 하고 있다.

트라이앵글러빈 체리 단면   트라이앵글러빈 파치먼트

출처

1. Ed. by Andrea Illy & Rinantonio Viani, Espresso Coffee-The Science of Quality 2nd Ed, (Oxford : Elservier Academic Press, 2005), p25.
2. "The tree and its surroundings", Cafe de Colombia, http://www.cafedecolombia.com/particulares/en/sobre_e_cafe/el_cafe/el_arbol_y_el_entorno/, (2016.6.2.)
3. Schaffer, B. and Andersen, P. (1994). Handbook of Environmental Physiology of Fruit Crops. Florida: CRC press, p.101.
4. Andrea Illy & Rinantonio Viani, op.cit., p.28.
5. Ed. by Jean Nicolas Wintgens, Coffee: Growing, Processing, Sustainable Production, (Weinheim: WILEY-VCH, 2007), p.5.
6. "The Tanzania peaberry mystery", Coffee Review, 2003.10.9., http://www.coffeereview.com/the-tanzanian-peaberry-mystery/, (2016. 8. 15.)

커피품종

COFFEE VARIETIES

생물학적 관점의 커피

커피는 꼭두서니과의 코페아속으로 분류되며 종(species)은 약 80여 가지가 있다.[1] 그중에 코페아 아라비카(Coffea arabica), 코페아 카네포라(Coffea canephora), 코페아 리베리카(Coffea liberica)를 3대 원종이라고 하는데 오늘 날에는 아라비카와 카네포라 두 종만 주로 재배되고 있다. 이외에도 코페아 콘젠시스(Coffea congensis), 코페아 스테노필라(Coffea stenophylla), 코페아 라세모사(Coffea racemosa) 등이 있으나 그 생산량은 무시될 만큼 미미한 수준이다.

커피의 생물학적 분류

과 (family)	속 (genus)	아속 (sub-genus)	종 (species)	품종 (variety)
Rubiaceae	Coffea	Eucoffea	Arabica	Typica/Bourbon 등
			Canephora	Robusta
			Liberica	Liberica

커피의 종

아라비카

에티오피아(Ethiopia) 고원의 삼림 지대에서 발견된 아라비카는* 열대, 아열대의 고지대에서 주로 재배되어 재배 조건이 까다롭고 질병에 취약하다. 그러나 향과 맛이 뛰어나 커피의 여러 종 가운데서 가장 많이 재배되고 있으며 로부스타에 비해 카페인 함량도 절반 정도 수준이다. 프랑스의 식물학자 쥐시외(Antonie de Jussieu, 1686-1758)가 1713년 그의 책에서 '아라비아의 재스민'이라고 불렀으며 그 후 1753년 스웨덴의 식물학자 린네(Carl von Linné, 1707-1778)가 코페아 아라비카(Coffea

---

* 본 책에서 특별한 언급 없이 커피라 하면 아라비카를 의미한다.

arabica Linné)로 명명하였다.[2] 커피는 염색체 구조가 모두 2배체인데 아라비카만 예외적으로 4배체이고 이런 아라비카의 속성으로 인해 많은 돌연변이종과 교배종이 탄생하였다.

카네포라

흔히 로부스타로 불리는 카네포라는* 1862년 영국의 탐험가 리차드 버튼(Richard Burton)과 존 스피크(John Speake)가 아프리카 우간다(Uganda)에서 처음 발견하였고 그 뒤 1898년 벨기에의 식물학자 에밀 로랑(Emil Laurent)에 의해 콩고(Congo)에서 재발견되면서 세상에 알려졌다.[3]

카네포라는 아라비카에 비해 향이 약하고 쓴맛도 강하다. 무덥고 습도가 높은 열대 지역의 저지대에서 잘 자라며** 질병에 대한 저항도 강한 편이어서 아라비카에 비해 재배가 용이하다. 이러한 이유로 생산량이 지속적으로 증가하여 지금은 커피 전체 생산량의 약 40%를 차지하고 있다.

원래 명칭은 발견자의 이름을 따서 코페아 로렌티(Coffea laurentii)였으나 벨기에의 한 회사가 로부스타라는 이름으로 판매하면서 로부스타로 알려지게 되었다.[4]

리베리카

리베리카는 1841년 서부 아프리카의 라이베리아(Liberia)에서 처음 발견된 후 인도네시아에서 1875년경 재배되기 시작하였는데 이는 커피녹병(Coffee leaf rust, CLR)으로*** 인해 아라비카를 대체하기 위함이었다.

리베리카는 로부스타처럼 비가 많이 오는 고온 다습한 환경에서 잘 자라고 질병에 강하다. 자연 상태에서 20m까지 자랄 정도로 나무의 키가 크고 잎도 20-30cm 정도로 크며 체리도 익었을 때 매우 크다. 성숙한 체리의 색깔은 옅은 붉은색이나 노란색이며 생두는 양 끝이 뾰족한 형태로 황갈색이다.

---

*   카네포라는 로부스타 품종이 카네포라를 대표하고 있어 카네포라보다 로부스타란 표현을 더 많이 사용한다.
    따라서 본 책에서도 로부스타로 표기하기로 한다.
** 우간다, 인도에서는 해발 1,200m 이상의 고지대에서 재배되기도 한다.
*** 자세한 내용은 3단원 커피 재배 중 <질병 예방 및 치료> 참조

리베리카 나무

리베리카 열매

리베리카 생두

큰 키와 두꺼운 펄프로 인해 가공이 어렵고 쓴맛과 낮은 커피 품질로 인해 오늘날 아프리카 서부 지역(라이베리아, 적도기니)과 아시아의 일부 지역(말레이시아, 필리핀)에서만 재배되며 생산량도 아주 미미하다. 카페인 함량은 약 1.5%로 아라비카와 로부스타의 중간 정도이다.[5]

코페아 모리티아나

코페아 라세모사

기타 커피 종

아래 표는 3대 원종을 제외한 기타 종에 대한 간략한 설명이다.

커피 종	특성
코페아 스테노필라 (Coffea stenophylla)	시에라리온(Sierra Leone)에서 1840년대 발견된 종으로 열매는 자주색이고 커피 품질과 생산성은 아라비카와 비슷하나 성숙 기간이 아라비카에 비해 길다. 기니(Guinea), 시에라리온, 코트디부아르(Cote d'Ivore) 등지에서 재배된다.[6]
코페아 엑셀사 (Coffea excelsa)	아프리카 차드(Chad) 호수 근처에서 발견되었으며 리베리카와 유사한 형태로 다자라면 키가 9m에 달하고 줄기가 매우 굵다. 열매와 잎도 크기가 크고 새잎은 보랏빛을 띤 브론즈색이다. 필리핀 등에서 재배가 이뤄지며 재배 고도는 해발 750m 이하이다.[7]
코페아 콘젠시스 (Coffea congensis)	콩고의 강가에서 1800년대 후반에 발견된 종으로 콩고 커피로도 불린다. 카네포라와 외관이 유사하고 저지대의 습한 기후에서 잘 자라며 최대 7m까지 성장한다.[8]
코페아 모리티아나 (Coffea mauritiana)	인도양에 있는 모리셔스(Mauritius)에서 유래한 종으로 키가 작고 열매는 길쭉하다. 카페인 성분이 적으며 날카롭고 쓴맛이 강하다.[9]
코페아 라세모사 (Coffea racemosa)	모잠비크(Mozambique)와 짐바브웨(Zimbabwe)가 원산지로 모잠비크 커피로도 알려져 있다. 잎이 길쭉하며 성숙한 체리는 자줏빛이나 검은빛을 띠는데 열매가 많이 달리지는 않고 카페인 함량도 적은 편이다.[10]
코페아 샤리에리아나 (Coffea charrieriana)	카메룬(Cameroon)에서 발견 되었고 카페인 성분이 없는 것으로 알려져 있다. 이 커피를 발견한 프랑스 식물학자인 앙드레 샤리에(André Charrier) 교수의 이름에서 명칭이 지어졌으며 이런 이유로 샤리에 커피(Charrier coffee)라고도 한다.[11]
코페아 유지니오이드 (Coffea eugenioides)	케냐(Kenya), 탄자니아(Tanzania), 수단(Sudan), 콩고, 우간다, 르완다(Rwanda)의 1,000-2,100m 고원 지대 숲에서 자라며 난디 커피(Nandi coffee)라고도 한다. 카페인 함량이 적고 아라비카보다 키와 열매의 크기가 작으며 열매도 많이 달리지 않는다.[12]

아라비카와 로부스타의 비교

1. 형태 비교

아라비카와 로부스타는 나무의 형태나 크기, 줄기나 가지의 굵기, 체리가 달린 형태 등 여러 면에서 차이를 보이며 그 특성을 이해하면 쉽게 구별할 수 있다.

나무 로부스타가 아라비카에 비해 대체로 나무키가 더 크고 줄기와 가지도 더 굵으며 체리도 더 많이 모여서 달린다

아라비카

로부스타

잎 일반적으로 로부스타 잎이 아라비카에 비해 더 크고 넓다

아라비카

로부스타

꽃 로부스타가 꽃이 더 크고 더 많이 모여서 피며 아라비카는 마디 쪽에 2–12개가, 로부스타는 8–20개가 모여서 핀다.[13]

아라비카   로부스타

파치먼트 아라비카 파치먼트는 노란빛을 띠지만 로부스타는 녹색을 띤다.

아라비카   로부스타

생두 아라비카 생두는 길쭉하고 센터컷이 S자 형태이며 윗면은 오목하지만, 로부스타는 동그랗고 센터컷이 일자이며 윗면이 평평하다.

아라비카   로부스타

2. 특성 비교

아라비카와 로부스타는 재배조건, 커피 향미 등 여러 면에서 매우 다른 특성을 보인다. 아래는 아라비카와 로부스타의 특성을 비교한 표이다.

	아라비카	로부스타
학명	Coffea arabica Linné	Coffea canephora Pierre ex Froehner
분류 등록	1753년	1895년
원산지	에티오피아	우간다, 콩고
발견 시기	6 - 7세기	1800년대
유전자(2n)	염색체 수 44(4배체)	염색체 수 22개(2배체)
번식	자가수분	타가수분
재배 평균 기온(℃)	15 - 24	24 - 30
재배 지역	비교적 서늘한 고지대	고온 다습한 저지대
재배 고도(m)	600 - 2,400	900 이하
적정 강수량(mm)	1,400 - 2,000	2,000 - 2,500
적정 습도(%)	60	70 - 75
적정 일조 시간(시간/연)	1,600 - 2,000	1,600 - 2,000
나무키(m)	4 - 6	8 - 12
재배 밀도(나무 수/ha*)	1,000 - 5,000	800 - 2,000
병충해	약함	강함
뿌리	깊다(가뭄에 강함)	얕다(가뭄에 약함)
개화	비가 온 후	불규칙
열매 성숙 기간	6 - 9개월	9 - 11개월
카페인 함량(%)	평균 1.4	평균 2.2
고형성분(%)	평균 1.2	평균 2.0
향미 특성	뛰어난 향미, 신맛과 단맛 좋음	약한 향미, 쓴맛 강함
주요 생산국	브라질, 콜롬비아, 과테말라, 에티오피아, 케냐 등	베트남, 브라질, 인도네시아, 인도, 카메룬, 우간다 등
생산 비중(%)	약 60	약 40
용도	원두커피	인스턴트커피

* ha는 헥타르의 표기이며, 1헥타르는 면적 10,000m^2(약 3,000평)에 해당한다.

아라비카품종

아라비카는 자연적인 돌연변이와 인위적인 품종 개량으로 많은 변형 품종이 탄생하였으며 그 결과 약 200여 개의 품종들이 존재하게 되었다.[14] 아라비카는 크게 티피카 계통 품종, 버번 계통 품종, 동종 교배 품종, 이종 교배 품종, 고유 품종 등으로 분류할 수 있다.

아라비카 품종 계통도

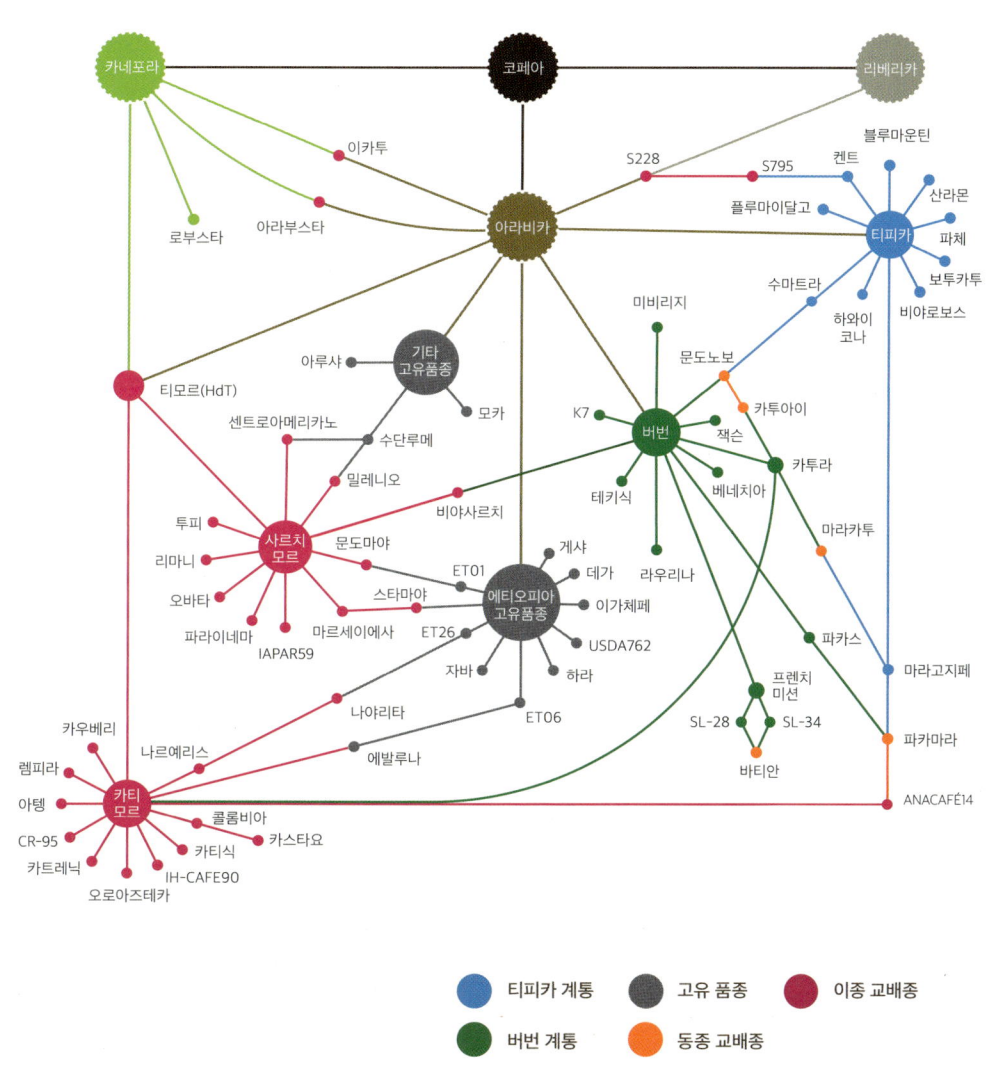

1. 티피카 계통

티피카

티피카(Typica, Típica)는 아라비카의 여러 품종 중에서 가장 오래된 것으로 모든 아라비카 커피처럼 티피카도 에티오피아 남서쪽에서 유래하여 15세기 혹은 16세기에 예멘(Yemen)으로 건너간 것으로 추정된다. 네덜란드에 의해 예멘에서 아시아로 유입되어 1696년 인도네시아 자바(Java)에서 재배되기 시작하였으며 1719년 네덜란드령 기아나(Guiana, 지금의 수리남)에 전파되어 남아메리카로 퍼져 나갔고, 1723년 마르티니크(Martinique)에 심어진 이후 카리브해 지역과 중앙아메리카에서 재배되기 시작했다. 그 후 티피카는 이 지역에서 재배되는 블루마운틴(Blue Mountain), 산라몬(San Ramon), 파체(Pache) 등의 모태가 되었다.

티피카는 나무가 원추형이고 가지는 거의 수평으로 성장하며 다 자라면 키가 3.5-4m에 달한다. 콩의 모양은 길쭉하고 얇은 형태이다. 나뭇잎은 상대적으로 작고 길쭉하며 새잎은 브론즈색을 띤다. 주요 질병과 해충에 취약하며 생산성이 매우 낮아 1940년 대 이후 페루(Peru), 도미니카(Dominica), 자메이카(Jamaica) 등 일부 국가를 제외하고 별로 재배되지 않는다.

깔끔하고 깊이가 있는 신맛을 가지고 있는데 고지대에서 재배될수록 이런 경향은 강해지며 감귤 및 레몬의 향과 오래 지속되는 단맛을 느낄 수 있다.[15]

마라고지페

마라고지페(Maragogype, Maragogipe)는 1870년 브라질(Brazil) 바이아(Bahia) 주의 마라고지페 지역에서 발견된 티피카의 돌연변이로 콩의 크기가 일반 콩의 두 배 정도로 커서 엘리펀트빈(elephant bean)으로 불린다.[16] 열매뿐만 아니라 나무의 키와 잎도 모두 크지만 마디 사이가 길어 열매가 많이 달리지 않아 브라질, 니카라과(Nicaragua), 과테말라(Guatemala), 멕시코(Mexico) 등 일부 지역에서만 재배되고 있다.

생두는 크지만 단단한 편은 아니고 체리는 붉은색과 노란색의 두 가지 종류가 있으며 열매의 성숙이 늦다. 카페인 함량이 0.6%로 다른 품종에 비해 적은 편이고[17] 커피 특성은 부드러운 신맛과 중간 정도의 바디를 가지고 있다고 평가되고 있다.

블루마운틴

블루마운틴은 티피카와 다른 여러 품종이 혼합되어 탄생했다고 한다. 카리브해의 작은 섬나라인 자메이카의 블루마운틴 지역에서 처음 재배되어 블루마운틴이란 명칭으로 불리고 있으며 자메이카 외에 케냐, 하와이(Hawaii), 파푸아뉴기니(Papua New Guinea), 카메룬 등지에서도 재배되고 있다.

블루마운틴은 쓴맛을 거의 느낄 수 없고 부드러운 신맛과 풍부하고 크리미한 플레이버*를 가지고 있기 때문에 균형이 매우 잘 잡힌 커피라고 평가받고 있다.[18]

켄트	켄트(Kent)는 인도의 마이소어(Mysore) 지역에서 발견된 티피카의 돌연변이인데 한편으로는 인도에서 자생하고 있던 커피 품종이라고도 한다. 켄트라는 명칭은 이 품종을 육성한 영국인 식물학자 켄트(L.P. Kent)의 이름에서 유래하였고[19] 1920년대에 탄자니아에, 1934년에는 케냐에 전파되었다. 켄트는 커피 품질이 뛰어나 1920년부터 1940년까지 인도에서 널리 재배가 되었으나 커피녹병에 취약해 지금은 극히 일부지역에서만 재배되고 있다.[20]
비야로보스	비야로보스(Villalobos)는 티피카의 돌연변이로[21] 새잎은 브론즈색을 띤다. 바람에 잘 견디고 영양분이 부족한 토양에서도 잘 자라는 특성을 가지고 있으며 고지대에

---

* 플레이버(flavor)는 향과 맛의 결합된 느낌을 의미하며 향미라고 한다.

서 재배될수록 높은 생산성을 보이는데 셰이딩(shading)을* 했을 때 최상의 결과를 얻을 수 있다.[22]

코스타리카(Costa Rica)와 페루에서 재배되지만 생산성이 낮아 많은 농부들이 비야로보스보다 생산성이 높고 질병에 강한 다른 품종으로 교체하고 있으며 꽃향과 벌꿀향, 뛰어난 단맛과 신맛을 가지고 있다고 평가받고 있다.

파체   파체는 1949년 과테말라 산타로사(Santa Rosa) 지역의 엘브리토(El Brito) 농장에서 발견된 티피카의 돌연변이로 파체코뭄(Pache Comum)으로도 불린다. 나무키가 작아 많이 심을 수 있어 생산성이 좋은 편이며 커피 맛은 부드러운 편이다. 고도 1,200m 이상이고 연 강수량이 2,500mm 이하인 지역에서 잘 자라며 주요 질병에는 취약하다. 파체콜리스(Pache Colis)는 파체와 카투라(Caturra)의 자연 교배종으로 키가 매우 작다.[23]

---

* 자세한 내용은 3단원 커피 재배 중 <셰이딩> 참조

산라몬 산라몬은 브라질에서 발견된 티피카의 돌연변이로 코스타리카에서 주로 재배된다.[24]

파체

산라몬

기타 티피카 계통

품종	특성
하와이 코나 (Hawaii Kona)	하와이에서 재배되는 블루마운틴 계통의 품종이다.
수마트라 (Sumatra)	1896년 인도네시아 수마트라에서 수입해 브라질에서 재배한 품종으로 티피카나 버번보다 콩이 크며 이후 개발되는 품종에 중요한 영향을 끼쳤다.[25]
보투카투 (Amarelo de Botucatu)	1871년 브라질 상파울루(São Paulo)의 보투카투(Botucatu) 시에서 발견된 티피카의 돌연변이로 체리가 노란색이다. 생산성이 좋지 않아 상업적인 재배는 이루어지지 않았다. 이 품종과 레드 버번이 결합하여 옐로 버번이 탄생하였다고도 한다.[26]
플루마이달고 (Pluma Hidalgo)	멕시코에서 재배되는 티피카의 돌연변이로 수마트라에서 유래하였다.[27]
아라비고 (Arabigo)	아라비고는 스페인어로 아랍(Arabic)이란 뜻으로 라틴 아메리카에서 재배되는 티피카 품종을 말한다. 때론 아라비카를 의미하기도 한다.

2. 버번 계통

버번
(부르봉, 보르봉)

버번(Bourbon, Borbón)은 에티오피아에서 예멘으로 전파되어 재배되다가 1715-1718년 사이에 아프리카 동부에 위치한 작은 섬인 부르봉(지금의 레위니옹, Réunion)에 이식한데서 유래한 티피카의 돌연변이이다.[28] 그러나 최근에는 티피카와는 커피 특성이 많이 달라 다른 별개의 품종이라는 견해가 더 지배적이며[29] 티피카와 마찬가지로 많은 품종들의 모태가 되었다.

버번은 잎이 큰 편이고 열매가 달렸을 때 가지가 아래로 처진다. 열매는 작고 둥글며 마디에 모여서 달리는 특징이 있다. 이와 같은 버번은 커피 품질이 뛰어나고 빨리 익지만 모든 주요한 커피 질병에 취약하고 강한 비나 바람에 잘 떨어진다는 단점이 있다. 대부분 레드 버번이고 그 외 옐로, 오렌지, 핑크 버번 등도 있다. 수확량은 티피카보다 20-30% 많으나[30] 다른 품종에 비해서는 적고 나무키가 3m 정도로 커서 면적당 많이 심을 수 없다.

레드 버번

옐로 버번

1860년대 브라질에 전파된 이후 빠른 속도로 중남미에 보급되었지만 이후 카투라나 카투아이(Catuai)등으로 대부분 대체되었고 현재 엘살바도르(El Salvador), 과테말라, 온두라스(Honduras), 페루 등에서 주로 재배되고 있다.[31]

버번은 풍부한 꽃향과 초콜릿향, 밝은 와인의 신맛을 가지고 있어 균형이 잘 잡혀 있는 커피라고 평가된다. 또 풀 바디와 오래 지속되는 단맛의 특성도 지니고 있다.

프렌치 미션

프랑스 선교단(French missionaries)이 1893년 부르봉에서 버번을 가져와 케냐 남동부의 부라(Bura) 지역에 심었다. 이후 1899년 다른 선교단에 의해 씨앗이 타 지역으로 전파되었는데 이런 이유로 케냐 버번을 프렌치미션(French Mission) 또는 프렌치미션 버번이라 부르기도 한다.[32]

카투라

카투라는 1915년과 1918년 사이에 브라질 미나스제라이스(Minas Gerais) 주의 한 농장에서 발견된 레드 버번의 돌연변이이다.[33] 브라질농업연구소(Instituto Agronômico de Campinas, IAC)에 의해 1937년 선택되어 개발되었지만 브라질의 환경에는 적합하지 않아 재배되지 못했다. 1940년대 과테말라에 소개되었으며 이후 코스타리카, 온두라스, 파나마(Panama), 콜롬비아(Colombia)에 전파되었고 중앙아메리카의 환경에 더 잘 적응하여 이 지역의 주력 품종으로 자리 잡았다. 나무 키가 작아 조밀하게 심을 수 있으며 체리가 많이 달려 생산성이 뛰어나고 어떠한 환경에서도 잘 자라는 특성 때문에 이후 생산성 향상을 위한 품종 개량의 모태가 되었다. 마디 사이가 짧으며 콩의 크기도 작으나 잎은 큰 편으로 체리 색깔은 붉은색과 노란색의 두 가지 종류가 있다.

카투라는 전형적인 밝은 신맛을 가지고 있으며 바디는 강하지 않다. 고지대에서 생산되는 카투라에서 때로 감귤이나 레몬의 플레이버를 느낄 수 있지만 티피카나 버번보다는 단맛과 깔끔함이 떨어진다고 평가받는다.[34]

레드 카투라

옐로 카투라

비야사르치

비야사르치(Villa Sarchi)는 코스타리카 알라후엘라(Alajuela) 지역의 사르치(Sarchí) 마을에서 발견된 버번의 돌연변이로 키가 작다.[35] 현재 코스타리카에서 주로 재배되고 있고 1974년에는 온두라스에도 소개되었다. 가지는 줄기에서 45°로 자라고 잎의 크기는 중간 정도이며 새잎은 브론즈색을 띤다.[36] 콩은 작고 둥근 편으로 버번과 크기가 비슷하며 뿌리가 깊어 강한 바람에 잘 견딘다는 장점이 있다. 고지대에서 잘 자라는데 특히 셰이딩을 했을 때 생산성이 좋고 뛰어난 신맛과 뚜렷한 단맛, 베리의 특성을 가지고 있다고 평가된다.

파카스

파카스(Pacas)는 카투라, 비야사르치처럼 버번의 돌연변이로 1949년 엘살바도르 산타아나(Santa Ana) 지역의 산라파엘(San Rafael) 농장에서 발견되었으며 명칭은 농장주인 파카스(Fernando Alberto Pacas)의 이름에서 유래했다고 한다.[37] 엘살바도르커피연구소(Salvadoran Institute for Coffee Research, ISIC)에서 이 품종을 선택하여 1960년 보급하였으며 지금도 엘살바도르에서 많이 재배된다. 이후 온두라스커피연구소(Instituto Hondureño del Café, IHCAFE)에 의해 1974년 온두라스에 보급되었다.[38]

1,000m 이상의 고지대에서 재배될 때 품질이 좋고 나무키는 작지만 잎은 버번보다 크고 마디 사이가 짧으며 바람과 햇볕, 가뭄에 잘 견디는 특성을 가지고 있다.[39] 커피 특성은 버번과 유사하며 좋은 신맛과 바디 그리고 뛰어난 플레이버의 특성을 가지고 있다.

SL-28

SL-28은 1931년 탄자니아 북부에서 발견된 버번 계통의 품종(Tanganyika Drought Resistant)을 기반으로 케냐 스코트연구소(Scott Laboratories)에서* 개발한 것이다. SL이란 이름은 연구소의 머리글자에서 따왔으며 28은 28번째 개발한 품종이란 뜻으로 SL-28은 케냐뿐만 아니라 말라위(Malawi), 우간다, 짐바브웨 및 중앙아메리카에서도 재배가 이루어지고 있다. 지금은 코스타리카에서도 산로케(San Roque)라는 이름으로 재배되고 있다.

나무키와 생두가 큰 편이고 익었을 때 체리는 자줏빛을 띠며 가뭄에 강하고 주요 질병에 취약한데[40] SL 시리즈 중 가장 맛이 뛰어나다고 한다. 이런 SL-28은 블랙커런트(black currant)와 감귤의 신맛이 있고 특히 단맛이 뛰어나며 균형이 잘 잡힌 커피라고 평가받는다.[41]

*영국의 식민 지배 시절 연구소로 지금은 NARL(National Agricultural Laboratories)로 바뀌었다.

테키식

테키식(Tekisic)은 엘살바도르커피연구소에 의해 1977년에 보급된 버번 계통의 품종으로 엘살바도르 버번(Salbadoran Bourbon)으로도 불리며 엘살바도르, 과테말라 등에서 재배된다.[42] 나무키가 크고 마디 사이가 매우 길며 콩의 크기는 작은 편이고 고지대 재배 시 커피 품질이 좋은 결과를 보이지만 주요 질병에는 취약하다. 커피 특성은 버번과 유사하다고 평가 받으며 특히 뛰어난 플레이버와 강한 바디, 캐러멜과 브라운 슈거(brown sugar)와 같은 뚜렷한 단맛을 느낄 수 있다.[43]

출처 - World Coffee Research

버번 포인투 /
부르봉 프웽튀

버번 포인투(Bourbon Pointu)는 레위니옹에서 발견된 버번의 돌연변이로 버번에 비해 잎과 콩의 크기가 작고 카페인 함량도 0.4–0.8%로 다른 품종에 비해 매우 적다고 알려져 있다.[44] 버번 포인투라는 이름은 체리와 잎이 뾰족하여 붙여진 이름이며 나무키가 작고 크리스마스 트리와 비슷한 형태를 보인다. 2001년 콜롬비아커피연구센터(Centro Nacional de Investigaciones de Café, Cenicafé)로 보내져 연구 끝에 2011년 라우리나(Laurina)라는 이름으로 보급되었으며 현재 콜롬비아 외에도 브라질, 니카라과 등지에서 재배되고 있다. 수확량이 매우 적어 고가에 거래되는 커피 중 하나로 복합적인 향과 단맛, 감귤의 신맛이 느껴지며 캐러멜, 브라운 슈거의 플레이버를 가지고 있다.

기타 버번 계통

품종	특성
SL-34	1930년대 스코트연구소에서 개발한 프렌치미션 계통의 품종으로 품질이 뛰어나나 주요 질병에 취약하다. 고지대 재배에 적합하며 새잎은 짙은 브론즈색을 띤다. 케냐에서 주로 재배된다.[45]
K7	SL 시리즈와 유사한 프렌치미션 계통의 품종으로 스코트연구소에 의해 1936년 보급되었고 케냐와 탄자니아에서 주로 재배되며 커피녹병과 커피베리병(Coffee berry disease, CBD)에[*] 강한 내성이 있다. 저지대에서 잘 자라고 새잎은 옅은 브론즈색을 띠며 나무키와 콩은 큰 편이다.[46]
잭슨 (Jackson)	1900년대 초 인도의 마이소어 지역에서 잭슨(Jackson)이라는 농부가 발견하였다. 지금은 르완다에서 주로 재배되며 나무키와 열매는 큰 편이고 새잎은 브론즈색이다.[47]
미비리지 (Mibirizi)	르완다와 브룬디(Brundi)에서 재배되는 주요 품종으로 커피 품질이 뛰어나며 가뭄에 강하나 주요 질병에는 취약하다. 나무키와 열매는 큰 편이고 새잎은 녹색이나 브론즈색을 띤다.[48]
버번 마야게스 (Bourbon Mayaguez)	르완다와 브룬디에서 재배되는 버번 계통의 품종으로 버번 마야게스 71과 버번 마야게스 139가 있다.[49]

* 자세한 내용은 3단원 커피 재배 중 <질병 예방 및 치료> 참조

아마렐로

아마렐로(Amarelo, Amarello, Amarillo)는 특정한 하나의 품종이 아니라 익으면 노란색이 되는 품종을 일컬을 때 중남미 지역에서 사용되는 용어이다. 이 품종은 인부들이 익은 체리를 제대로 식별하지 못해 수확 품질이 떨어질 수 있고 붉은색 체리보다 일찍 땅에 떨어져 별로 선호되지 않는다. 반면 붉은색의 체리는 카투아이 베르멜류(Catuai Vermelho), 카투라 베르멜류(Caturra Vermelho) 처럼 '베르멜류'라 한다.

3. 동종 교배종

동종 교배종은 같은 아라비카 품종 사이에서 자연 교배와 인공 교배로 새롭게 탄생된 품종을 말한다.

문도노보

문도노보(Mundo Novo)는 브라질의 상파울루 지역에서 1940년대 발견된 레드 버번과 티피카 계열의 수마트라와의 자연 교배종이다. 콩의 크기는 다양한 편이고 잎과 열매의 특성은 티피카와 버번의 중간 형태를 띠고 있다. 가지는 45°로 달리며 마디 사이는 짧은 편이다. 생산량은 버번보다 30% 이상 많으나 열매의 성숙 기간이 길다는 점과 나무키가 3m 이상이기 때문에 매년 가지치기를 해야 하고 재배 밀도가 낮다는 단점이 있다.

브라질을 제외한 다른 나라에서는 잘 적응하지 못하였으며 1952년부터 재배가 시작되어 현재는 카투라, 카투아이와 함께 브라질의 주력 재배 품종의 하나이다. 바디는 강한 편이지만 신맛은 약하며 쓴맛이 느껴지기도 한다.[50]

카투아이

카투아이는 브라질 원주민 말로 '매우 좋다'라는 뜻이며 생산성이 좋은 문도노보와 키가 작은 옐로 카투라의 인공 교배종이다. 1949년 브라질농업연구소에서 개발하였으며 1972년 브라질 농가에 보급되어 문도노보와 함께 브라질의 주요 재배 품종이 되었다.[51] 이후 온두라스, 코스타리카, 과테말라 등 중앙아메리카의 커피 생산국에 보급되어 널리 재배되고 있다.

카투라의 키가 작은 특성을 갖고 있지만 카투라보다는 나무키가 크고 가지는 줄기에서 45°각도로 성장하며 잎과 콩의 크기는 중간 정도이다. 강한 비바람에도 열매가 잘 떨어지지 않고 가뭄에 강한 편이다.[52]

나무키가 작아 조밀하게 심을 수 있어 생산성이 좋으며 수확이 용이하다. 열매는 노란색과 붉은색의 두 종류가 있으며 카투아이의 가장 큰 특징은 단맛에 있다.

레드 카투아이

옐로 카투아이

| 파카마라 | 파카마라(Pacamara)는 엘살바도르커피연구소에서 1958년 개발한[53] 파카스와 마라고지페의 인공 교배종으로 품종 개발 이후 1980년대 후반 인근 중앙아메리카 지역으로 퍼져나갔으나 지금은 주로 엘살바도르에서 재배되고 있다. 나무키는 중간 정도이고 잎은 두껍고 크며 마디는 짧은 편이고 새잎은 브론즈색을 띤다. 열매는 길쭉하고 큰 편으로 스크린 사이즈(screen size)* 17 이상이며 이는 마라고지페의 70% 정도 크기이다.[54] |

꽃향은 파카마라의 주된 특성이며 달콤한 감귤의 신맛과 부드러운 감촉을 느낄 수 있고 초콜릿과 과일(감귤, 살구, 복숭아, 레드 베리, 청사과) 등의 플레이버를 느낄 수 있다.

일반 체리(좌)와
파카마라 체리(우)

| 마라카투/
마라카투라 | 마라카투(Maracatu, Maracaturra)는 마라고지페와 카투라 사이의 인공 교배종이다. 마라고지페의 영향으로 나뭇잎과 열매가 매우 크며 엘살바도르, 니카라과, 브라질, 멕시코 등지에서 재배되고 있다.[55] 밝은 과일의 신맛을 느낄 수 있다. |

---

* 생두 크기를 표시하는 단위로 자세한 사항은 5단원 커피 가공 중 <선별> 참조

아카이아

아카이아(Acaiá)는 우수한 형질을 가진 문도노보 품종을 선택하여 개량한 품종으로 브라질에서 주로 재배되며 다른 나라에는 잘 적응하지 못했다. 잎과 체리가 모두 크며 생산성이 좋다.[56]

4. 이종 교배종

이종 교배종은 아라비카 품종과 로부스타나 리베리카 품종 간의 교배로 탄생한 것을 말하며 이 책에서는 아라비카 외에 다른 종의 유전 형질이 조금이라도 섞여 있는 경우 모두 이종 교배종으로 분류하였다.

티모르 하이브리드

티모르 하이브리드(Hibrido de Timor, HdT)는 아라비카와 로부스타의 자연 교배종으로 1920년대 인도네시아 티모르(Timor)의 한 커피 농장에서 발견되었다.[57] 인도네시아에서는 팀팀(Tim Tim)이라고 부르며 콩의 크기와 나무키가 매우 큰 편이다. 뿌리가 튼튼하여 가뭄에 강하지만 생산성이 낮고 생산량 변동이 심하며 커피 품질도 떨어지는 편이다. 로부스타의 영향으로 커피녹병에 강하여 이 병에 대한 저항성을 향상시키기 위해 개발되는 품종의 모태가 되었다.

카티모르

1959년 티모르 하이브리드는 포르투갈의 커피녹병연구소(Centro de Investigação das Ferrugens do Cafeeiro, CIFC)로 전달되었으며 이곳에서 레드 카투라와 인공 교배하여 새로운 품종을 탄생시켰다.[58] 이후 브라질농업연구소에 전달되어 시험 재배되었고 그 결과 T-5175와 T-8667이 1970년 출시되어 카티모르(Catimor) 라고 이름을 붙였다.

카티모르는 나무키가 비교적 작고 생두의 크기는 큰 편이며 조기 수확과 다수확이 가능하다. 저지대에서 재배 시에는 다른 아라비카 품종에 비해 품질에서 별다른 차이가 없지만 1,200m 이상의 고지대에서 재배되는 경우 카투라나 버번 등에 비해 품질이 많이 떨어지는 경향을 보인다. 또 대량 생산에 따른 에너지 고갈로 수명이 다른 품종에 비해 짧은 단점도 가지고 있다. 하지만 커피녹병에 특히 강하여 이 품종들은 중남미 국가로 전파되어 각 나라별로 다시 개량되었는데 T-5175에서 IHCAFE-90과 렘피라(Lempira)가, T-8667에서 코스타리카95(Costa Rica95, CR-95)와 카티식(Catisic)이 탄생하였다. 아래의 표는 카티모르의 여러 개량 품종을 나타낸 것이다.

품종 명	나라
오로아즈테카(Oro Azteca)	멕시코
코스타리카95	코스타리카
렘피라, IHCAFE-90	온두라스
카티식	엘살바도르
카트레닉(Catrenic)	니카라과
카우베리(Cauvery)	인도
카티모르129(Catimor129)	말라위, 잠비아, 짐바브웨
아텡(Ateng)	인도네시아

커피 품질은 로부스타의 영향으로 다른 품종에 비해 떨어지는 편이고 시큼한 맛과 약간의 떫은맛, 그리고 뒤쪽에서 짠맛이 느껴진다. 카티모르 계통 품종 중 카티모르129와 오로아즈테카의 품질이 가장 좋으며 카티식, IHCAFE-90, T-5175의 품질은 가장 떨어진다고 평가받는다.

IHCAFE-90

렘피라

코스타리카95

T-5175

콜롬비아 버라이어티 / 카스티요	콜롬비아 버라이어티(Colombia variety, Variedad de Colombia)는 콜롬비아커피연구센터에서 개발하여 1982년 보급하였으며 최초로 상업적 재배를 시작한 카티모르 계통의 품종이다.[59] 콩의 크기가 크고 커피 품질이 뛰어나며 병에 대한 저항성도 뛰어나 커피녹병에 강한 특성을 가지고 있다. 이 밖에도 직사광선에 강하고 단기에 다수확이 가능한 장점이 있다. 또한 캐러멜, 초콜릿의 맛을 느낄 수 있다고 평가받는다.

이 품종은 보급된 이후 콜롬비아의 주요 재배 품종이 되었는데 현재는 2005년에 보급한 콜롬비아 버라이어티의 개량형인 카스티요(Castillo)가 더 널리 재배되고 있다. 카스티요는 콜롬비아 버라이어티와 카투라보다 수확량이 많고 콩도 더 크고 단단하며 커피녹병에 강한 내성을 가지고 있다. 커피 품질은 콜롬비아 버라이어티와 유사하며 다크 초콜릿과 견과류의 특성을 보인다.

콜롬비아 버라이어티

카스티요

사르치모르

사르치모르(Sarchimor)는 1958년 커피녹병연구소에서 티모르 하이브리드와 비야 사르치를 결합하여 탄생시킨 H361을 명명한 것이다. 1971년 커피녹병연구소에서 H361을 여러 커피 생산 국가로 보내 시험 재배하였고 그 중 코스타리카에서 처음으로 재배에 성공하였으며 이를 T-5296이라 불렀다. 현재 여러 나라에서 재배되고 있는 품종들은 T-5296의 개량형으로 그 특성들이 조금씩 다르다.

사르치모르는 나무키와 열매가 작으며 생산성이 좋고 낮은 지대에서 잘 자란다.[60] 바디는 약하며 너티, 다크 초콜릿, 감귤, 자두의 특성을 가지고 있다.

품종 명	나라
파라이네마(Parainema)	온두라스
쿠스카틀레코(Cuscatleco)	엘살바도르
마르세이에사(Marsellesa)	니카라과
리마니(Limani)	푸에르토리코
오바타로호(Obata Rojo)	브라질
투피(Tupi)	
IAPAR59	

출처 - World Coffee Research

파라이네마

오바타로호

마르세이에사

쿠스카틀레코

루이루11

루이루11(Ruiru11)은 커피녹병 및 커피베리병에 강하고 생산성이 높으며 품질도 뛰어난 커피를 만들기 위해 루메수단(Rume Sudan), 티모르 하이브리드, K7, 카티모르, SL-28 등 여러 품종을 결합하여 개발한 것으로 루이루라는 명칭은 케냐의 커피연구소(Coffee Research Station)가 위치한 지명에서 유래하였다.
1985년 농가에 보급되었으며[61] 나무키가 작아 조밀하게 심을 수 있고 이식한지 18개월 정도가 지나면 수확이 가능해 생산성은 좋지만 커피 품질은 K7, SL-28, SL-34에 비해 떨어지는 것으로 평가된다.

| 이카투 | 이카투(Icatú)는 커피녹병에 강한 품종을 만들기 위해 로부스타와 버번을 교배시킨 뒤 문도노보나 카투라 같은 아라비카와 다시 역교배시켜 만든 품종으로 브라질 농업연구소에 의해 개발되어 1993년부터 보급되었다. 나무키와 콩의 크기가 큰 편이고[62] 수확량은 문도노보에 비해 30–50% 정도 많다. 신맛은 약하고 감귤향이 느껴지는 다크 초콜릿 맛을 가지고 있으며 브라질에서 많이 재배되고 있다.[6] |

| S-795 | S-228(아라비카와 리베리카의 자연 교배종)과 켄트의 교배종으로 1940년대에 인도에 보급되었으며 이후 1955년에 인도네시아에 전파되어 술라웨시(Sulawesi)에서 주로 재배되고 있다. 인도네시아커피코코아연구소(Indonesian Coffee & Cocoa Research Institute, ICCRI)가 위치한 지명을 따서 젬베(Jember)라고도 불리는데[64] 커피녹병에 강하고 브라운 슈거, 캐러멜, 메이플 시럽의 맛을 지니고 있다고 평가받는다.[65] |

이카투

S-795

기타 교배종

품종	특성
아라부스타 (Arabusta)	염색체가 2배체인 로부스타를 아라비카와 같이 4배체 염색체를 갖도록 변이시킨 후 이를 아라비카와 다시 결합시켜 탄생시킨 교배종이다. 매우 튼튼하기 때문에 열대 지역의 저지대에서도 재배가 가능하다. 서부 아프리카 지역을 제외하고는 널리 재배되지 않는다.[66]
카투카이 (Catucai)	카투카이는 이카투와 카투아이의 인공 교배종으로 체리는 붉은색과 노란색이 있다. 강한 성장력과 높은 생산성을 가지고 있으며 커피녹병에 강하다. 키가 작은 편이나 카투아이보다는 약간 크다. 새잎은 브론즈 색을 띤다.[67]
Sln.9 (Selection 9)	인도에서 재배되는 에티오피아 고유 품종인 타파리케라(Tafarikela)와 티모르 하이브리드의 교배종이다.[68]
타비 (Tabi)	티피카, 버번과 티모르 하이브리드의 인공 교배종으로 콜롬비아커피연구센터에 의해 개발되어 2002년 보급되었다. 나무키가 크고 가지는 긴 특성을 보인다.[69]
라수나 (Rasuna)	카티모르와 수마트라 티피카 사이의 교배종으로 수마트라에서 재배된다. 나무키는 작고 잎은 길쭉하다.[70]

카투카이

라수나

주요 품종 특성

품종	열매 크기	열매 색깔[2]	새 잎[3]	커피품질[4]	커피녹병 저항성	수확 (연)[5]	나무 크기	재배밀도[6]	재배고도 (m)[7]
티피카	큼	R/Y	B	매우 좋음	매우 약함	4	큼	3000 - 4000	1,600 이상 / 1,300 이상 / 1,000 이상
버번	작음	R/Y/O	G	매우 좋음	매우 약함	4			
마라고지페	매우 큼	R/Y	B	매우 좋음	매우 약함	4			
게이샤[1]	큼	R	G/B	최상	강함	4			
테키식	중간	R	G	매우 좋음	매우 약함	4			
문도노보	중간	R	G/B	좋음	매우 약함	3	작음	5,000 - 6,000	
카투라	중간	R/Y	G	좋음	매우 약함	3			
카투아이	작음	R/Y	G	좋음	매우 약함	3			
파카스	중간	R	G	좋음	매우 약함	3			
파카마라	매우 큼	R/Y	G/B	매우 좋음	매우 약함	3			
비야사르치	작음	R	G	좋음	매우 약함	3			
사르치모르	큼	R	G/B	좋음	강함	3			
카티모르	중간	R	G/B	낮음	강함	2 또는 3	작음	5,000 - 6,000	1,000 - 1,600 / 700 - 1,300 / 400 - 1,000
SL-28	큼	R	G	최상	매우 약함	3	큼	1,000 - 2,000	1,200 이상 / 900 이상 / 700 이상

출처 - Salvadoran Coffee Council & World Coffee Research

1) 파나마 게이샤
2) R은 붉은색, Y는 노란색, O는 오렌지색
3) G는 녹색, B는 브론즈색
4) 고지대 재배 시 커피 품질
5) 파종 후 수확까지 걸리는 기간
6) 1헥타르 당 심을 수 있는 나무의 수
7) 남위 5°에서 북위 5° 사이, 남위 5°-15°와 북위 5°-15° 사이, 남위와 북위 15° 이상 순

5. 고유 품종

아라비카에서 파생된 것으로 다른 계통과 무관한 독립적인 품종들을 말한다. 크게 에티오피아 고유 품종과 기타 고유 품종으로 나눌 수 있다.

에티오피아 고유품종

에티오피아의 야생 숲에서는 지금도 많은 품종이 자라고 있지만 이 품종들에 대한 정확하고 과학적인 분류는 없다. 에티오피아 고유 품종은 대부분 예멘 고유의 티피카와 유사한 특성을 가지고 있으며 독특한 커피 향을 지니고 있다. 커피 특성은 꽃 향부터 레몬, 초콜릿, 베리향까지 다양하다.

게이샤/게샤 — 게이샤(Geisha, Gesha)는 1931년 에티오피아 서남부 아비시니아(Abyssinia)의 게샤(Gesha) 지역에서 처음 발견된 품종이다. 케냐와 탄자니아에서 재배되다가 1953년 코스타리카에 유입되었고 그 뒤 1963년 돈 파치(Don Pachi Serracin)에 의해 파나마에 전파되었으며[71] 지금은 코스타리카, 콜롬비아, 엘살바도르 등지에서도 재배되고 있다.

꽃 크기 비교 - 카투아이(좌), 게이샤(우)

게이샤 커피는 에스메랄다 농장(Hacienda La Esmeralda)에서 출품하여 2003년 '베스트 오브 파나마(Best of Panama)' 커피로 선정되었고 2007년에는 커피 경매 역사상 최고가를 기록하면서 국제적인 명성을 얻게 되었다. 나무키와 꽃이 다른 품종에 비해 크고 체리는 익었을 때 자줏빛으로 길쭉하며 마디 사이가 길어 수확량은 적은 편이다. 커피 특성은 강한 꽃향과 재스민 향, 감귤류의 산뜻한 신맛과 벌꿀의 단맛이 느껴지며 화이트 와인과 베리, 망고, 파파야 등의 속성도 있다. 바디는 강하지 않으나 애프터 테이스트가 길며 베르가못(bergamot)의 향을 느낄 수 있다.[72]

자바 — 자바는 19세기 초 네덜란드인들에 의해 에티오피아에서 인도네시아 자바로 전해진 품종으로 티피카 계통으로 여겨왔으나 최근에 유전자 분석을 통해 에티오피아 고유 품종의 하나로 밝혀졌다. 이웃한 티모르와 아프리카 카메룬 그리고 중앙 아메리카까지 전해졌고 1991년에는 코스타리카도 소개되었지만 다른 나라로 전파되지는 않았다. 하지만 높은 고도에서 재배될 때 커피 품질이 좋아 게이샤의 대체 품종으로까지 인식되어 2016년 파나마에 전파되었다.[73]
커피녹병과 커피베리병에 강하고 나무키는 큰 편이며 재배 적정 고도는 1,200m 이상이다. 체리는 길쭉하고 크며 잎도 큰 편으로 새잎은 브론즈색을 띤다. 밝은 신맛과 단맛, 견과류와 초콜릿향, 지속성이 강한 여운을 느낄 수 있다.

USDA762 — USDA762는 미국 농무성(U.S. Department of Agriculture, USDA)에 의해 1955년 에티오피아 남부 지역(Mizan Teferi)에서 수집된 후 1956년 인도네시아로 보내져 자바에서 재배되는 품종이다. 나무키가 크고 가지는 옆으로 뻗으며 새 잎은 황갈색이나 브론즈색을 띤다. 잎은 넓은 편이고 체리는 길쭉한 형태이다. 수확량이 많고 커피녹병에 강하며 커피 품질도 뛰어난 편이다.[74]

이가체페 — 이가체페(Yirgacheffe)는 에티오피아의 커피 품종인 동시에 에티오피아 남부 시다마(Sidama) 지역에 속한 커피 산지명이기도 하다. 가지는 수평으로 뻗으며 잎은 길쭉하고 체리는 작은 편이다. 에티오피아를 대표하는 커피로 알려져 있으며 재스민의 꽃향, 깔끔한 신맛과 베리, 차와 같은 특성을 느낄 수 있다.

하라 — 하라(Harrar)는 에티오피아의 커피 품종인 동시에 에티오피아 동부의 커피 산지명이다. 형태에 따라 크기가 큰 롱베리(Longberry)와 작은 숏베리(Shortberry)가 있으며 나무 형태는 이가체페와 유사하다. 블루베리가 연상되는 과일의 맛과 와인, 다크 초콜릿을 느낄 수 있다.

기타 품종 — 데가(Dega), 월리소(Wolisho), 쿠르메(Kurme, Kudhome), 워시워시(Wush-Wush) 등이 있다.

이가체페

하라

기타 고유 품종

모카 — 모카(Mokka, Moka, Mocha)는 예멘 모카 지역의 고유 품종으로 가장 오래된 품종 중 하나이다.[75] 새잎은 연한 녹색이나 연한 노란색을 띠고 나무키와 잎은 작으며 생두 크기도 스크린 사이즈 14 이하로 매우 작아 때때로 피베리라 오인되기도 한다. 둥근 모양이지만 크기나 형태가 일정하지 않고 수확량이 많지 않아 브라질과 하와이 등을 제외하고 재배가 이루어지지 않는다. 부드럽고 좋은 신맛을 느낄 수 있고 다양한 초콜릿의 플레이버를 느낄 수 있다.[76]

일반 생두(좌) / 모카 생두(우)

루메수단/수단루메 — 수단루메(Sudan Rume)로 불리기도 하는 루메수단은 1942년 수단 남동쪽에 있는 보마(Boma) 고원의 루메(Rume) 계곡에서 발견된 품종이다. 2001년 콜롬비아커피연구센터로 보내져 연구되었으며 그 결과 2011년 콜롬비아의 한 농장에 처음 심어졌다. 나무키와 잎은 크고 콩은 길쭉하게 생겼으며 큰 편이다. 이 품종은 야생 교배종으로 야생화의 향을 가진 열대과일의 맛을 느낄 수 있으며 플레이버가 특히 뛰어난 것으로 평가되지만 수확량이 적어 상업적 재배는 많이 이루어지지 않는다.[77] 커피베리병에 대한 강한 내성을 가지고 있다.

아루샤 — 아루샤(Arusha)는 탄자니아의 메루(Meru)와 킬리만자로(Kilimanjaro) 산악 지대에서 재배되는 품종인 동시에 이 지역에서 생산되는 커피의 상품명으로도 사용된다. 파푸아뉴기니에서도 재배되고 있다.

품종별 생두 형태

에티오피아　카투라　버번　카투아이　콜롬비아　블루마운틴　게이샤　파카마라　마라카투　마라고지페

생산국가별 주요 재배품종

지역	나라	재배 품종
남미	브라질	버번, 티피카, 문도노보, 카투아이, 카투라, 카투카이, 마라고지페, 이카투
	콜롬비아	카투라, 카스티요, 콜롬비아 버라이어티, 티피카, 버번, 마라고지페, 타비
	페루	티피카, 카투라, 버번, 카티모르, 파체
	에콰도르	티피카, 버번, 카투라
	볼리비아	티피카, 카투라, 카투아이
중미	멕시코	버번, 카투라, 티피카, 카티모르, 문도노보, 마라고지페
	과테말라	버번, 카투라, 카투아이, 티피카, 파체, 마라고지페
	코스타리카	카투라, 카투아이, 버번, 산라몬, 티피카, 코스타리카95, 비야로보스, 비야르사치 게이샤, SL-28, 모카
	엘살바도르	버번, 파카스, 파카마라, 카티식, 사르치모르
	온두라스	카투아이, 카투라, 버번, 파카스, 티피카, 렘피라, IHCAFE90
	니카라과	버번, 카투라, 카투아이, 마라카투, 마라고지페
	파나마	카투라, 티피카, 카투아이, 버번, 산라몬, 게이샤, 자바
카브리해	쿠바	티피카, 버번, 카투라, 카투아이, 카티모르
	자메이카	블루마운틴, 버번, 게이샤, 티피카
	도미니카	티피카, 카투라, 카투아이
아프리카	에티오피아	에티오피아 고유 품종
	케냐	SL-34, SL-28, K7, 루이루11, 바티안
	탄자니아	버번, 켄트, 티피카, 아루샤, 블루마운틴
	르완다	버번, 잭슨
	브룬디	버번, 잭슨, 미비리지
아시아	인도네시아	티피카, S-795, 아텡(카티모르), 팀팀(티모르 하이브리드)
	하와이	티피카, 카투라, 카투아이, 문도노보
	파푸아뉴기니	블루마운틴, 버번, 아루샤
	예멘	예멘 고유 품종

6. 신품종

전 세계적인 기후 변화로 인해 커피 재배가 갈수록 어려워지고 있다. 그래서 커피 재배를 포기하고 보다 수익성이 좋은 다른 작물을 재배하는 현상이 나타나고 있는데 이런 상황들을 극복하고자 각국의 여러 기관들은 연합하여 새로운 품종들을 계속 시험 재배하고 있다. 그 결과 기존 품종들을 뛰어넘는 많은 품종들이 출시되어 생산되고 있으며 이 품종들은 커피녹병에도 강하고 커피 품질도 뛰어나며 조기 수확이 가능한 품종들이 주를 이루고 있다. 이렇게 근래 재배되기 시작한 품종들은 앞에서 언급한 품종 계통과는 무관하게 하나로 묶어 신품종으로 기술하였다.

바티안

바티안(Batian)은 케냐의 커피연구소에 의해 2010년 보급된 새로운 품종으로 품질은 SL-28과 유사하지만 커피녹병과 커피베리병에는 더 강한 품종을 원하는 커피 재배 농가의 요구에 부응하기 위해 개발되었다. SL-28과 SL-34을 역교배시켜 만들어졌으며 특성은 SL-28과 유사한데 커피 품질은 SL 계통의 품종보다 더 좋은 것으로 평가된다.[78] 체리는 SL-28보다 더 크고 익었을 때 짙은 붉은색을 띠며 센터컷이 직선에 가깝다. 좋은 신맛과 단맛 그리고 복합적인 플레이버를 느낄 수 있다고 평가받고 있다.[79]

센트로아메리카노 센트로아메리카노(Centroamericano)는 사르치모르와 루메수단의 교배종이다. 2010년 중앙아메리카 지역에서 상업적으로 재배되기 시작하였고 커피녹병에 강할 뿐만 아니라 수확량도 다른 품종에 비해 20-40% 정도 많다. 콩과 잎은 큰 편이고 적정 재배 고도는 800-1,500mm이며 코스타리카, 엘살바도르, 과테말라, 니카라과 등지에서 재배되고 있다. 2017년 니카라과 COE에서* 90.5점을 받을 정도로 커피 품질도 뛰어나며[80] 살구, 블루베리, 초콜릿 등의 특성을 느낄 수 있다.

밀레니오 밀레니오(Milenio)는 센트로아메리카노처럼 사르치모르와 루메수단의 교배종이다. 나무키는 작지만 열매는 큰 편이다. 생산성이 좋고 1,300m 이상의 고지대에서 재배될 때 뛰어난 커피 품질을 보이며 중앙아메리카에서 재배된다.[81]

---

* 자세한 내용은 6단원 프리미엄 커피 중 <컵 오브 엑설런스> 참조

센트로아메리카노

밀레니오

ANACAFÉ14	ANACAFÉ14는 과테말라에서 1980년경에 발견된 카티모르와 파카마라의 자연 교배종으로 과테말라커피협회(La Asociación Nacional del Café, ANACAFÉ)에서 시험 재배한 뒤 2014년에 보급한 신품종이다. 나무키는 작으나 열매는 큰 편이고 수확량이 많으며 커피녹병에 강한 편이다. 1,300m 이상의 고지대에서 재배될 때 좋은 커피 품질을 보인다.[82]
문도마야	문도마야(Mundo Maya)는 사르치모르와 에티오피아 고유 품종인 ET01의 교배종으로 특성은 밀레니오와 유사하다.[83]
스타마야	스타마야(Starmaya)는 사르치모르의 하나인 마르세이에사와 에티오피아 또는 수단 야생 품종 사이의 교배종이다. 나무키는 작지만 콩은 큰 편이고 중간 고도에서 재배될 때 생산성이 좋다. 커피 품질이 뛰어난 편으로 특히 좋은 신맛을 가지고 있으며 커피녹병에도 강한 내성을 보인다.[84]
에발루나	에발루나(Evaluna)는 카티모르와 에티오피아 고유 품종인 ET06의 교배종으로 생산성이 좋으며 커피베리병에 강한 내성을 가지고 있다. 나무키는 작으나 열매는 큰 편이고 고지대에서 재배될 때 좋은 커피 품질을 보인다.[85]

문도마야

스타마야

출처 – World Coffee Research

나야리타

나야리타(Nayarita)는 카티모르 계통의 나르예리스(Naryelis)와 에티오피아 고유 품종인 ET26의 교배종이다. 나무키가 작으며 고지대 재배 시 생산성이 좋고 뛰어난 품질을 보여준다. 커피녹병에는 취약하지만 커피베리병에는 어느 정도 내성을 가지고 있다.[86]

카시오페아

카시오페아(Casiopea)는 카투라와 에피오피아의 고유 품종인 ET41의 교배종으로 나무키가 작고 생산성이 좋다. 1,300m 이상의 고지대에서 재배될 때 뛰어난 커피 품질을 나타낸다.[87]

H3

H3는 카투라와 에티오피아 고유 품종인 E531의 교배종으로 생산성이 좋으며 나무키는 작으나 열매는 큰 편이고 1,300m 이상의 고지대에서 재배될 때 뛰어난 커피 품질을 보인다.[88]

카시오페아

H3

출처 - World Coffee Research

베네치아 베네치아(Venecia)는 코스타리카에서 발견된 버번의 돌연변이로 나무키가 작으며 비가 많이 오는 지역에서 잘 자란다.[89]

신품종 특성

품종	열매 크기	새잎[1]	커피 품질[2]	커피녹병 저항성	수확(연)[3]	나무 크기	재배밀도[4]	재배 고도(m)[5]
H3	큼	G	매우 좋음	매우 약함	3	작음	3,000 - 4,000	1,600 이상 / 1,300 이상 / 1,000 이상
나야리타	큼	B	매우 좋음	매우 약함	2	작음		
카시오페아	큼	B	최상	매우 약함	3	작음	4,000 - 5,000	
에발루나	큼	B	매우 좋음	매우 약함	2	작음		
스타마야	큼	G	매우 좋음	강함	2	작음	4,000 - 5,000	1,200 - 1,600 / 900 - 1,300 / 700 - 1,000
문도마야	큼	B	매우 좋음	강함	2	작음	4,000 - 5,000	1,200 이상 / 900 이상 / 700 이상
밀레니오	큼	G	매우 좋음	강함	2	작음		
ACAFÉ14	매우 큼	G	좋음	강함	2	작음		
베네치아	큼	G	좋음	매우 약함	3	작음	5,000 - 6,000	
바티안	매우 큼	G/B	매우 좋음	매우 강함	2	큼	2,000 - 3,000	1,000 이상 / 700 이상 / 400 이상
센트로 아메리카노	큼	G	매우 좋음	강함	2	작음	3,000 - 4,000	

출처 - World Coffee Research

1) G는 녹색, B는 브론즈색
2) 고지대 재배 시 커피 품질
3) 파종 후 수확까지 걸리는 기간
4) 1헥타르 당 심을 수 있는 나무의 수를 의미
5) 남위 5°- 북위 5°, 남위 5°-15°와 북위 5°-15° 사이, 남위와 북위 15° 이상 순

품종의 개발 방향

1. 질병에 강한 품종 개발

기후 변화에 따른 커피녹병의 확산으로 인해 커피 재배가 치명적인 피해를 입고 있다. 때문에 카티모르 계통과 사르치모르 계통을 기반으로 한 카티모르129, IHCAFE-90 외에도 스타마야, 밀레니오, 문도마야 등 커피녹병에 강한 저항성을 가진 품종들이 개발되었다. 아프리카 지역은 특히 커피베리병의 피해가 커서 이에 강한 품종을 개발, 재배하고 있으며 나야리타, RAB C15 등이 그 예이다.

2. 생산성이 높은 품종 개발

생산성을 높이기 위해 다수확이 가능한 키가 작은 나무도 개발하고 있다. 나무키가 작으면 수확과 관리가 용이하고 조밀하게 심을 수 있어 수확량을 늘릴 수 있기 때문이다. 또한 커피나무는 통상 심은 지 3년이 지나야 수확이 가능한데 이를 앞당기기 위한 시도들도 이루어지고 있다. 그 결과 에발루나, 문도마야, 센트로아메리카노, 밀레니오 등과 같이 기간을 2년으로 줄인 품종들이 재배되고 있으며 이를 1년으로 단축시키기 위한 시도들도 계속해서 이루어지고 있다.

3. 커피 품질이 뛰어난 품종 개발

생산량이 아무리 많아도 커피 품질이 떨어지면 좋은 가격을 받을 수 없기 때문에 커피의 향미를 향상시키기 위한 품종 개발도 이루어지고 있으며 이를 위한 다양한 시도가 이루어지고 있다.
카투라와 에티오피아 품종 간의 교배종인 H3와 카시오페아, 사르치모르와 루메수단의 교배종인 센트로아메리카노와 밀레니오, 사르치모르와 에티오피아 고유 품종의 교배종인 문도마야와 스타마야 등을 예로 들 수 있다.

4. 가뭄에 강한 품종 개발

기후 변화로 인해 커피녹병 뿐만 아니라 극심한 가뭄으로 인한 피해도 증가하고 있어 이에 대한 대책으로 가뭄에 잘 견디는 품종들도 개발하고 있다. KP423, Pop3303/21 등이 대표적인 예이다.

신품종 - 심은 지 2년이 안되어 열매가 달림

카네포라 품종

카네포라 품종 중 주로 재배되는 것은 로부스타이며 그 외 코닐론(Conillon/Kouillou)과 느간다(Nganda) 등도 있다.

로부스타

로부스타는 카네포라를 대표하는 품종으로 아프리카 내륙의 저지대가 원산지이다. 뿌리가 얕게 내리며 줄기는 튼튼하고 10m 이상까지도 자란다. 현재 베트남을 비롯하여 브라질, 인도네시아, 인도와 아프리카의 서쪽 지역에서 주로 재배되고 있다.

코닐론

코닐론은 카네포라 중 가장 오래된 품종으로 다 자라면 키가 5m에 이른다. 지금도 코트디브와르, 콩고, 가봉(Gabon) 등지에서 재배되고 있으며 1900년 아프리카에서 브라질로 유입되어 현재 브라질에서 재배되는 대부분의 카네포라는 코닐론이다. 코닐론이란 이름은 이 품종을 들여올 당시 코닐로우(Kouilou)를 잘못 표기한데서 비롯되었다고 한다.[90]

느간다

느간다는 우간다에서 재배되는 품종으로 가지가 많이 달리며 잎이 작고 짙은 녹색을 띤다.[91]

S-274

S-274는 인도에서 재배되는 품종으로 잎이 크고 넓으며 연한 녹색을 띤다. 체리는 30-50개씩 모여서 달리고 콩의 크기는 중간 정도이며 둥근 형태이다.[92]

CxR

CxR은 코페아 콘젠시스와 로부스타의 교배종으로 인도에서 재배된다. 전통적인 로부스타에 비해 잎이 좁고 작으며 신맛은 약하고 바디는 강한 것으로 알려져 있다.

품종

특정한 유전자 구성, 염색체 구조, 염색체 수에 의해 특징지어지는 생물 집단으로 종이나 아종 내의 소단위이다. 품종 간의 차이는 절대적인 것이 아니고 실용적인 형질에 관하여 구별하는 수가 많으며 분류학상의 범주와도 반드시 일치하지 않는다. 커피 품종을 표기할 때 보통 'variety'나 'cultivar'가 많이 사용되는데 정확한 의미를 아래와 같이 정리하였다.

1. 버라이어티

버라이어티(variety)는 생물 분류학상 종의 하위 단위로 아종 및 변종 또는 식물에서 유전적 개량을 통하여 생긴 새로운 개체군을 이른다. 종 다음에 라틴어 varietas의 약자인 var. 또는 v. 으로 표시한다.
예) C. arabica L. var. Bourbon, C. arabica L. v. Bourbon

버라이어티로 인정받기 위해서는 국제신품종보호연합(International Union for the Protection of New Varieties of Plants, UPOV)이 정한 기준에 부합하여야 한다.[94]
첫째, 버라이어티는 그 버라이어티에 속한 식물들이 고유의 특성을 균일하게 가지고 있어야 한다. 둘째, 버라이어티는 다른 버라이어티와 구별될 수 있는 특성을 가지고 있어야 한다. 셋째, 버라이어티는 다음 세대에도 그 특성이 지속적으로 나타날 수 있도록 안정적이어야 한다.

2. 버라이어탈

버라이어탈(varietal)은 원래 와인에서 사용되는 용어로 까베르네 쇼비뇽(Cabernet Sauvignon)처럼 단일 포도 품종으로 와인을 제조했을 때 품종을 하나의 상표명으로 사용하는 것을 말한다. 커피에서는 커피의 원산지를 언급할 때 주로 사용된다.

3. 컬티바

컬티바(cultivar)는 재배품종(cultivated+variety=cultivar)의 뜻으로 야생종에 대하여 인위적으로 재배되고 있는 식물의 종을 말한다. 반드시 다른 컬티바와 육안으로 구별될 수 있어야 하며 번식이 가능해야 한다. 국제재배식물명명규약(International Code of Nomenclature for Cultivated Plants, ICNCP)에 따라 명명하도록 되어 있다. 약어로 cv.로 쓴다. 예) C. arabica L. cv. Caturra

4. 하이브리드

하이브리드(hybrid)는 잡종이란 뜻으로 서로 다른 종 사이(종간 잡종) 혹은 동일한 종 내에서 서로 다른 품종 간(종내 잡종)의 교배로 새롭게 만들어진 품종을 말한다. 이런 잡종은 자연적으로 만들어지기도 하지만 인간의 인위적인 조작으로 만들어지기도 한다.

1) 종내잡종
종내잡종(intraspecific hybrid)은 동일한 종에 속한 품종끼리 교배하여 탄생한 새로운 품종 즉, 동종 교배종을 말한다. 아라비카에 속하는 수마트라와 버번의 교배로 탄생한 문도노보가 그 예이다.

2) 종간잡종
종간잡종(interspecific hybrid)은 다른 종에 속한 품종끼리 교배하여 새로이 탄생한 품종 즉, 이종 교배종을 말한다. 아라비카와 카네포라 사이의 교배종인 티모르 하이브리드가 그 예이다.

5. 돌연변이종

돌연변이종(mutation)은 마라고지페나 카투라처럼 키나 나뭇잎의 형태에 갑작스런 변화가 나타나는 것으로 돌연변이는 씨앗에 의한 번식 후에도 새로운 형태가 계속 유지되어야 돌연변이로 인정된다.

출처

1. Andrea Illy & Rinantonio Viani, op.cit., p.25.
2. "Historical background", genus Coffea, 2011.2.24., https://genuscoffea.wordpress.com/part-1/, (2017.7.20.)
3. "Historical background", Genus Coffea, 2011.2.24., https://genuscoffea.wordpress.com/part-1/, (2017.7.20.)
4. "Historical background", Genus Coffea, https://genuscoffea.wordpress.com/part-1/, (2015.6.15.)
5. "Coffea liberica", Science Direct, https://www.sciencedirect.com/topics/pharmacology-toxicology-and-pharmaceutical-science/coffea-liberica, (2017.8.1.)
6. "Stenophylla Coffee", Slow Food Foundation, https://www.fondazioneslowfood.com/en/ark-of-taste-slow-food/stenophylla-coffee/, (2017.4.7.)
7. "View crop", Food and Agriculture Organization, http://ecocrop.fao.org/ecocrop/srv/en/cropView?id=2508, (2017.4.8.)
8. "Coffea congensis", Useful Tropical Plants, http://tropical.theferns.info/viewtropical.php?id=Coffea+congensis, (2017.4.10.)
9. "Coffea mauritiana", International Union for Conservation of Nature and Natural Resources, http://www.iucnredlist.org/details/18538384/0, (2017.4.10.)
10. "Coffea Racemosa possibly the worlds rarest coffee", Cultivar Coffee, http://www.cultivar.co.za/coffea-racemosa.html, (2017.4.10.)
11. "Coffea Charrieriana", Kencaf Importing & Distributing Inc, 2014.4.11., https://kencaf.com/coffea-charrieriana/, (2017.4.8.)
12. "Meet The Species Eugenoides, Coffe's Weird Delicious Uncle, Sprudge, 2015.8.31., https://sprudge.com/meet-the-species-eugenioides-coffees-weird-delicious-uncle-82659.html, (2017.4.9.)
13. "Bee pollination and fruit set of Coffea arabica and C. canephora (Rubiaceae)"
14. Willy H. Verheye, Soils, Plant Growth & Crop Production, (Singapore: EOLSS Publications, 2010), p.4.
15. Willem Boot, Variety is the Spice of Coffee, Roast Magazine, 2006 5/6, (Roast Magazine, 2006), p.2.
16. Kenneth Davids, Coffee: A Guide to Buying, Brewing, and Enjoying, (NEW York: St. Martin's Press, 2001), p.82.
17. Jean Nicolas Wintgens, op.cit., p.43.
18. "Jamaican Blue Mountain Coffee Beans", Espresso & Coffee Guide, https://espressocoffeeguide.com/gourmet-coffee/coffees-of-the-americas/jamaica-coffee/jamaica-blue-mountain-coffee/, (2016.10.8.)
19. "The Growing Flavour Of Indian Coffee", India Brand Equity Foundation, https://www.teacoffeespiceofindia.com/coffee, (2016.11.1.)
20. "Coffee Varieties", India Brand Equity Foundation, https://www.teacoffeespiceofindia.com/coffee/india-coffees-varieties, (2016.11.1.)
21. "Coffee Varieties", Stump Town Coffee Roasters, https://www.stumptowncoffee.com/varieties/, (2016.12.10.)
22. "COFFEE VARIETIES & CULTIVARS", Griffiths Coffee Roasters, http://www.griffithscoffee.com.au/ourcoffees/coffee-vari-

eties/, (2016. 12.10.)

23 T. Pradeepkumar, Management of Horticultural Crops, (New Delhi: New India Publishing Agency, 2008), p.590.

24 "List and descriptions of varieties of C. arabica", Genus Coffea, https://genuscoffea.wordpress.com/genus-coffea-full/, (2017.4.7.)

25 "Cultivars", Casa Brasil, http://www.casabrasilcoffees.com/learn/cultivars/, (2017.2.1.)

26 "Cultivars", Casa Brasil, http://www.casabrasilcoffees.com/learn/cultivars/, (2017.2.1.)

27 "Cultivars", Casa Brasil Coffees, http://www.casabrasilcoffees.com/learn/cultivars/, (2017.2.1.)

28 Andrea Illy & Rinantonio Viani, op,cit., p.22.

29 Willem Boot, Variety is the Spice of Coffee, Roast Magazine, 2006 5/6, (Roast Magazine, 2006), p.2.

30 "Arabica Coffee Bean Varietals". Coffee Research, http://www.coffeeresearch.org/agriculture/varietals.htm, (2017.2.3.)

31 "Bourbon", World Coffee Research, https://varieties.worldcoffeeresearch.org/varieties/bourbon, (2017.2.4.)

32 "History of Bourbon and Typica", World Coffee Research, https://varieties.worldcoffeeresearch.org/info/coffee/about-varieties/bourbon-and-typica, (2017.2.4.)

33 "Caturra", World Coffee Research, https://varieties.worldcoffeeresearch.org/varieties/caturra, (2017.3.4.)

34 "Glossary", Coffee Shrub, https://www.coffeeshrub.com/glossary, (2017.4.2.)

35 "Villa Sarchi", World Coffee Research, https://varieties.worldcoffeeresearch.org/varieties/villa-sarchi, (2017.5.10.)

36 "Villa Sarchi", Hasbean, https://www.hasbean.co.uk/blogs/varietals/15254989-villa-sarchi, (2017.5.10.)

37 Exploring Distinctive Characteristics & Virtues of Coffee Varieties", Salvadoran Coffee Council, https://himalayanarabica.com/wp-content/uploads/2015/12/Difference-Between-Bourbon-Pacamara-Coffee-posted-by-Himalayan-Arabica-Nepal-Coffee.pdf, (2017.4.4.)

38 "Pacas", World Coffee Research,https://varieties.worldcoffeeresearch.org/varieties/pacas, (2017.4.4.)

39 "El Salvador Coffee Beans", Espresso & Coffee Guide, https://espressocoffeeguide.com/gourmet-coffee/coffees-of-the-americas/el-salvador-coffee/, (2017.5.4.)

40 "SL-28", World Coffee Research, https://varieties.worldcoffeeresearch.org/varieties/sl28, (2017.5.6.)

41 "Coffee Varieties", Stump Town Coffee Roasters, https://www.stumptowncoffee.com/varieties/, (2017.5.6.)

42 Tekisic", World Coffee Research, https://varieties.worldcoffeeresearch.org/varieties/tekisic, (2017.5.15.)

43 "COFFEE VARIETIES & CULTIVARS", Griffiths Bros. Coffee Roasters, http://www.griffithscoffee.com.au/ourcoffees/coffee-varieties/, (2017.5.15.)

44 "Bourbon pointu Grand cru coffee producers", Cafe Reunion, https://www.cafe-reunion.com/plugins/fckeditor/UserFiles/File/English/ExposantsEn.pdf, (2018.3.30.)

45 "Coffee Varieties", Coffee Research Institute, http://www.kalro.org/coffee/?q=node/25, (2017.5.30.)

46 "K7", World Coffee Research, https://varieties.worldcoffeeresearch.org/varieties/k7, (2017.5.30.)

47. "Jackson 2/1257", World Coffee Research, https://varieties.worldcoffeeresearch.org/varieties/jackson-2-1257, (2018.6.15.)
48. 'Mibirizi", World Coffee Research, https://varieties.worldcoffeeresearch.org/varieties/mibirizi, (2018.6.15.)
49. "Bourbon Mayaguez 71", World Coffee Research, https://varieties.worldcoffeeresearch.org/varieties/bourbon-mayaguez-71, (2018.6.17.)
50. Willem Boot, Variety is the Spice of Coffee, Roast Magazine, 2006 5/6, (Roast Magazine, 2006), p.2.
51. "Catuai", World Coffee Research, https://varieties.worldcoffeeresearch.org/varieties/catuai, (2017.6.5.)
52. "Arabicas", Genus Coffea, 2011.3., https://genuscoffea.wordpress.com/arabicas/, (2017.6.5.)
53. "Interview: What's So Special About Pacamara?", Perfect Daily Grind, 2015.11.20., https://www.perfectdailygrind.com/2015/11/interview-whats-so-special-about-pacamara/, (2017.9.30.)
54. "Exploring Distinctive Characteristics & Virtues of Coffee Varieties", Salvadoran Coffee Council, https://himalayanarabica.com/wp-content/uploads/2015/12/Difference-Between-Bourbon-Pacamara-Coffee-posted-by-Himalayan-Arabica-Nepal-Coffee.pdf, (2017.10.4.)
55. "Maracatu", Has Bean Coffee, https://www.hasbean.co.uk/blogs/varietals/6907878-maracatu, (2017.10.15.)
56. "Acaia", Has Bean Coffee, https://www.hasbean.co.uk/blogs/varietals/6907542-acaia, (2016.11.4.)
57. "T8667", World Coffee Rresearch, https://varieties.worldcoffeeresearch.org/varieties/t8667, (2017.7.20.)
58. "Catimor", MERCANTA, 2016.4.20., https://www.coffeehunter.com/knowledge-centre/catimor/, (2017.7.20.)
59. "The Origin of The Catillo Cultivar", Catholic Relief Services, 2013.1.25., https://coffeelands.crs.org/2013/01/the-origins-of-the-castillo-cultivar/, (2017.9.1.)
60. "Sarchimor", World Coffee Research, https://varieties.worldcoffeeresearch.org/varieties/t5296, (2017.11.1.)
61. "Coffee Varieties", Coffee Research Institute, http://www.kalro.org/coffee/?q=node/25, (2017.10.18.)
62. "Glossary", Coffee Shrub, http://www.coffeeshrub.com/shrub/glossary/term/493, (2016.11.10.)
63. "Icatu", Has Bean Coffee, https://www.hasbean.co.uk/blogs/varietals/6907872-icatu, (2016.11.10.)
64. "Coffee varieties in Sumatra", Five Senses Coffee, 2013.8.15., https://www.fivesenses.com.au/blog/coffee-varieties-in-sumatra/, (2017.11.15.)
65. "COFFEE VARIETIES & CULTIVARS, Griffiths Bros. Coffee Roasters, http://www.griffithscoffee.com.au/ourcoffees/coffee-varieties/, (2017.11.15.)
66. "PROGRESS IN THE DEVELOPMENT OF COFFEE VARIETIES", Kenya Agricultural & Livestock Research Organization, http://www.kalro.org/sites/default/files/2016-Coffee-NCC216-PRESENTATION-GIMASE.pdf, (2017.10.4.)
67. "VARIETALS", Beanberry Coffee Company https://www.beanberrycoffee.com/pages/varietals, (2017.10.4.)
68. "COFFEE REGIONS-INDIA", Coffee Board of India, https://www.indiacoffee.org/coffee-regions-india.html, (2017.11.4.)
69. "A User's Guide to Colombian Coffee Varietials", Sprudge, 2010.7.10., http://sprudge.com/a-users-guide-to-colombian-coffee-varietals-5205.html, (2017.11.4.)

70 "Rasuna", Mercanta, 2016.4.20., https://www.coffeehunter.com/knowledge-centre/rasuna/, (2017.10.28.)

71 "Don Pachi 100% Geisha-Panama", Hand Crafted Coffees, http://www.cafetaf.gr/pdf/don%20pachi%20geisha%20english.pdf, (2017.5.4.)

72 "Panama Geisha Coffee Beans", Espresso & Coffee Guide, https://espressocoffeeguide.com/gourmet-coffee/coffees-of-the-americas/panama-coffee/panama-geisha-coffee/, (2018.3.4.)

73 "Java", World Coffee Research, https://varieties.worldcoffeeresearch.org/varieties/java, (2018.3.15.)

74 "USDA762", Mercanta, 2016.4.20, https://www.coffeehunter.com/knowledge-centre/usda-762/, (2018.5.1.)

75 "Mocha/Moka", Mercanta, 2016.4.20., https://www.coffeehunter.com/knowledge-centre/mochamoka/, (2018.4.8.)

76 "Varieties", MauiGrown Coffee Distributors, http://www.mauigrowngreencoffee.com/varieties/, (2018.4.8.)

77 "Varietals", Union Hand-Roasted Coffee, https://www.unionroasted.com/blog/08/29/unique-colombia-coffee/, (2018.4.12.)

78 "Batian: Can This New Varietal Transform Kenyan Coffee?", Perfect Daily Grind, https://www.perfectdailygrind.com/2016/09/batian-can-new-varietal-transform-kenyan-coffee/, (2018.4.25.)

79 "BATIAN COFFEE", Coffee Research Station, http://www.ico.org/presents/0910/kenya-batiancoffee.pdf, (2018.4.25.)

80 "Centroamericano", World Coffee Research, https://varieties.worldcoffeeresearch.org/varieties/centroamericano, (2018.4.5.)

81 "Milenio", World Coffee Research, https://varieties.worldcoffeeresearch.org/varieties/milenio, (2017.11.14.)

82 "Anacafe 14", World Coffee Research, https://varieties.worldcoffeeresearch.org/varieties/anacafe-14, (2017.11.24.)

83 "Mundo Maya", World Coffee Research, https://varieties.worldcoffeeresearch.org/varieties/mundo-maya, (2017.11.24.)

84 "Starmaya", World Coffee Research, https://varieties.worldcoffeeresearch.org/varieties/starmaya, (2017.12.4.)

85 "Evaluna", World Coffee Research, https://varieties.worldcoffeeresearch.org/varieties/evaluna, (2017.11.24.)

86 "Nayarita", World Coffee Research, https://varieties.worldcoffeeresearch.org/varieties/nayarita, (2017.11.18.)

87 "Casiopea", World Coffee Research, https://varieties.worldcoffeeresearch.org/varieties/casiopea, (2018.5.4.)

88 "H3", World Coffee Research, https://varieties.worldcoffeeresearch.org/varieties/h3, (2017.11.14.)

89 "Venecia", World Coffee Research, https://varieties.worldcoffeeresearch.org/varieties/venecia, (2018.6.17.)

90 "Canephoras", Genus Coffea, https://genuscoffea.wordpress.com/canephoras/, (2017.7.20.)

91 Ugandan coffee: a host of varieties for you to discover at a dedicated festival" https://www.fondazioneslowfood.com/en/ugandan-coffee-host-of-varieties-for-you-to-discover-at-dedicated-festival/, (2017.12.1.)

92 "History of Indian Coffee", Indian Estates, 2017.1.11., https://indianestates.co.in/blog/history-indian-coffee/, (2017.12.1.)

93 "History of Indian Coffee", Indian Estates, 2017.1.11., https://indianestates.co.in/blog/history-indian-coffee/, (2017.12.1.)

94 "The UPOV System of Plant Variety Protection", International Union for the Protection of New Varieties of Plants, https://www.upov.int/about/en/upov_system.html#what_is_a_pv, (2017.12.1.)

커피재배

COFFEE CULTIVATION

재배 지역

커피는 적도를 중심으로 남위 25°에서 북위 25°사이의 열대, 아열대 지역에 속하는 약 60여개의 나라에서 생산되는데 생산 지역이 하나의 벨트를 이루고 있어 이를 커피벨트(Coffee belt)라 한다. 이 지역 중에서 주요 커피 생산 지역은 남위 18°에서 북위 18°사이에 걸쳐 있다.

커피벨트

재배 조건

커피 특히 아라비카의 재배 조건은 아주 까다로워 재배 지역이 한정될 수밖에 없다. 온도, 강우량, 햇볕, 토양 등의 조건이 모두 부합되어야 질이 좋은 커피를 재배할 수 있기 때문이다.

1. 기온

기온은 커피 재배에 가장 많은 영향을 미치는 중요한 요인으로 기온이 너무 높거나 낮으면 커피 수확량이 감소하고 품질이 안 좋아지며 커피나무에 손상을 입힐 수 있다. 아라비카는 원래 에티오피아 고원 지대에서 자랐기 때문에 너무 덥거나 추운 날씨엔 잘 적응하지 못한다. 아라비카의 재배 평균 기온은 15-24°C이고 적정 평균 기온은 18-22°C이다. 23°C이상 온도가 지속되면 열매의 성숙이 너무 빨라져 품질이 저하되고 커피녹병과 해충의 피해가 더 많이 발생하며 25°C가 넘으면 광합성 활동이 제한된다. 또한 지속적으로 30°C가 넘을 경우에는 나무의 성장이 둔화되고 잎이 시든다.[1] 특히 서리가 내리면 잎과 열매를 모두 손상시키며 커피나무가 죽을 수도 있다.

로부스타는 아프리카의 저지대에서 자랐기 때문에 아라비카에 비해 기온이 높은 지역에 잘 적응하며 재배 평균 기온은 연 24-30°C이다. 7°C까지는 견딜 수 있으나 장기간 지속되는 15°C이하의 조건에서는 생육이 어렵고 5°C에서는 열매와 잎이 모두 손상된다.[2]

2. 강우량과 습도

커피 재배에 적당한 강우량은 아라비카가 연간 1,400-2,000mm, 로부스타는 2,000-2,500mm 정도이다. 아라비카는 로부스타에 비해 가뭄을 잘 견뎌 토양층이 깊고 물 저장 능력만 좋다면 4-6개월의 가뭄도 견딜 수 있다. 반면 3,000mm 이상의 과도한 강우량은 재배에 적합하지 않다.

아라비카나 로부스타 모두 우기뿐만 아니라 2-4개월의 건기도 꼭 필요하다.[3] 그래야 수분 스트레스(water stress)에* 의해 개화가 집중적으로 유발되어 수확도 짧은 기간에 이루어질 수 있기 때문이다. 커피 재배에 적합한 대기 습도 수준은 아라비카가 60%, 로부스타가 70-75%이다.[4] 대기 습도가 지나치게 높은 상태에서 재배되면 커피에서 발효취나 약품맛, 곰팡이 냄새 등이 날 수 있으며 이는 내추럴 커피(natural coffee)의** 경우 더 강하게 느껴진다.

1. 수확기에 비가 많이 오면 체리가 수분을 흡수하여 팽창하면서 갈라짐
2. 갈라진 부분에 곰팡이가 발생해 체리가 검게 변함

3. 토양

커피 재배에는 약산성(pH 5-6)의 토양이 적합한데 로부스타는 알칼리성 토양에도 잘 적응한다.[5] 또한 뿌리가 쉽게 뻗을 수 있고 배수 능력이 좋은 다공질 토양이여야 하며 양이온 교환 능력도*** 뛰어나야 한다. 표토의 깊이는 뿌리가 충분히 뻗어야 하고 물 저장을 해야 하기 때문에 2m 이상[6] 되는 것이 이상적이지만 건조한 지역의 경우 뿌리가 더 깊이 내릴 수 있도록 표토가 더 깊어야 한다.

---

* 수분의 소실에 따라 식물에 발생하는 스트레스를 말한다.
** 내추럴 가공으로 생산된 커피를 말한다. 자세한 내용은 5단원 커피 가공 중 <가공법의 종류> 참조
*** 건조토양 100g이 갖는 치환성 양이온의 함량을 mg으로 표시한 것이다.

일반적으로 유기물이 풍부한 화산성 토양의 충적토가 커피 재배에 좋다고 알려져 있지만 재배 지역이 모두 화산성 토양은 아니다. 지역별에 따른 토양을 살펴보면 먼저 중앙아메리카, 콜롬비아, 멕시코 고원 지대, 인도네시아 자바 등은 화산재 토양(volcanic ash)이고 아프리카 동부, 하와이 등은 화산 토양(volcanic soils)이며 자바를 제외한 인도네시아는 습윤성 흑토(black humid soils)이다. 그리고 인도, 에티오피아 고원 지대, 아프리카 서부, 중앙아프리카 지역은 적색 토양의 라테라이트(laterite)이며* 브라질은 현무암이 풍화된 적갈색의 테라록사(terra roxa)이다.

화산 토양(엘살바도르)

테라록사(브라질)

4. 지형

지형적인 특성도 커피 재배에 많은 영향을 미치므로 재배지를 선택할 때는 다음의 사항들을 잘 고려해야 한다.

남쪽 지역은 북쪽에 비해 일조 시간이 길어 온도가 평균 2-4°C 높으므로 광합성이 활발하게 이루어지고 개화도 잘 된다. 습도가 높은 지역에서 햇빛을 많이 받는 커피나무는 이슬이 빨리 건조되므로 균에 의한 질병에 덜 걸린다.

---

* 열대 사바나 지역에 발달하는 붉은색의 풍화된 토양으로 철, 알루미늄이 많이 함유되어 있다.

반면 바람이 강한 지역은 바람에 의한 증발 작용으로 커피나무에 많은 수분 스트레스를 준다. 계곡의 아래쪽은 찬 공기가 내려와 서리가 발생하기 쉬우므로 피해야 하고 비가 많이 왔을 때 범람하기 쉬운 지형도 피하는 것이 좋다.

토양 침식을 방지하기 위해 심어놓은 풀

5. 고도와 위도

아라비카는 낮은 기온에서 잘 자라므로 높은 지대에서 재배된다. 하지만 이는 위도에 따라 달라진다. 적도 부근은 연중 기온이 높지만 적도에서 고위도 지대로 갈수록 기온이 낮아지기 때문이다. 위도는 커질수록 적도에서 멀어지고 기온도 내려간다. 따라서 위도 25°가 넘는 지역은 기온이 너무 낮아 커피 생육에 치명적인 서리가 자주 발생하므로 재배가 어렵다.

아라비카에 비해 로부스타는 고온 다습한 지역에서 잘 자라므로 위도 10°이내, 고도 900m 이하인 열대 지역의 저지대에서 주로 재배가 된다.

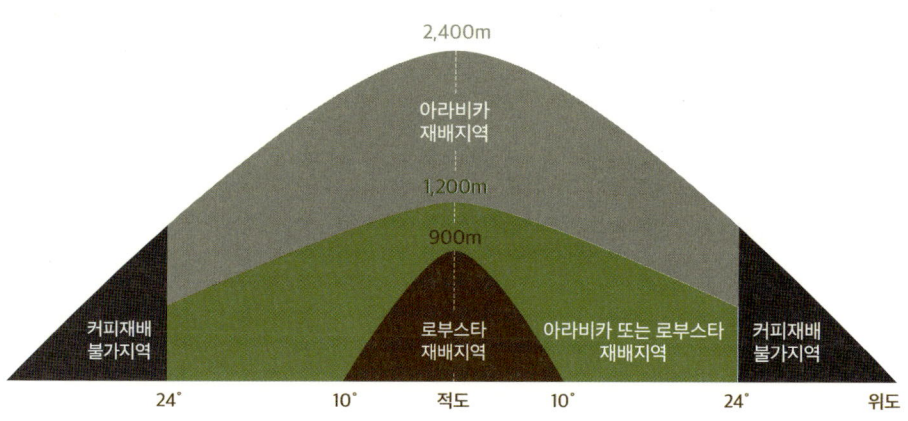

위도에 따른 커피 재배 고도

커피는 고지대에서 재배될수록 낮은 기온과 큰 일교차로 인해 열매가 더 천천히, 더 균일하게 성숙된다. 고지대의 낮은 기온은 커피나무가 더 많은 영양분을 생성시켜 열매에 저장하게 하고, 높은 재배 고도는 자당(sucrose) 성분을 증가시켜 단맛과 신맛이 강해지게 한다. 또한 지방함량도 증가시켜 향도 좋게 한다. 이와 같은 이유로 고지대의 커피가 저지대의 커피에 비해 콩이 더 단단하며 커피의 향과 맛이 좋은 것이다.

지대별 커피의 특성

	생두 색깔	밀도	향	신맛	바디	재배	가격
고지대	짙은 녹색	큼	강함	강함	강함	어려움	고가
저지대	옅은 녹색	작음	약함	약함	약함	쉬움	저가

6. 일조량과 바람

커피열매의 수확을 위해서는 적당한 일조량(4.5–5.5시간/일, 1,600–2,000시간/년)이 필요하다.[7] 일조량이 부족하면 광합성 작용이 활발하지 못하게 되어 성장이 더뎌지고 반대로 과도하면 잎이 화상을 입는 피해가 발생한다.

과도한 일조량으로 인한 피해

바람도 커피 재배에 많은 영향을 준다. 뜨거운 바람은 커피나무로부터 많은 수분을 빼앗아가므로 더 많은 물을 공급해주어야 한다. 또 강한 바람은 잎과 가지를 손상시키며 꽃과 열매를 떨어뜨리기도 한다. 따라서 바람이 강한 지역에서는 나무의 키가 작고 가지가 튼튼한 품종을 선택해야 하며 방풍림을 이용한 방풍 시설도 해주어야 한다.

바람으로 인한 피해

방풍시설(방풍림)

기후 변화와 커피 생산

기후 변화로 인해 커피 재배는 심각한 위협을 받고 있다. 불규칙한 강수 패턴으로 인한 가뭄 및 집중 호우의 빈번한 발생, 수확기에 비가 오는 등의 변화는 커피 생산에 많은 부정적인 영향을 끼친다. 또 온도 상승은 커피녹병 같은 질병과 커피베리보어러(Coffee berry borer)로 대표되는 해충의 피해를 증가시키는데 이 역시 커피 생산량 감소와 품질 저하의 주요 원인이 되고 있으며 특히 80-90%에 달하는 소규모 커피 농가는 훨씬 더 큰 위험에 직면해 있는 것이 현실이다.

현재의 지구 온난화가 별다른 개선 없이 그대로 지속된다면 커피 생산에 적합한 토지 면적은 2050년에 50%까지 감소 할 수 있다고 한다. 그리고 2100년에는 지금보다 평균 기온이 4.8℃ 상승한다고 하는데 이렇게 되면 지구에서 커피는 소멸될 것이라고 한다.[8] 기후 변화가 진행될수록 커피 재배지는 고지대로 이동할 수밖에 없는데 이는 재배에 많은 어려움을 발생시키고 또 커피나무를 새로 심기 위해서는 기존의 삼림을 베어버려야 하므로 삼림을 황폐화 시키는 문제가 발생할 수 있다.

아래의 표는 2012년에 커피녹병 피해로 인한 생산량 감소를 나타낸 것으로 이처럼 커피녹병의 피해가 증가하는 것은 기후 변화로 인해 저지대에서 주로 발생하던 커피녹병이 이제는 고지대에서도 발생하기 때문이다.

2012년 중앙아메리카 커피 생산국의 수확량 감소 현황(만 백)

	2009	2010	2011	2012
과테말라	383	395	384	314
엘살바도르	108	181	115	124
온두라스	360	433	590	490
니카라과	187	163	221	134

재배 종류

1. 셰이딩

의미   커피나무는 강한 햇볕과 열에 약해서 이를 차단해 주어야 하고 이를 위해 커피 재배지의 중간 중간에 그늘을 제공해주는 키가 큰 나무를 심은 상태에서 커피나무를 재배하는 방법을 셰이딩이라 한다. 셰이딩의 목적으로 심는 나무를 셰이드 트리(shade tree)라고 하고 셰이딩을 통해 생산된 커피를 셰이드 그로운 커피(shade-grown coffee)라고 한다.

과테말라

코스타리카

셰이드 트리 셰이드 트리는 빠른 시간에 성장이 가능하고 뿌리가 깊게 자라며 비바람에 강한 나무가 적합하다. 일반적으로 잉가(Inga), 아카시아(Acacia), 그레빌레아(Grevillea), 에리트리나(Erythrina) 등을 심는다.

한편 소규모 농장에서는 커피나무 사이에 바나나, 감귤나무, 아보카도 등을 함께 심어 커피와 같이 재배기도 하는데 이는 셰이딩이 아니라 간작(intercrop)이라 한다. 이러한 간작은 커피 외에 부가적인 수익을 창출할 수 있다는 장점이 있지만 커피나무가 물과 영양분을 가지고 다른 작물과 경쟁을 해야 하므로 커피 생육에 부정적인 영향을 끼칠 수 있는 단점도 있다.

바나나

아보카도

셰이딩 단계 셰이딩은 그 정도에 따라 아래와 같이 네 가지로 분류할 수 있다.

출처 - Moguel & Toledo - Biodiversity Conservation in Traditional Coffee Systems of Mexico

단계	내용	햇빛 차단 정도 (%)
러스틱	소규모 농가에서 주로 사용되는 방법으로 자연 상태의 숲에서 커피를 재배하는 형태이다. 따라서 셰이드 트리의 종류가 매우 다양하며 높이도 여러 층을 형성한다.	70 - 100
전통적 복합 재배	야생 상태의 나무 및 목재나 약용으로 사용되는 나무를 함께 심은 상태에서 커피를 재배하는 방법이다.	60 - 90
상업적 복합 재배	커피를 더 많이 재배하기 위해 기존의 나무를 대부분 베어버린 다음 셰이드 트리로 목재용 나무나 과실수를 심는 방법이다.	30 - 60
셰이딩 단일 재배	한 두 종의 셰이드 트리를 심은 상태에서 커피나무를 조밀하게 심어 재배하는 형태이다.	10 - 30

셰이딩의 장단점   셰이딩을 하면 기온 하강으로 인해 커피열매가 천천히 성숙되고 이는 커피 품질 향상으로 이어진다. 또한 빗물의 속도를 완화시켜 토양 침식을 막아주고 셰이드 트리에서 떨어진 잎들이 햇볕을 차단함으로써 잡초 성장을 억제하며 다양한 동물들이 서식하는 환경을 만들어주므로 생물 다양성을 향상시킨다는 장점을 가지고 있다. 반면 셰이드 트리의 나뭇가지가 부러지면 커피나무에 피해를 줄 수도 있고 커피 녹병도 더 많이 발생할 수 있다. 그 밖에 광합성 활동을 저하시켜 새싹이 햇빛을 찾아 성장하면서 나무 마디 사이가 길어져 수확량이 감소할 수도 있다는 단점이 있다.[9]

셰이딩이 필요한 지역   셰이딩은 커피 재배에 적합하지 않은 조건을 가진 지역 즉, 높은 기온, 많은 강우량, 서리나 우박 등의 재해가 심한 지역, 온도 변화가 심한 지역, 강한 바람이 부는 지역, 돌풍과 폭풍우의 위험이 있는 지역 등에 더 필요하다. 그러나 1,800m 이상의 고지대는 기온이 낮으므로 커피 품질에 별로 영향을 주지 않는다.

2. 선 커피

선 커피(sun coffee)는 기존의 품종을 햇볕과 질병에 강한 신품종으로 교체하여 조밀하게 심은 후 대량의 화학 비료, 제초제, 살충제, 풍부한 관개 시설을 이용하여 커피를 재배하는 것이다. 1990년대 들어 많은 커피 농장들이 더 많은 커피 수확을 위해 이 방식으로 전환하여 커피를 재배하고 있는데 이러한 선 커피는 대량 수확은 가능하지만 다음과 같은 문제점을 야기한다.

먼저 화학 비료, 제초제, 살충제의 사용은 커피 농장 주변의 수질을 오염시키고 토양의 산성화를 가속화한다. 또 콩의 크기를 작아지게 하고 커피의 쓴맛과 떫은맛을 증가시켜 커피의 품질을 떨어뜨리며 셰이드 트리의 부재로 인해 우기에는 토양 침식이 더 많이 일어난다. 그 밖에도 선 커피는 커피나무의 성장을 지나치게 빠르게 하여 셰이딩에 비해 나무 수명을 절반 정도로 단축시키고 이는 나무의 대체 주기를 짧아지게 하여 이에 따른 추가적인 비용을 발생시킨다.

선 커피(브라질)

재배 관리

커피나무를 심기 전에는 재배지의 환경에 적합한 품종 선택이 선행되어야 하고 그에 따른 생산성과 생산 비용도 면밀히 검토해야 한다.

묘포

커피 재배를 하다보면 커피나무가 질병, 노화, 해충 등으로 인해 생산성이 떨어져 새로운 나무를 심어야 하거나 또는 새로운 재배지에 커피나무를 심어야 하는 경우가 발생한다. 그래서 농장에서는 이에 대비하여 항시 묘목을 기르고 있어야 하는데 이렇게 묘목을 키우는 곳을 묘포(nursery)라 한다. 묘포는 나무 기둥을 세운 후 그 위를 그물망이나 야자수 잎 등으로 지붕을 만들어 반그늘 상태로 만들어 주고 사람이 자유롭게 드나들 수 있게 해준다. 묘포의 위치는 물 공급이 원활하고 토양이 비옥하며 토양층이 깊은 곳이 좋다. 또한 배수가 잘 되고 바람이 강하지 않으며 기온이 너무 낮지 않은 곳이 적합하다. 묘목이 자라면 그늘을 제거하고 햇볕에 노출시켜 저항력을 길러준다.

과테말라

엘살바도르

1. 파종

커피는 씨앗에 의한 파종 번식이 가장 일반적으로 사용된다. 이 방법은 파치먼트 상태의 씨앗을 묘판(seed bed)에 심고 싹이 어느 정도 자라면 이를 이식 용기에 옮겨 심거나 파치먼트를 이식용기에 바로 심어 묘목으로 기르는 방법이다.

파치먼트 선택

파종할 때는 생산성이 좋으며 질병이 없고 품질이 좋은 나무에서 수확한 잘 익은 체리를 사용해야 한다. 수확한 체리는 우선 물에 담가 물에 뜨는 가벼운 체리는 제거하고, 나머지 체리는 펄프를 벗겨낸 후 하루 정도 물에 담가 놓았다가 점액질을 제거한다. 점액질이 제거된 파치먼트는 공기가 잘 통하는 그늘에서 2-3일 건조시켜 수분 함유율을 25% 정도 되게 하고 발아율이 떨어지지 않도록 3개월 이내에 파종한다.

이때 파치먼트 중에서 크기가 작은 것, 해충이나 질병에 감염된 것, 기형인 것들은 제거한 후 파종하며 이렇게 파치먼트 상태로 심는 이유는 파치먼트가 보호막 역할을 하여 곰팡이가 성장하는 것을 막아주기 때문이다.

파치먼트 심기

묘판은 씨앗을 파종하여 일정 기간 동안 기르는 곳으로 파종하기 전에 설치해야 한다. 먼저 파종할 파치먼트를 묘판 위에 뿌리고 흙을 2cm 두께로 덮어준 후 그늘이 지도록 해준다. 파종한 다음에는 묘판이 마르지 않도록 물을 충분히 준다.

묘판에 심기

용기에 심기

다른 방법은 흙, 퇴비와 비료를 혼합하여 채운 용기에 심는 것이며 발아율을 높이기 위해 두 개의 파치먼트를 심고 그중 하나만 선택하여 재배하기도 한다.

발아 및 이식   파종하고 며칠이 지나면 생두 안에 있던 배아가 성장하면서 뿌리를 내리기 시작한다. 토양의 온도에 따라 발아 시기는 그 차이가 매우 크지만 보통 심은 지 4-6주 정도 후에 발아가 이루어진다.[10]

생두 상태의 발아 초기 단계

발아 단계 — 처음 지표면에서 올라올 때는 목 부분이 앞으로 굽어 있고 노란색과 붉은색을 띤다.

파치먼트가 지표 위로 나옴   줄기는 굽어있으며 노란색과 붉은색을 띰

성냥개비 단계 — 이후 줄기는 곧게 펴지고 색깔도 점차 연한 녹색으로 바뀌는데 이를 성냥개비 단계(matchstick stage)라고 부른다.

굽어있던 줄기가 점차 반듯해짐

떡잎이 관찰됨

나비 단계 — 나비 단계(butterfly stage)는* 파치먼트가 갈라지면서 배아 안에 있던 두 개의 떡잎이 나오는 시기를 말한다.

떡잎이 나오기 시작함

두 장의 떡잎이 나옴

* 모양이 표범의 귀와 닮았다하여 'Jaguar ear stage'라고도 부른다.

각 단계별 형태 비교

① 발아단계
② 성냥개비 단계
③ 나비 단계

심은 지 약 90일 정도가 지나면 첫 번째 잎이 나온다. 묘판에 심은 경우 묘목을 조심스럽게 뽑아 이식 용기에 옮겨 심는데 뿌리의 발육이 좋지 않은 것은 버린다.

이식 용기에 옮겨심기

5-6개월이 지나면 일조량을 늘려 적응력을 높여주고 그 후 완전한 잎이 나오면 그늘막을 제거한다.

묘목

물주기

이와 같은 파종 번식 외에 재배지에 씨앗을 직접 심는 직파와 접목도 있다. 먼저 직파는 구덩이에 여러 개의 씨앗을 직접 심은 후 묘목 상태가 되면 그중에서 가장 잘 발달한 것만을 선택하여 재배하는 방법으로 잘 사용하지 않는다. 접목은 땅속에 사는 선충(Root-knot nematode)이 뿌리를 갉아먹는 것을 막기 위해 선충에 강한 로부스타의 뿌리에 아라비카를 결합시켜 재배할 때 사용되는 방법이다.

접목

그 외 꺾꽂이, 시험관 등의 방법도 사용된다.

시험관 재배

2. 재배지 이식

재배지로의 최종 이식은 우기가 시작되는 시기 중 전날 비가 많이 왔거나 습도가 높고 흐린 날에 하는 것이 제일 좋다. 이식할 때는 파종한지 일 년 정도 지나 키가 30-50cm까지 자란 묘목 중에 뿌리가 곧바르고 튼튼하며 잎은 6쌍 정도이고 옆으로 난 가지가 없는 묘목을 사용한다.[1] 먼저 이식하기 하루 전에 이식할 묘목의 잎을 일부 제거하여 수분 증발을 막아주고 몇 시간 전에는 묘목이 쉽게 빠지도록 물을 충분히 준다. 그 후 뿌리가 다치지 않도록 조심스럽게 캐어내는데 이때 뿌리가 휘었거나 병든 묘목은 사용하지 않는다. 마지막으로 미리 파놓은 구멍에 커피 묘목을 주의하여 심은 다음 퇴비를 섞은 흙으로 구멍을 채워 넣는다.

이식 후 처음 며칠간은 야자수 잎 등을 이용하여 직사광선으로부터 보호해주고 한 달 정도 지났을 때 발육 상태가 좋지 않은 묘목은 다른 묘목으로 대체한다.

① 묘목 심기
② 물주기
③ 잎으로 덮어주기
④ 이식 후 1년

커피나무는 심은 후 2-3년이 지나면 처음 수확을 할 수 있으나 안정적인 수확은 5년부터 가능하다. 커피나무의 수명은 50-70년 정도이지만 실제로 재배되는 기간은 수익성 때문에 약 20-30년 정도이다.

3. 관리

커피 재배를 위해서는 가지치기 외에도 잡초 제거 및 해충 구제, 영양분과 물 공급, 질병 예방 활동 등이 적절히 이루어져야 한다.

나무 관리

가지치기 — 커피나무를 심고 첫 수확 때는 많은 열매를 수확할 수 있지만 그대로 두면 나무는 모든 영양분을 가지에 공급하기 때문에 열매가 적게 달리고 빨리 노화한다. 때문에 나무가 계속 젊고 활기찬 상태를 유지할 수 있도록 나뭇가지나 오래된 줄기 등을 주기적으로 잘라주어야 한다. 이렇게 가지치기를 해주면 다음과 같은 효과를 얻을 수 있다. 첫째, 너무 많은 열매가 달리지 않도록 함으로써 격년결실* 현상을 완화시켜주고 열매의 품질을 좋게 해준다. 둘째, 열매가 잘 달리지 않는 가지나 줄기를 잘라줌으로써 새 줄기와 열매가 열리는 가지의 성장을 촉진시킨다. 셋째, 공기와 햇빛이 잘 통하게 함으로써 해충과 질병의 피해를 줄여준다.[12]

스텀핑 — 가지치기의 방식 중 하나인 스텀핑(stumping)은 새잎이 나올 정도만 남겨놓고 커피나무 줄기를 완전히 베어버리는 것이다. 나무는 심은 후 몇 년이 지나면 열매가 점점 높은 가지에 달려 수확이 어려워지고 줄기의 성장이 느려지며 열매가 열리는 새로운 가지의 수가 점차 줄어들어 수확량이 감소한다.

---

* 한해 걸러 열매가 많이 열리는 것을 말하며 '해거리'라고도 한다.

이럴 때 스텀핑을 하면 남아있는 가지에서 다시 새로운 줄기가 나오는데 경우에 따라 하나 또는 두 개 이상의 줄기가 자라기 시작하며, 그렇기 때문에 스텀핑 후 나무의 형태는 조금씩 차이를 보인다.

스텀핑을 하면 수확량이 원래대로 돌아오고 커피의 품질도 향상되지만 일시적인 수확량 감소가 불가피하기 때문에 지역을 나누어 교대로 실시한다. 이러한 스텀핑은 나무를 다시 심는 것보다 비용이 적게 들어 효율적이다.

스텀핑 후 새로운 줄기가 성장하는 모습

스텀핑 방식에 따라 줄기의 형태는 조금씩 다른 모습을 보임

나무 형태 관리 ― 휘기와 기울이기는 나무의 키와 형태를 수확과 관리가 용이하도록 만들어주는 대표적인 방법으로 휘기는 어린 나무의 줄기를 잡아당긴 상태에서 다른 나무로 고정시켜 옆으로 자라도록 하는 것이고, 기울이기는 커피나무를 처음부터 기울게 심어 나무키를 낮게 해주는 것이다.

휘기   기울이기

오래된 나무 베어버리기 ― 커피나무는 심은 지 20년 정도 지나면 나무가 노쇠함에 따라 열매도 적게 달리고 체리의 품질도 떨어진다. 이 상태가 되면 나무를 완전히 베어버리고 새로운 나무를 심는다.

잡초 제거   잡초 제거는 사람이 직접 하기도 하지만 인건비 부담이 많아지기 때문에 주로 기계나 제초제를 사용하여 실시한다. 그리고 커피 묘목을 재배지로 이식하기 전에 나무 사이사이 마다 검은색의 플라스틱 시트를 덮어주는 방법도 있는데 이는 잡초의 성장을 억제하고 토양의 수분 증발과 침식을 방지한다는 장점이 있다. 이 밖에 해가 없으면서 잡초와 경쟁할 수 있을 정도로 강한 생명력을 가진 작물을 심어 잡초가 자라지 못하도록 하는 커버 플랜트(cover plant)가 사용되기도 한다.

물 공급

개화와 열매의 성숙에 물은 중요한 역할을 한다. 열매의 성숙은 수정 후 6주에서 16주까지가 중요한 시기인데 이 시기에 물의 양이 부족하면 속이 빈 체리가 발생할 수 있고 남아 있는 열매도 크기가 작아질 수 있다. 반대로 물을 너무 많이 주면 침수가 일어날 수 있고 특히 커피나무의 초기 성장기에는 뿌리의 발달을 방해할 수 있다. 대부분의 커피 농장은 물 공급을 비에 의존하고 있지만 브라질이나 베트남처럼 대규모로 햇볕에 노출된 상태로 재배하는 경우 관개 시스템이 필요하다.

브라질 관개 시스템

영양 공급

커피나무의 성장과 유지에 중요한 역할을 하는 질소, 포타슘(칼륨), 망간, 인, 아연 등의 영양소가 부족하면 커피 품질이 떨어지므로 반드시 이를 보충해주어야 한다. 질소는 광합성과 새로운 조직 형성 등에 필수적인 작용을 하는 가장 중요한 영양소의 하나이다. 질소 부족은 선 커피나 생산량이 많은 아라비카 품종에서 많이 발생한다. 질소가 충분한 커피나무 잎은 짙은 녹색을 띠지만 부족할 때는 옅은 녹색이나 녹황색을 띠고 새로운 가지의 성장도 50% 이상 줄어든다. 반대로 너무 많을 때는 커피의 카페인 성분이 많아진다.

커피열매의 성장에 기여하는 포타슘이 부족하면 잎 가장자리가 누렇게 변하고 뿌리, 나무와 새싹의 성장에 관여하는 인이 부족하면 처음에는 얼룩덜룩한 반점이 생기다가 점차 잎 조직이 괴사한다.[13]

망간 결핍   인 결핍

철 결핍   영양 부족

영양소를 공급하기 위해서는 펄프나 가축의 배설물을 썩혀 만든 퇴비 혹은 화학 비료를 일 년에 3-4차례 커피나무 주위에 원형으로 뿌려주거나 커피나무 줄을 따라 살포한다. 잎에 분무를 하면 기공을 통해 신속히 흡수가 되며 토양의 다른 영양소들과 부정적인 상호 작용을 피할 수 있는 장점이 있다.

천연 퇴비

해충 구제

커피나무의 잎, 열매, 줄기, 뿌리 등에 서식하는 해충은 선충, 커피베리보어러, 커피화이트스템보어러(Coffee white stem borer) 등으로 그 종류가 매우 많으며 각각의 종류에 따라 그에 맞는 살충제를 사용하여 해충의 피해를 최소화 시켜주어야 한다. 최근에는 천적을 이용해 해충을 제거하는 생물학적 구제 방법도 도입되어 활용되고 있다.

명칭	선충[14]	커피베리보어러[15]	커피화이트스템보어러[16]
형태			
특징	땅속에 사는 작은 기생충으로 커피나무에 가장 큰 피해를 입힘	검은색의 작은 벌레로 커피체리에 파고들어가 알을 낳음	나무줄기에 구멍을 뚫고 알을 낳아 줄기를 약하게 만드는 해충으로 아시아에서 주로 발견됨
피해	• 감염되면 나무의 뿌리가 혹처럼 부풀거나 코르크처럼 단단해지고 썩음 • 잎이 시들고 나무가 성장을 제대로 하지 못하며 나무가 일찍 노쇠하여 죽을 수도 있음	습도가 높거나 나무를 빽빽하게 심었을 때 잘 발생하고 수확량이 감소함	어린 나무는 죽을 수도 있음
대책	• 선충의 완전 제거는 불가능 • 감염된 나무를 제거하거나 로부스타와 아라비카를 접목하여 재배하는 방법이 주로 사용됨	• 적절한 가지치기 • 수확시 커피열매를 방치하지 않고 모두 수확함	• 감염된 나무를 베어버리거나 태워버림 • 살충제를 뿌려주거나 천적을 활용하여 구제

질병 예방 및 치료   커피나무도 다른 작물처럼 여러 질병이 발생한다. 주로 곰팡이에 의한 질병이 많고 대표적인 질병은 커피녹병과 커피베리병이다. 그 밖에도 잎줄기무늬병(Cercospora leaf spot), 잎마름병(Bacterial blight) 등이 있다.

커피녹병 — 지금까지 알려진 커피 질병 중 가장 피해가 큰 병으로 곰팡이(hamileia vastatrix)가 잎에 발생하면서 녹과 같은 포자덩어리를 만든다고 하여 '녹병'이라는 이름이 붙여졌다. 처음엔 잎 뒤쪽에 발생하지만 점차 확산되어 앞쪽까지 감염되면 잎이 떨어져 광합성 능력이 감소되고 나무가 약해지며 나무의 성장도 억제 된다. 결국 수확량이 현저히 줄어들며 심지어 커피나무가 죽을 수도 있다.

커피녹병은 1861년 동아프리카의 빅토리아 호수 근처에서 처음 발견되었다.[17] 그 후 1869년 실론(Ceylon, 지금의 스리랑카)에서 발생하여 커피나무가 궤멸하였으며 이로 인해 실론은 커피에서 차의 주요 생산지로 탈바꿈하였다. 인도네시아는 1876년에 수마트라에서, 1878년 자바에서 발생하여 재배 품종을 아라비카에서 커피녹병에 강한 로부스타로 대부분 바꾸었다.

① 처음엔 포자가 달라붙기 쉬운 잎 뒷면에 발생함   ② 점차 앞면까지 감염시킴   ③ 감염이 심해지면 잎이 모두 떨어짐

구리 성분의 살진균제를 우기가 시작될 때 살포하는 것이 커피녹병 예방에 효과적인 것으로 알려져 있지만 많은 비용과 노동력이 필요해 소규모 농가에서 실제로 실행하기는 어렵다.

살균제 살포 이외에 적절한 가지치기와 잡초 제거도 커피녹병 예방에 도움을 주며 카티모르, 루이루11, 이카투 등 커피녹병에 강한 품종으로 교체하는 것도 하나의 대책이라 할 수 있다.

커피베리병 — 커피베리병은 진균류(Colletotrichum kahawae)가 커피체리를 공격하는 포자를 만들어 내는 질병으로 열매의 80%를 손상시킬 정도로 피해가 크다. 이 병에 걸린 커피나무는 어둡고 움푹 파인 갈색의 반점이 생기는 것이 특징이다. 1922년 케냐에서 처음 발생한 후[18] 급속하게 아프리카 전역으로 퍼져 나갔지만 아라비카에만 영향을 주고 발생 지역도 아프리카 대륙으로 한정되어 있다.

커피베리병의 원인인 진균류는 모든 성장단계에서 커피나무를 감염시킬 수 있다. 감염 된 후 24시간이 지나면 증식을 시작하여 커피나무의 조직을 괴사시키는데 결국 감염된 커피열매는 일찍 땅으로 떨어지고 남아있는 열매는 다른 열매도 감염시킨다. 이 곰팡이는 비에 의해 확산되며 주로 기온 20-22°C의 습도가 높은 고지대에서 발생하고 해발 1,000m 이하의 저지대에서는 발생하지 않는다.

커피베리병의 피해

커피베리병에 걸리지 않는 방법은 살진균제를 연간 7-8회 살포하는 것이 가장 효과적인 대책이나 이는 커피녹병과 마찬가지로 많은 노동력과 연간 생산비의 약 45%에 달하는 많은 비용이 들어 실제로 실행하기는 어렵다. 때문에 루메수단, 티모르 하이브리드, K7처럼 이 질병에 강한 품종을 심기도 하고 셰이딩을 통해 빗방울이 커피열매에 떨어지는 것을 막아 균의 확산을 차단하는 방법이 시행되기도 한다.

출처

[1] Fábio M. DaMatta, Ecophysiological constraints on the production of shaded and unshaded coffee, Field Crops Research, Volume 86, (Amsterdam: ELSEVIER) 2004, p.100.

[2] M.N. Clifford & KC Willson, Coffee: Botany, Biochemistry and Production of Beans and Beverage, (Conneticut : The AVI Publishin Co., 1985), p.101.

[3] Fábio M. DaMatta, ibid., p.100.

[4] Jean Nicolas Wintgens, op.cit., p.166.

[5] M.N. Clifford & K.C. Wilson, op,cit., p.104.

[6] Andrea Illy, Rinantonio Viani, op.cit., p.35.

[7] "The tree and its surroundings", Cafe de Colombia, http://www.cafedecolombia.com/particulares/en/sobre_el_cafe/el_cafe/el_arbol_y_el_entorno/, (2016.8.8.).

[8] "Trouble is brewing : Climate change impacts on coffee production", Climate Council, 2016.9.12., https://www.climatecouncil.org.au/2016/09/12/trouble-is-brewing/, (2018.6.9.).

[9] "The Ecological Benefits of Shade Grown Coffee", Smithsonian's National Zoo &Conservation Biology Institute, 2010.9., https://nationalzoo.si.edu/scbi/migratorybirds/coffee/bird_friendly/ecological-benefits-of-shade-grown-coffee.cfm), (2016.8.13.).

[10] "Coffee - Preparation", SARAI, http://sarai.ph/icm-coffee-preparation, (2016.9.26.).

[11] "COFFEE PRODUCTION GUIDE", Department of Agriculture, http://cagayandeoro.da.gov.ph/wp-content/uploads/2013/04/Coffee-Production-Guide-2.pdf, (2016.10.8.).

[12] M.N. Clifford & K.C. Wilson, op,cit., p.172.

[13] Mineral Deficiency Symptoms of Coffee", University of Hawaii, 1986.12., https://www.ctahr.hawaii.edu/oc/freepubs/pdf/RES-073.pdf, (2017.9.5.).

[14] "Coffee Root-knot Nematode", Wikipedia, https://en.wikipedia.org/wiki/Coffee_root-knot_nematode, (2016.11.5.).

[15] "Research Update: The coffee berry borer, Hypothenemus hampei", SCA, 2015.11.3., http://www.scanews.coffee/2015/11/03/research-update-the-coffee-berry-borer-hypothenemus-hampei/, (2016.11.20.).

[16] "The White Stem Borer: A Threat to the Nepalese Coffee Industry?", Perfect Daily Grind, 2016.4.6., https://www.perfectdailygrind.com/2016/04/white-stem-borer-threat-nepalese-coffee-industry/, (2016.11.18.).

[17] "Coffee rust", The American Phytopathological Society, http://www.apsnet.org/edcenter/ intropp/lessons/fungi/Basidiomycetes/Pages/CoffeeRust.aspx, (2016.8.28.).

[18] "Colletotrichum coffeanum", University of Hawaii, 1991.11.,http://www.extento.hawaii.edu/kbase/crop/type/c_coffe.htm, (2016.8.30.).

커피의 성장과 수확

COFFEE GROWTH & HARVEST

개화

개화는 나무를 심고 2-3년 정도 지나면 시작된다. 수분 스트레스나 기온의 하강은 건기에 꽃눈의 휴면기를 멈추게 하고 건기가 끝나고 내리는 첫 번째 비나 짙은 안개는 개화를 자극한다. 그 후 7-10일이 지나면 꽃이 피는데 건기가 길수록 개화 시기는 보다 균일하다. 한편 적도와 같이 건기의 구분이 명확하지 않은 지역에서는 일 년 동안 여러 차례 꽃이 피기도 한다. 꽃눈 단계에서 개화까지는 2-3개월이 걸리지만 커피꽃이 피는 기간은 2-3일 정도로 짧다.

커피나무는 스트레스를 많이 받으면 꽃이 제대로 피지 않고 이는 수분 부족이나 지속적인 고온, 과도한 강우량 등에 기인한다.

꽃눈

꽃봉오리

브라질

하와이 코나

수분과 수정

아라비카는 자가수분을 하고 로부스타는 타가수분을 한다. 수분은 꽃밥에서 만들어진 꽃가루가 바람이나 벌과 같은 곤충에 의해 암술머리에 달라붙는 것으로 커피나무의 꽃가루는 매우 가벼워 멀리까지 옮겨지며 대부분 바람에 의한 수분이 이루어진다. 수정은 암술머리에 있던 꽃가루가 암술대를 타고 아래로 이동하여 씨방 안에 있는 밑씨와 결합하는 것이다. 수정이 이루어지면 몇 시간 후 꽃밥이 갈색으로 바뀌고 이틀 정도 지나면 꽃이 시들어 떨어진다. 그 후 씨방과 밑씨는 모두 커져 씨방은 커피 열매로 성장하고 그 안의 두 개의 밑씨는 씨앗(생두)으로 성장한다.

① 수정이 이루어지면 꽃밥이 흰색에서 갈색으로 바뀜
② 수정 후 이틀 정도 지나면 꽃과 씨방이 분리됨
③ 이후 꽃은 말라서 떨어지고 씨방은 열매로 성장함

열매의 성장 및 성숙

수정이 되면 다음과 같은 단계를 거쳐 커피 열매로 자란다. 개화에서 열매의 성숙까지 걸리는 기간은 품종, 기상 조건, 재배 방법, 고도 등에 따라 달라진다.

커피 열매의 성장 단계

1. 초기 단계

씨방은 수정 후 약 6-8주까지 매우 더디게 자란다. 하지만 두 달 정도 지나면 육안으로 구별할 수 있는 핀헤드 단계(pinhead stage)로* 발전하며 배젖(생두)의 형태가 관찰된다.

*크기와 형태가 핀의 머리를 닮았다하여 이렇게 부른다.

2. 빠른 성장단계

수정 후 2-4개월 정도가 되면 씨방은 외피와 함께 빠른 성장을 보인다. 외피는 생두가 자라는 빈 공간으로 만약 수분 공급이 원활치 못하면 외피가 커지지 않아 콩의 크기도 작다.

3. 배젖 성장단계

수정 후 4-5개월 정도가 되면 배젖 즉, 생두가 빠른 속도로 자라면서 외피의 빈 부분을 가득 채우고 외피는 껍질만 남아 생두를 감싸는데 바로 이것이 실버스킨이다. 중과피는 지속적으로 성장하여 생두를 감싸는 펄프를 형성한다. 이 단계에서 생두는 젤리처럼 부드러운 상태로 흰색을 띤다.

4. 체리 성숙단계

수정 후 6-9개월 정도가 되면 펄프가 성장하며 생두는 커피나무의 광합성으로 생성된 에너지의 약 70%를 소비한다. 생두가 충분히 자라면 품종에 따라 녹색에서 붉은색이나 노란색 등으로 변화한다.

녹색 체리   녹색 체리(green cherry)는 불쾌하고 거칠며 강한 떫은맛이 난다. 단맛과 플레이버도 가지고 있지 않으므로 수확해서는 안 되며 가공 과정에서 제거해 주어야 한다.

덜 익은 체리   덜 익은 체리(unripe/immature cherry)는 단조로운 신맛, 거칠고 쓴맛, 떫은맛, 강한 풋내를 가지고 있고 단맛 성분도 별로 없다. 익은 체리에 비해서 세포벽이 얇고 세포내 물질이 적어 무게도 적게 나간다. 그리고 카페인 함량도 더 많고 체리가 단단해 펄핑(pulping)하기* 어렵다.

익은 체리   익은 체리(ripe cherry)는 안 익은 체리에 비해 20% 정도 더 무거우며 생두와 과육이 어느 정도 분리되어 있어 펄핑이 쉽게 이루어진다. 세포 조직이 균일하고 연조직(내부물질)이 꽉 차있으며 당분, 수분 함유량 등 커피 성분이 이상적인 균형을 이루고 있

---

* 펄핑은 커피체리에서 과육을 벗겨내는 것을 말하며 디펄핑(depulping)이라고도 한다.

다. 체리의 이상적인 브릭스(brix)는* 20-24로 좋은 품질의 체리는 브릭스가 적어도 16 이상은 되어야 한다.

너무 익은 체리   너무 익은 체리(overripe cherry)는 발효된 맛과 불쾌한 과일 맛이 날 수 있다. 하지만 와인 맛(winy)이 좋아 때로는 이 상태에서 수확하여 가공하기도 한다.

마른 체리   마른 체리(dry cherry)에서는 담배맛과 같은 건조한 느낌의 뒷맛이 느껴진다. 펄핑 과정에서 쉽게 깨지거나 상처를 잘 입는다.

* 당의 함량을 %로 표시한 수치이다.

수확

커피 수확은 대부분 사람의 손에 의해 일일이 이루어지기 때문에 지역에 따라 다르지만 총 생산 비용 중 50% 이상에 달해 가장 많은 비중을 차지한다.[1]

익은 체리는 높은 당도와 좋은 플레이버를 가지고 있어 커피의 본질적인 품질이 우수하다. 그리고 과육 제거가 부드럽게 되기 때문에 안 익은 체리에 비해 콩이 깨지거나 손상되는 경우가 적다. 또한 점액질의 양과 성분이 균일하므로 발효 과정을 통제하기가 용이하고 건조가 균일하게 이루어지며 콩의 크기가 일정하여 좋은 로스팅 결과를 얻을 수 있다. 이러한 이유들로 인해 체리를 수확할 때는 잘 익은 체리를 선별하여 수확하는 것이 매우 중요하며 좋은 품질의 커피를 생산하기 위해서는 임금이 다소 비싸더라도 숙련된 인부(picker)를 고용하는 것이 중요하다.

수확은 저지대부터 시작해서 점차 고지대로 올라가는데 약 2개월에 걸쳐 이루어진다. 처음 2주 동안 수확되는 체리는 상품 가치가 떨어지는 커머셜(commercial) 등급이고 그다음 4주 동안이 고품질의 체리를 수확할 수 있는 기간이다. 마지막 2주는 남아 있던 체리를 훑어 수확하는데 그래야 잎이 다시 나고 열매를 맺기 때문이다.

1. 수확 방법

커피 수확은 사람의 손에 의해 이루어지는 핸드 피킹(hand-picking/selective picking)과 스트리핑(stripping, strip harvesting)의 두 가지 방법이 주로 사용되고 그 밖에 기계에 의한 수확은 제한된 지역에서만 이루어진다.

균일하지 않은 체리의 성숙

커피체리는 아래 사진과 같이 동시에 익지 않기 때문에 익은 체리만을 골라 수확하는데 이렇게 하는 것을 핸드 피킹이라하고, 스트리핑은 모든 체리를 일시에 수확하는 방법이다. 각각의 방법은 수확 이후에 이루어지는 커피의 가공 방식 및 품질과 밀접한 관계를 가지고 있으며 재배 지역에서는 기상 조건, 품종, 수확량, 노동력 등의 조건에 맞게 수확 방법을 선택하여 사용한다.

사람에 의한 수확

핸드 피킹 — 핸드 피킹은 인부가 잘 익은 체리만을 일일이 손으로 수확하여 자루나 바구니에 담고 안 익은 체리는 익었을 때까지 기다린 다음 수확하는 방법이다. 수확은 기온이 높지 않은 아침 일찍 시작되어 오후 3시 정도에 끝나는데 이는 수확한 체리를 신속하게 가공해야 하기 때문이다. 인부 한 명이 하루에 수확할 수 있는 체리의 양은 인부의 숙련도, 수확 시기, 커피 품종, 날씨, 재배 밀도 등에 따라 차이가 많으며 보통 80-90kg을 수확한다고 하지만 수확기 끝 무렵에는 40-50kg으로 줄어든다.[2] 핸드 피킹의 장점은 익은 체리만을 선별적으로 수확하기 때문에 커피 품질이 우수하다는 것이다. 그러나 많은 수확 횟수에 따라 비용이 많이 들고 수확 시간도 많이 소요되며 숙련된 인부를 더 많이 필요로 한다는 단점이 있다. 대부분의 아라비카 커피나 일부 로부스타 커피를 생산하는 국가에서 주로 사용되고 있다.

1. 손으로 익은 체리만 수확함

2. 나뭇잎을 골라냄

3. 덜 익은 체리를 골라냄

4. 수확된 체리는 자루에 담음

스트리핑 — 스트리핑은 체리가 떨어졌을 때 흙과 직접 닿지 않게 하고 체리를 모으기 쉽도록 커피나무 밑에 미리 천을 깐 후 한 손으로 가지를 잡고 다른 한 손으로는 체리를 훑어 수확하는 방법이다. 스트리핑은 적절한 수확 시기를 결정하는 것이 가장 중요한데 안 익은 체리의 비율이 최소화 될 때까지 기다리다 보면 익은 체리들이 마르기 때문이다. 이 방법은 수확기가 짧아 체리가 비교적 균일하게 익는 지역에 적합하며 인부 한 명이 하루에 120-250kg 정도의 체리를 수확할 수 있다.[3]

스트리핑의 장점은 일시에 수확하므로 그에 따른 비용과 시간을 줄일 수 있다는 것이다. 하지만 커피나무에 손상을 주고 다양한 종류의 체리와 잎, 가지 등이 섞이므로 이후의 가공을 어렵게 하며 결국 커피의 품질을 떨어뜨린다는 단점이 있다.

수확량이 많거나 내추럴 커피를 생산하는 나라와 대부분의 로부스타 생산 국가에서 이 방법을 주로 사용하고 있다.

1. 천을 미리 깔고 체리를 손으로 훑어 수확함

2. 수확한 체리에 나뭇잎이나 나뭇가지가 섞여있음

3. 키질을 하여 나뭇잎을 제거함

4. 체리를 자루에 담음

기계에 의한 수확 나무의 키와 넓이에 맞춰 폭을 조절할 수 있는 기계를 사용하여 체리를 수확하는 것이다. 수확 기계는 커피나무 줄 사이를 따라 이동하고 이때 회전하는 살 모양의 막대가 나무에 진동을 주어 체리를 수확하며 막대의 회전 속도를 조절하여 안 익은 체리가 수확되는 것을 최소화시킨다. 수확된 체리에 섞여 있는 나뭇잎이나 가벼운 이물질은 압축 공기를 이용하여 제거하고 남은 체리를 수확기계를 따라 이동하는 트럭에 옮겨 싣는다. 기계 수확은 브라질에서 1970년대 처음 도입되었지만 현재는 브라질의 일부 지역과 하와이 등의 한정된 지역에서만 시행되고 있다. 왜냐하면 기계는 재배지가 편평하고 커피나무 줄 사이의 간격이 넓어야 이동할 수 있는데 커피 재배지는 대부분 산악 지형이기 때문이다.

또 긴 막대 형태의 휴대용 수확 기계를 사용하기도 하는데 막대 끝에 살이 달려있고 진동을 주어 체리를 떨어뜨려 수확한다. 이 기계는 사람 손이 닿지 않는 높은 곳이나 경사가 심한 지역, 커피나무 사이의 공간이 좁은 지역에서도 편리하게 사용할 수 있고 나무에 손상을 적게 주며 어느 정도 선별 수확이 가능하다.

기계 수확

휴대용 수확 기계

수확 기계 내부

수확 방법에 따른 장단점 비교

	장점	단점
핸드피킹	균일한 품질의 커피 생산이 가능함	여러 번 수확해야 하므로 인건비가 증가하고 숙련된 인부 확보에 어려움이 있으며 수확 기간이 길어짐
스트리핑	일시에 수확하므로 비용과 시간이 절감됨	수확 시기 결정이 어려우며 나무에 손상을 줄 수 있고 안 익거나 너무 익은 체리, 나뭇잎, 나뭇가지 등이 섞일 수 있어 품질이 균일하지 않음
기계수확	기계 한 대로 인부 100명분을 수확할 수 있어 노동력과 시간을 대폭 절감할 수 있음	선별 수확이 어렵고 나무에 손상을 줄 수 있으며 기계 구입에 따른 비용 부담이 발생함 또한 사용 가능한 지역이 한정됨

2. 수확기

수확기는 재배 지역의 위도에 따라 다른 양상을 보인다. 멕시코, 과테말라, 에티오피아 등과 같이 북반구에 위치한 나라들은 수확기가 대체로 9-3월 사이이고 브라질, 페루, 탄자니아와 같이 남반구에 위치한 나라들은 4-9월 사이가 수확기이다. 케냐와 콜롬비아는 강우 패턴이 지역에 따라 달라 수확기가 두 번 있기도 하다.
커피 수확기는 같은 국가라도 지역과 고도에 따라 다르며 또 항상 일정한 것이 아니라 기상 조건의 변화에 따라 달라질 수 있다.

커피 생산 국가별 수확기

범례: 🟩 주 수확기 / 🟩(진한 녹색) 부 수확기

지역	국가		1	2	3	4	5	6	7	8	9	10	11	12
북중미	멕시코		■	■	■						■	■	■	■
	과테말라		■	■	■	■					■	■	■	■
	온두라스		■	■	■							■	■	■
	엘살바도르		■	■	■							■	■	■
	니카라과		■	■	■							■	■	■
	코스타리카		■	■	■						■	■	■	■
	파나마		■	■	■							■	■	■
카리브해	쿠바		■						■	■	■	■	■	■
	자메이카		■	■				■	■	■	■	■	■	■
	도미니카		■	■	■			■	■	■	■	■	■	■
남미	브라질						■	■	■	■	■			
	콜롬비아 북부										■	■	■	■
	콜롬비아 중부					■	■	■	▣				▣	
	콜롬비아 남부										■	■	■	■
	페루						■	■	■	■	■			
	볼리비아						■	■	■	■	■	■		
	에콰도르						■	■	■	■	■			
아프리카	에티오피아		■									■	■	■
	케냐						▣	▣				■	■	■
	탄자니아 북부, 남부								■	■	■	■	■	■
	탄자니아 서부					■	■	■	■	■	■	■		
	르완다				■	■	■	■	■	■				
	브룬디					■	■	■	■					
아시아 & 태평양	인도네시아 수마트라		■	■							■	■	■	■
	인도네시아 자바							■	■	■	■			
	인도네시아 술라웨시								■	■	■	■	■	
	인도		■	■								■	■	■
	베트남		■	■								■	■	■
	예멘											■	■	■
	파푸아뉴기니					■	■	■	■	■	■			
	하와이		■	■	■					■	■	■	■	■

3. 수확량

1헥타르의 면적에서 보통 아라비카는 약 750kg, 로부스타는 1,200kg의 체리를 수확할 수 있다고 하지만[4] 이를 일률적으로 말하기는 어렵다. 일반적으로 아라비카보다 로부스타가, 소규모 농장보다 대규모 농장이, 고지대보다 저지대가, 재래 품종보다 신품종이 수확량이 많기 때문이다. 그리고 같은 국가라 하더라도 농장에 따라 수확량의 차이가 큰데 브라질의 경우 수확량이 적은 곳은 600kg에 불과하지만 많은 곳은 5,000kg 이상을 수확하기도 한다.

아래 표에서 알 수 있듯이 단위 면적 당 수확량이 가장 많은 국가는 베트남과 브라질이고 수확량이 가장 적은 멕시코와 인도네시아는 베트남의 약 1/6밖에 되지 않는다.

커피생산 상위 10개국 헥타르 당 생산량

국가	kg	백(60kg)	국가	kg	백(60kg)
베트남	2,400	40	인도	780	13
브라질	1,440	24	에티오피아	600	10
온두라스	1,080	18	콜롬비아	540	9
과테말라	840	14	인도네시아	420	7
페루	840	14	멕시코	360	6

출처 - Coffee Barometer 2014

수집/운반

수확이 모두 끝나면 체리가 담긴 바구니 당 사전에 정해진 임금을* 지불한 후 트럭에 싣는다. 코스타리카에서는 네모난 용기를 사용하여 정확한 양을 측정하는데 이 측정 용기는 용적 17L로 약 12kg의 체리가 담기고 매년 인증을 받아 사용한다. 수확 때 사용되는 바구니나 측정 용기를 중앙아메리카 지역에서는 까후엘라(cajuela)라 부른다. 지역에 따라서는 수확 체리의 중량을 측정하여 임금을 지불하기도 한다.

---

* 코스타리카의 경우 1까후엘라 당 $1.67로 최저 임금이 정해져 있는데 실제로는 $2 정도 지불되며 경우에 따라 그 이상 지불되기도 한다.

측정 용기

수확량 측정

중량 측정

체리는 높은 수분 함유량과 기온으로 인해 품질이 급속히 떨어지므로 가능한 빠른 시간 안에 처리해야 한다. 수집된 체리는 트럭 같은 운송 수단을 이용해 가공 시설로 운반되는데 농장이 작은 경우는 인부들이 체리가 담긴 자루를 가공 시설로 직접 운반 하기도 한다.

파나마

코스타리카

과테말라

출처

1 "CONTEXT", Coffee Pick Inn, https://openstartups.induct.no/public/pages/CoffeePickInnEN, (2017.2.5.)

2 "10 Steps from Seed to Cup", National Coffee Association, http://www.ncausa.org/i4a/pages/index.cfm?pageid=69, (2017.2.8.)

3 Jean Nicolas Wintgens, op.cit., p.609.

4 "Growing coffee", Illustrative Mathematics, https://www.illustrativemathematics.org/content-standards/tasks/611, (2016.7.10.)

커피가공

COFFEE PROCESS

커피를 가공할 때는 농장의 여건 즉, 수확량, 습도, 일조량, 물 공급 여부 등을 고려하여 내추럴 가공(natural/dry process), 워시드 가공(washed/wet process), 세미 워시드 가공(semi-washed process) 중 상황에 맞는 것을 선택적으로 사용하며 두 가지 이상의 가공법을 같이 사용하기도 한다. 각각의 방법들은 커피 품질에 큰 영향을 미치기 때문에 생두의 특성을 파악하는데 있어 가공법에 대한 정확한 이해는 매우 중요하다고 할 수 있다. 하지만 가공법이 동일하더라도 커피의 수확량, 시설, 장비들에 따라 세부적인 처리 방식은 일률적이지 않고 차이를 보일 수 있다.

가공 방식은 체리의 수확에서부터 선적에 이르기까지 여러 단계를 거치고, 건조부터의 단계들은 가공 방식과 상관없이 비슷하게 이루어진다. 따라서 본 책에서는 크게 건조 단계 이전에서 이루어지는 각각의 가공 방식 특징과 건조부터의 가공 과정으로 나누어 기술하고자 한다.

커피 가공 과정

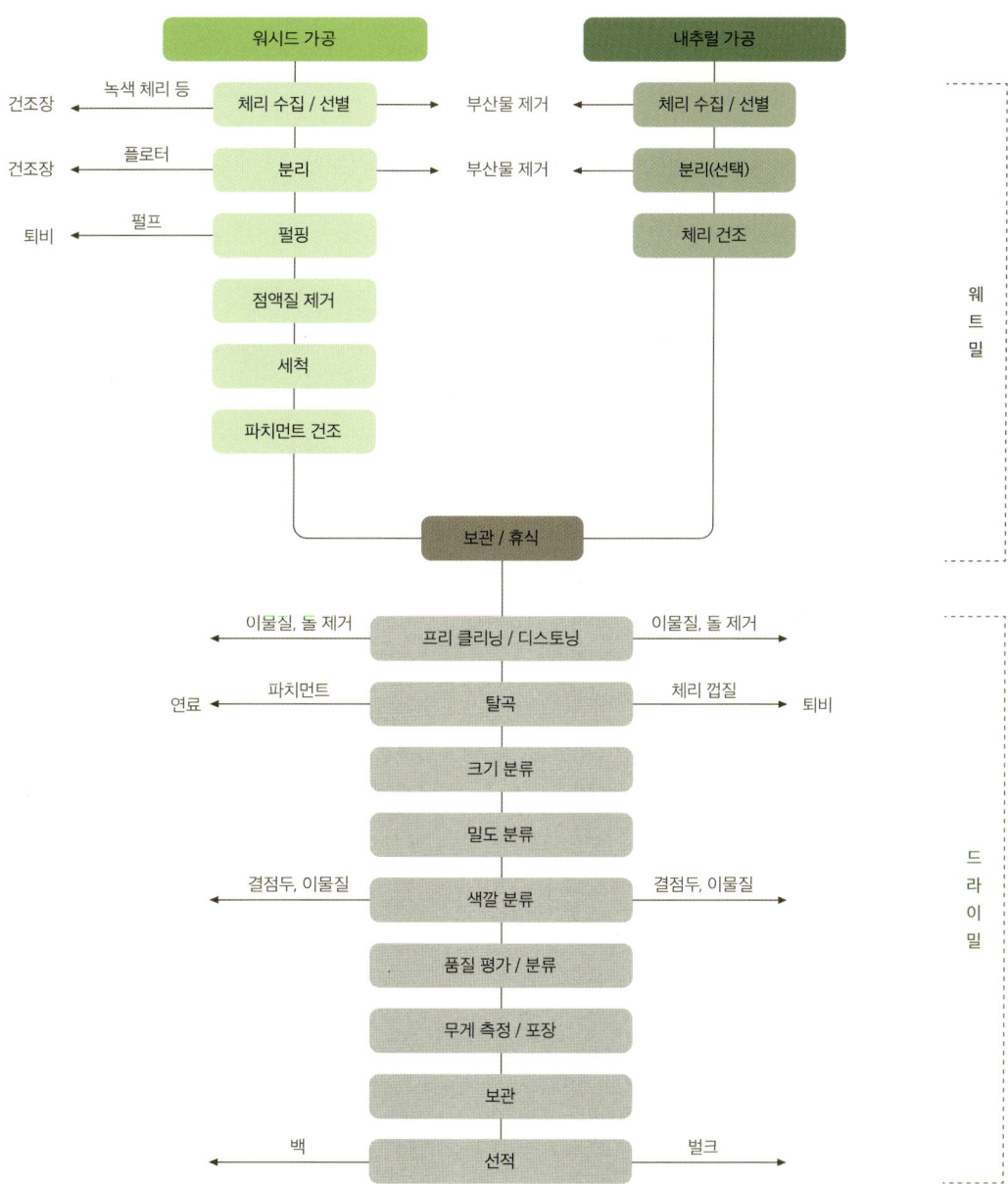

가공법의 종류

1. 내추럴 가공

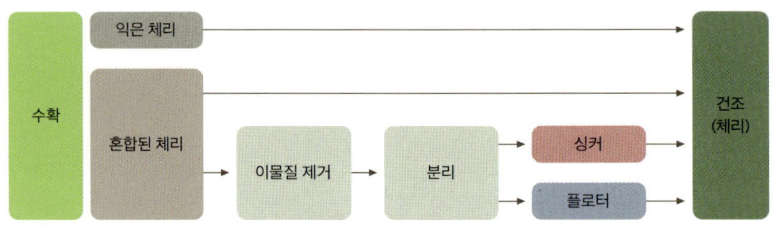

내추럴 가공은 전통적인 커피 가공법으로 별도의 가공 시설과 물을 사용할 필요가 없어 물이 부족하고 햇볕이 좋은 지역에서 주로 시행된다. 하지만 건조 과정에서 곰팡이, 미생물에 의한 체리의 손상, 특유의 발효취 발생 등의 문제 때문에 오늘날 많이 사용되지는 않으며, 통상 안 익은 체리 등이 많이 섞여 있어 품질이 떨어져 내수용으로 판매할 때나 브라질처럼 대량으로 처리하는 경우에 주로 사용된다.
하지만 익은 체리만을 선별하여 내추럴 가공한 경우 워시드 가공 커피에 비해 더 고가에 거래되기도 하는데 이는 건조 과정에서 워시드 가공에 비해 보다 풍부한 플레이버(과일, 와인 등)와 바디가 생성되기 때문이다.

소량 가공 대부분 익은 체리를 수확하여 가공하는 경우로 체리를 건조대 등에 펼쳐놓고 안 익은 체리 등은 골라낸 후 건조시키는 것이다. 에티오피아가 대표적인 나라이며 요즘은 중남미 국가에서도 이 방법으로 소량 생산하고 있다.

대량 가공   스트리핑이나 기계로 체리를 대량 수확한 후 기계를 이용하여 싱커(sinker)와 플로터(floater)를 분리하여 각기 따로 건조시킨다. 브라질이 여기에 해당되는 대표적인 나라이다.

수집된 체리

체리 분리

싱커와 플로터

싱커는 무거워서 물에 가라앉는 체리를 말하며 녹색 체리와 대부분의 안 익은 체리, 익은 체리, 너무 익은 체리가 여기에 해당된다. 플로터는 싱커와 반대로 물에 뜨는 체리로 마른 체리가 대부분이다. 그 밖에도 일부의 너무 익은 체리, 익은 체리이지만 해충의 피해를 입었거나 생두가 발육을 못해 속이 빈 체리, 마른 체리 등이 여기에 해당되며 이 경우 육안으로 식별이 어렵다.

체리 종류별 싱커/플로터 비율(%)

종류	싱커	플로터
녹색 체리	100	0
덜 익은 체리	94	6
익은 체리	97	3
너무 익은 체리	88	12
마른 체리	36	64

출처 - R.J. Clarke & R. Macrae, Coffee Technology

속이 빈 체리

마른 체리

내추럴 가공 수확한 체리의 품질이 떨어지거나 다음에 설명할 워시드 가공에서 분류된 안 익은 체리 등과 같은 내수용 커피는 바로 체리 상태로 건조시킨다.

수확 체리　　　　　　　　　　　건조 체리

내추럴 가공은 브라질, 에티오피아, 예멘 등에서 사용하며 대부분의 로부스타도 이 방법으로 가공한다. 내추럴 가공으로 생산된 커피를 내추럴 커피나 언워시드 커피(unwashed coffee)라 부르며 대부분의 아라비카는 다음에 설명할 워시드 가공을 이용해 생산된다.

내추럴 가공 시 단계별 명칭과 상태

명칭	상태	중량(kg)	수분 함유율(%)
프레시 체리 (fresh cherry)		100	65
드라이 체리 커피 (dry cherry coffee)		37	12
그린커피 (green coffee)		19	12

2. 워시드 가공

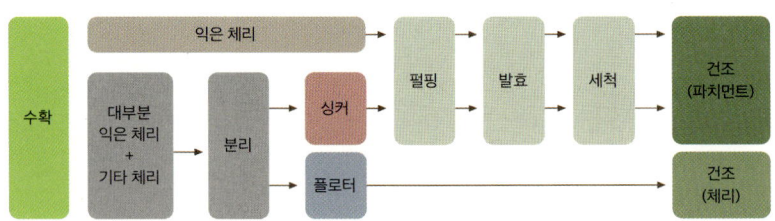

습도가 높거나 강수량이 많은 지역에서는 건조 과정에서 체리가 쉽게 발효되어 체리의 품질이 저하되기 때문에 내추럴 가공을 실행하기 어려웠다. 이런 문제를 해결하기 위해 인도네시아 자바 지역에서 네덜란드인들이 펄프를 제거하고 파치먼트 상태로 건조시키는 새로운 워시드 가공법을 개발하였다.

워시드 가공은 일정한 설비와 풍부한 물을 필요로 하며 내추럴 가공에 비해 상태가 균일하고 양호한 생두를 얻을 수 있다는 장점이 있다. 콜롬비아, 과테말라, 케냐, 탄자니아 등 대부분의 아라비카 커피를 가공할 때와 인도네시아에서 로부스타를 가공할 때 사용되기도 한다.* 워시드 가공으로 생산된 커피를 워시드 커피(washed coffee) 또는 마일드 커피(mild coffee)라 한다.

수집 체리의 분리   분리는 물을 이용해 수확한 체리를 싱커와 플로터로 구분하고 이물질을 제거해주는 작업을 말한다. 이 과정에서 분리된 플로터는 품질이 떨어지므로 이후의 펄핑 과정을 거치지 않고 바로 건조장으로 보내져 체리 상태로 건조된다. 체리의 분리는 수집된 체리의 품질, 농장의 규모에 따라 고정식 물탱크, 사이펀 탱크(siphon tank), 분리기계를 이용한 방법들이 사용되는데 대체로 고정식 물탱크와 사이펀 탱크는 소량의 체리를 분리할 때 사용되고 기계를 이용한 분리는 대량의 체리를 분리할 때 사용된다.

---

* 워시드 가공을 W.I.B(West Indische bereiding)라 하는데 오늘날에는 인도네시아에서 워시드 가공으로 생산된 로부스타를 의미한다. 내추럴 가공은 O.I.B(Oost Indische Bereiding)라 한다.

고정식 물탱크 — 수집된 체리(대부분 익은 체리)를 탱크에 붓고 물을 채운 후 노질을 하여 표면에 뜨는 이물질을 제거한다. 이후 체리는 이동 통로를 통해 펄퍼(pulper)로 옮겨져 펄핑이 된 후 발효 탱크로 보내진다. 이렇게 하는 방식은 전통적인 체리 가공 방법이지만 많은 노동력과 물을 필요로 하기 때문에 점차 사용하지 않는 추세이다.

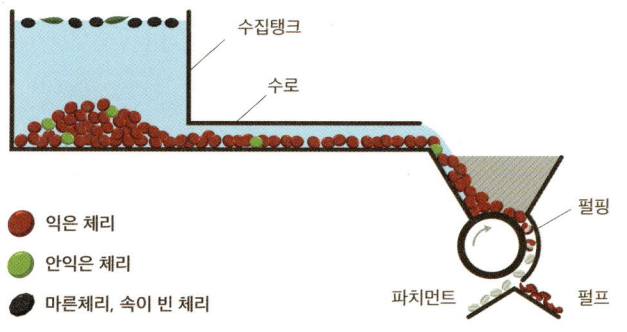

1. 체리 붓기

2. 노질 하기

3. 이물질 제거

사이펀 탱크 — 사이펀 탱크는 수압을 이용하여 체리를 분리할 때 사용되는 콘크리트 구조물이다. 체리를 수집 탱크에 부은 다음 물을 흘려보내면 파이프를 통해 체리가 사이펀 탱크로 흘러가는데 이때 돌은 탱크 아래의 구멍으로 빠져 제거되고 플로터는 상단에 있는 홈을 통해 흘러나가며 싱커는 수압을 통해 다음 펄핑 과정으로 보내진다. 사이펀 탱크를 이용한 분리는 물을 많이 사용하는 단점이 있지만 효율적인 분리가 가능하여 아직도 널리 사용되고 있다.

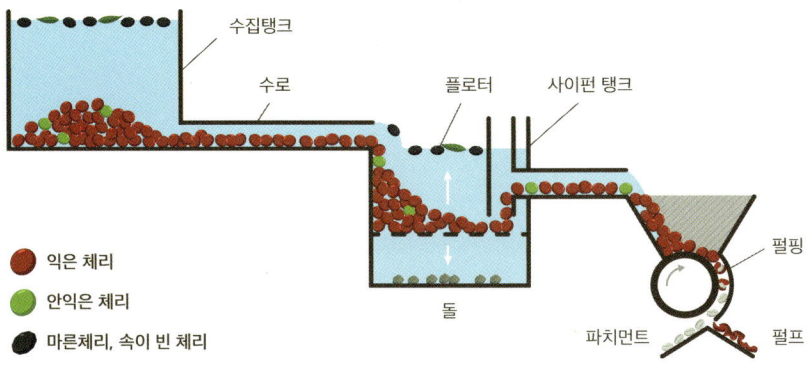

1. 체리 붓기
2. 수집 탱크
3. 체리 이동
4. 돌 제거
5. 플로터와 싱커 분리

체리분리기 — 수집된 체리는 구멍이 뚫려 있는 진동판을 통과하는데 이때 체리는 구멍을 통해 아래로 빠지고 진동판 위에 남은 나뭇잎은 제거된다. 구멍을 통해 빠진 체리는 이후 물에 잠겨 통로를 따라 앞으로 이동하고 물에 뜨는 플로터는 그대로 이동하면서 배출구로 빠져나온다. 물에 가라앉은 싱커는 아래쪽에 있는 구멍을 통해 플로터 통로 옆에 있는 싱커 통로로 옮겨진 후 배출된다. 이렇게 분리된 싱커와 플로터는 각기 다른 이동 통로를 통해 펄퍼로 옮겨지고 그곳에서 펄핑이 된다. 이처럼 기계를 통한 처리 방식은 위의 방식보다 물을 적게 사용하고 대량의 체리를 신속하게 처리할 수 있다는 장점을 가지고 있다.

1. 호퍼에 체리 붓기

2. 호퍼를 개방하면 체리가 아래로 쏟아진 후 앞으로 이동함

3. 체리보다 작은 구멍을 통해 이물질이 아래로 떨어짐

4. 제거된 작은 이물질

5. 큰 구멍을 통해 체리가 아래로 빠지고 나뭇잎은 제거됨

6. 아래로 빠진 체리는 물을 따라 이동함

7. 물에 뜨는 가벼운 이물질은 이곳으로 모여 제거됨

8. 싱커는 이 구멍으로 빠져 옆 통로로 이동함

9. 옆에서 분리된 싱커가 물을 따라 아래에서 올라옴

10. 분리된 싱커

11. 분리된 플로터

12. 분리된 싱커와 플로터는 파이프를 통해 각기 다른 펄퍼로 이동됨

5. 커피 가공 COFFEE PROCESS

펄핑

펄핑 — 펄핑은 펄퍼를 사용하여 체리로부터 펄프를 벗겨내는 것으로 수확한 후 12–24시간 안에 해야 체리의 품질 하락을 막을 수 있다.[1] 왜냐하면 펄프는 체리 중량의 43%를 차지하고 있어 부피가 크고 당분과 수분 함유량이 77%로[2] 썩기 쉬워 그만큼 해충도 쉽게 번식할 수 있으며 발효 또한 빨리 진행되어 불쾌한 냄새가 나기 때문이다.

과정 — 수로를 따라 이동한 체리는 호퍼를 통해 펄퍼 내부로 들어가고 이곳에서 드럼이나 디스크의 압력에 의해 파치먼트와 펄프가 분리된다. 체리가 싱커와 플로터로 분리되는 경우 드럼 간격이 다르게 조정된 각 펄퍼로 펄핑을 하며 펄핑된 파치먼트는 서로 다른 발효 탱크로 이동한다.

펄핑 시에는 체리의 크기에 따라 펄퍼의 간격을 적절히 조정해 주어야 한다. 잘못 조정되어 있으면 작은 콩은 부분적으로 펄핑이 되고 크기가 큰 콩은 집히거나 손상될 수 있기 때문이다.

서로 다른 펄퍼로 펄핑이 이루어짐 - 싱커(좌), 플로터(우)

파치먼트는 이송장치(좌)나 수로(우)를 통해 이동함

펄퍼 — 펄퍼는 체리에서 펄프와 파치먼트를 분리하는 기계로 두 종류 이상을 같이 사용하기도 하고 대규모 농장의 경우에는 처리 능력이 큰 펄퍼를 여러 대 사용하기도 한다.

소규모 가공 시설

대규모 가공시설

펄퍼의 종류 — 펄퍼의 종류는 드럼 펄퍼, 디스크 펄퍼 등이 있다. 드럼 펄퍼는 회전하는 드럼의 압력을 이용하는 것으로 드럼 방향에 따라 수평형과 수직형으로 나뉘고, 디스크 펄퍼는 회전하는 디스크의 끝에 달린 칼날을 이용하는 것이다.

- **수평형 드럼 펄퍼** | 회전하는 드럼과 고정판 사이의 마찰력으로 펄프를 벗겨낸다. 용량에 따라 1시간에 체리 0.25-4톤을 처리할 수 있다.[3]

드럼이 고속으로 회전하면서 체리에 압력을 가해 펄프를 벗겨냄

수평형 드럼 펄퍼

드럼 표면

- **수직형 드럼 펄퍼** | 실린더와 수직형의 회전 드럼 사이의 마찰력으로 펄프를 벗겨 낸다. 1시간에 0.25-2톤의 체리를 처리할 수 있다.[4]

수직형 드럼 펄퍼

드럼 표면

- **디스크 펄퍼** | 한 개나 그 이상의 회전하는 원형 디스크와 펄핑 바 사이의 마찰에 의해 펄프를 벗겨낸다. 디스크가 한 개인 펄퍼의 경우 1시간에 약 1톤의 체리를 처리할 수 있다.[5]

디스크 펄퍼

디스크

밀

밀(mill)은 커피 가공 처리시설을 말하며 브룬디에서는 워싱 스테이션(washing station), 케냐에서는 커피 팩토리(coffee factory), 중남미에서는 베네피시오(beneficio)라 한다. 밀은 다시 펄핑, 발효, 세척, 건조 등의 가공 과정이 이루어지는 웨트밀(wet mill, beneficio húmedo)과 건조가 끝난 후 탈곡, 선별, 포장 등의 과정이 이루어지는 시설인 드라이밀(dry mill, beneficio seco)로 나뉜다.

웨트밀

드라이밀

마이크로밀(micro mill)은 소규모 농장의 규모에 맞게 설치된 자체 처리 시설을 말한다. 이런 자체 처리 시설이 없는 경우 조합의 대규모 시설에서 가공을 하는데 이 경우 각 농장별로 수집된 체리의 특성과 무관하게 뒤섞여 가공되거나 판매될 수 있지만 이에 반해 마이크로밀은 농장의 특성에 맞게 가공할 수 있고 가공 과정을 잘 통제할 수 있어 품질을 높일 수 있다.

마이크로밀

대형밀

펄프 — 펄핑을 하고 나면 부산물로 많은 양의 펄프가 발생한다. 체리의 무게가 100kg일 때 펄프 중량은 43kg 정도 되고 건조되면 10kg 정도로 줄어든다.[6] 이러한 펄프는 따로 모아 처리하는데 유기질 비료나 가축의 먹이로 사용한다.

소규모 농장은 농장 내에서 펄프를 자체 처리함

대규모 농장에서는 별도의 펄프 건조장을 마련하고 전용 기계를 사용하여 신속히 건조가 이루어지도록 함

2차 펄핑 싱커와 플로터가 분리되어 있지 않고 섞여 있는 경우 아래 그림처럼 드럼 분리기와 2차 펄퍼를 사용하기도 한다.

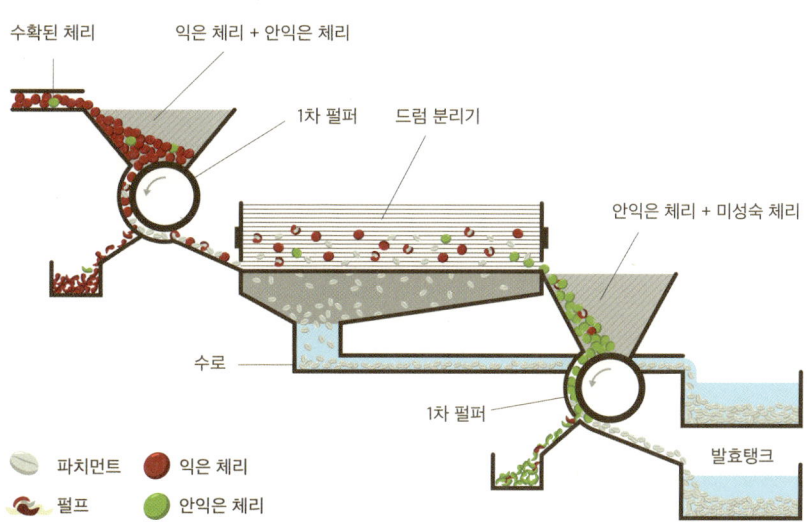

1차 펄퍼를 그대로 통과한 체리와 펄핑 된 파치먼트는 고속으로 회전하는 드럼 분리기(drum separator) 안으로 이동한다. 이때 파치먼트는 드럼 분리기를 통과하여 발효 탱크로 이동하고, 드럼 분리기를 빠져나가지 못한채 안에 있던 체리들은 앞으로 이동하여 1차 펄퍼보다 간격이 좁게 설정된 2차 펄퍼를 통과한다. 펄핑 된 파치먼트는 이후 별도의 발효 탱크로 이동한다.

소형 드럼 분리기

대형 드럼 분리기

파치먼트 분리   익은 체리만 가지고 펄핑하여도 비중이 다른 파치먼트가 섞여있으므로 펄퍼에서 수로를 타고 발효 탱크로 이동할 때 다음과 같이 분리 작업을 시행하기도 한다. 먼저 여러 개의 나무틀로 막아 놓은 수로에 파치먼트를 통과시킨다. 그러면 가벼운 파치먼트는 이동속도가 빨라 물살과 함께 나무틀을 넘어가는 반면 무거운 파치먼트는 나무틀을 넘어가지 못하고 쌓인다.

통과하는 파치먼트 양이 적어질수록 나무틀의 높이를 점차 낮춰주고 마지막에 나무틀을 제거한다. 이렇게 분리된 가벼운 파치먼트와 무거운 파치먼트들은 각기 다른 발효 탱크로 이동되고 이 같은 분리 작업은 발효가 끝난 파치먼트를 세척할 때도 똑같이 시행된다.

발효

의미 — 발효는 건조 시 파치먼트의 손상을 막기 위해 펄핑 후에 파치먼트의 표면에 남아있는 점액질을 제거하는 것이다. 점액질의 주성분은 수분과 단백질, 당분, 펙틴 등이며 pH는 5.6–5.7이다.[7] 이러한 점액질은 불용성으로 파치먼트에 강하게 달라붙어 있어 단순히 물에 씻는 것만으로는 잘 제거되지 않고 미생물이나 박테리아의 작용으로 인해 분해된다.

점액질 성분

성분		비율(%)
수분		84.2
단백질		8.9
당분	포도당	2.5
	자당	1.6
펙틴		1.0
무기질		0.7

출처 – Coffee Pulp Composition, Technology, and Utilization

발효 탱크는 발효가 이루어지 곳으로 콘크리트나 타일로 마감된 직사각형 형태이다. 경사가 져 있는 바닥에는 격자 형태의 통로가 있는데 이를 통해 물이 빠져 나간다. 탱크 용량은 펄핑 처리 시설의 용량에 따라 달라지며 품질이 서로 다른 파치먼트를 처리하기 위해서는 적어도 3개 이상의 탱크가 필요하다.

발효 탱크 - 타일

발효 탱크 - 콘크리트

과정 — 발효는 물을 많이 사용하는 습식 발효가 일반적으로 많이 사용된다. 먼저 발효 탱크에 물과 점액질이 묻은 파치먼트를 함께 담가 놓으면 효소에 의해 자연스럽게 점액질이 분리된다. 이때 점액질의 당분은 알코올과 이산화탄소로 분해되고 알코올은 다시 아세트산(acetic acid)과 같은 산으로 변화하면서 물의 pH를 4.2–4.5까지 떨어뜨리는데[8] 커피의 신맛은 이런 과정을 통해 강해진다.

발효 탱크에 파치먼트를 담은 후 물을 채워줌

노질을 하여 파치먼트를 잘 섞어주고 물 위에 뜨는 부산물을 제거함

일반적으로 농장이 위치한 고도가 높을수록 기온이 낮아 발효가 천천히 진행되며 그 밖에도 파치먼트의 양, 물의 온도, 습도, 점액질의 두께 등에 따라 발효가 완료되기까지 12-18시간 정도 걸린다. 하지만 발효 방법에 따라서 48시간 정도 소요되는 경우도 있다.[9] 발효가 완료되었는지를 판단하는 기준은 pH 측정, 작업자의 경험 등인데 통상 손으로 파치먼트를 비볐을 때 마찰음이 나고 표면이 미끈거리지 않으면 완료된 것으로 여긴다.

발효 전 파치먼트

발효가 끝난 파치먼트

다른 방법 — 일반적으로 사용하는 습식 발효 외에도 케냐식 발효와 물 없이 이루어지는 건식 발효 등도 사용된다.

- **케냐식 발효**

  케냐 등 아프리카 일부 국가에서 시행하는 것으로 두 번의 발효(double fermentation) 과정을 거치는 것을 말한다. 먼저 파치먼트를 물에 담가 12-24시간 동안 1차 발효를 한 후 세척을 하고, 다시 12-24시간 정도 2차 발효를 한다. 2차 발효가 종료된 후에는 다시 한 번 세척을 하고 파치먼트를 탱크에 24시간 정도 담가 놓는다. 이렇게 하는 이유는 점액질을 완전히 제거함으로써 생두의 색깔이 보다 균일한 청록색을 띠게 되고 거친맛을 줄이거나 없앨 수 있기 때문이다.[10]

- **건식 발효**

  건식 발효(dry fermentaion)는 동부 아프리카 지역에서 많이 시행되는 방법이다. 먼저, 물이 없는 탱크에 파치먼트를 붓고 8-24시간 이후에 세척을 하는데 이렇게 하면 점액질의 당분과 유기물이 잘 흡수되어 허니 커피(honey coffee)처럼 바디가 강해지고 플레이버 및 단맛이 좋아진다. 이러한 건식 발효는 물이 없는 상태에서 발효가 이루어져서 온도가 쉽게 올라가기 때문에 자주 섞어주어야 하고 파치먼트가 산소와 날씨에 더 많은 영향을 받아 발효 과정을 통제하기 어렵다는 단점이 있지만 과발효의 위험성은 습식 발효에 비해 적다는 장점이 있다.

문제점 — 전통적인 발효는 생두의 중량 손실*, 과다한 물 사용에 따른 환경 오염, 많은 시간과 노동력의 소요, 파치먼트의 과발효 그리고 별도의 발효 시설을 필요로 한다는 문제점이 있다.

발효가 불충분하거나 너무 천천히 진행 되면 미생물이 증식하여 부티르산(butyric acid)이나** 프로피온산(propionic acid)을*** 생성시켜 양파 같은 불쾌한 냄새를 유발한다. 또 너무 오래 발효하였거나 오염된 물을 사용하면 악취가 나는 콩이**** 생길 수 있으므로 주의 깊게 관찰해야 한다.

---

*　　전통적인 발효 과정에서는 고형성분의 손실로 인해 중량이 0.5-6.0%까지 줄어든다.
**　　지방산의 하나로 불쾌한 냄새가 나는 무색의 액체로 낙산이라고도 한다.
***　　자극적인 냄새가 나는 무색의 액체로 프로판산(propanoic acid)이라고도 한다.
****　　이러한 콩을 스팅커(stinker)라 한다.

세척

발효를 통해 점액질을 제거한 뒤에도 파치먼트에 달라붙어 있는 찌꺼기를 없애주지 않으면 부패되면서 발효된 냄새나 곰팡이 냄새와 같은 불쾌한 냄새가 나기 때문에 깨끗한 물로 충분히 세척해주어야 한다.

세척은 수로를 따라 흘러가는 파치먼트를 나무로 된 노를 가지고 반대로 밀어주면서 진행된다. 세척이 끝나면 수로 끝을 나무 막대로 막아 무거운 파치먼트와 가벼운 파치먼트를 분리해 따로 건조시킨다.

1. 발효 탱크 개방

2. 나무틀로 수로를 막아 밀도별로 분류한 후 파치먼트 세척

3. 가벼운 부산물이 제일 먼저 분리됨

4. 밀도별로 분리된 파치먼트를 나무 틀에 받음

5. 세척 완료된 파치먼트를 건조장으로 옮김

최근에는 세척 과정에서 물 사용량을 줄이기 위해 펌프를 사용해 세척하기도 한다.

펌프

세척 완료된 파치먼트

커피 가공 시 물 사용과 처리

1. 물 사용

커피를 생산하기까지 가공과정에서 많은 물이 사용된다. 아래 표에서 보듯이 워시드 가공 중 전통적 웨트밀에서 가장 많은 물이 소비되며 체리 이송 시 컨베이어를 이용하거나 점액질을 기계로 제거하는 방법들을 사용하여 물 사용을 줄이고 있는 추세이다.

가공 방법에 따른 물 사용량 (파치먼트 1kg 처리 시)

성분		사용량 (L)	특성
워시드	전통적 웨트밀	>75	체리 이송, 플로터 분리, 펄핑, 발효, 세척 등 전 과정에 걸쳐 많은 물이 사용됨
	개선된 웨트밀	10	물 없이 체리 이송, 물 재활용, 기계로 점액질 제거 중 한 개 이상 시행함
	친환경 웨트밀	6	물 없이 체리 이송, 기계로 점액질 제거, 발효와 세척 과정은 있음
세미 워시드		1	기계로 점액질 제거, 발효와 세척 과정 없음
내추럴		1	플로터 분리

출처 - SCA, A BLUEPRINT FOR WATER SECURITY IN THE COFFEELANDS

2. 폐수 발생

가공 시에 물을 많이 사용하면 그만큼 처리 과정에서 폐수 배출이 증가하는데 특히 펄핑(55%)과 세척(45%) 두 과정에서 많은 양의 폐수가 발생한다. 이 폐수는 다량의 아세트산 등의 함유로 인해 pH3-4의 강산성을 띠고 많은 유기물도 섞여 있기 때문에 그대로 방출할 경우 심각한 환경오염을 야기하지만 실제로 폐수를 처리해 방출하는 커피 농가의 비율은 5% 미만이라 추정되고 있다.

3. 폐수 처리

폐수 처리는 침지-여과-처리의 3단계 과정을 거친다. 먼저 침지 과정은 폐수 속의 고형 성분과 물을 분리하는 과정으로 방출된 폐수가 처리 탱크에 유입되면 시간이 지나면서 무거운 고형 성분이 가라앉는다. 여러 개의 처리 탱크를 거치면서 이런 과정이 반복되고 이를 통해 폐수는 고형 성분과 물로 분리된다. 다음으로 여과 과정은 침지 과정에서 가라앉지 않은 미세한 고형 성분을 분리하는 것으로 자갈이나 모래 등을 사용하여 걸러낸다. 마지막 처리 과정에서는 석회나 수산화나트륨을 사용하여 중성화 시킨다.

위의 3단계 과정을 거치면서 폐수는 pH 3.8에서 pH 7로, BOD는* 20,000mg/L에서 200mg/L로 정화되며 11 이후 하천으로 배출되거나 재사용된다.

폐수 정화 시설

* 생화학적 산소요구량(Biochemical Oxygen Demand)으로 물의 오염 정도를 나타내며 물속의 유기물을 분해할 때 사용되는 산소의 양을 말한다.

워시드 가공 시 단계별 명칭과 상태

명칭	상태	중량(kg)	수분(%)
프레시 체리 (fresh cherry)	수확한 체리	100	65
펄프드 커피 (pulped coffee)	점액질이 묻어 있는 파치먼트	57	56
웨트 파치먼트 커피 (wet parchment coffee)	점액질이 제거된 파치먼트	45	50
드라이 파치먼트 커피 (dry parchment coffee)	건조가 완료된 파치먼트	23	11-12
그린커피 (green coffee)	생두	19	11-12

출처 - Coffee Pulp Composition, Technology, and Utilization

내추럴 커피와 워시드 커피의 비교

1. 고형 성분

내추럴 커피는 워시드 커피보다 고형 성분을 더 많이 함유하고 있다. 이는 내추럴 커피가 펄프를 제거하지 않고 체리를 그대로 건조시키기 때문에 점액질에 존재하는 당 성분이 콩 쪽으로 이동하는 데에서 기인한다. 이러한 이유 때문에 내추럴 커피의 생두와 실버스킨은 노란빛을 띠고 단맛이 더 좋다.

가공 방식에 따른 품종 별 고형 성분의 차이(%, dry matter)

품종	워시드 커피	내추럴 커피	차이
카투라	26.71	27.12	0.41
문도노보	27.91	28.33	0.42
엘로우 버번	27.81	27.85	0.04
마라고지페	27.90	28.84	0.94
모카	29.69	30.47	0.83

출처 - Andrea Illy & Rinantonio Viani, Espresso Coffee-The Science of Quality 2nd Ed.

반면 워시드 커피는 발효와 세척과정에서 고형 성분 손실이 발생하는데 이 중 1/3정도가 당 성분이다. 따라서 상대적으로 내추럴 커피에 비해 바디가 약하고 발효 과정에서 생성된 산에 의해 신맛이 강해지는 특징을 가지고 있다.

가공 방식에 따른 당류의 성분 차이

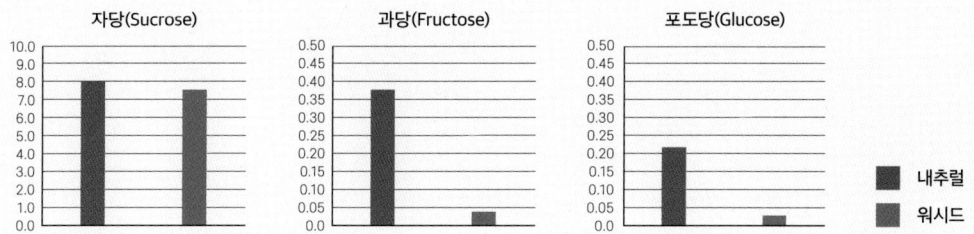

출처 - FACTORS INFLUENCING CUP QUALITY IN COFFEE - Global Coffee Quality Research Initiative Review

2. 가공 방식별 생산량

아라비카 커피 생산량을 가공 방법으로 분류하면 워시드 가공이 약 60%, 내추럴 가공이 40%이다. 하지만 아래의 표에서 확인할 수 있듯이 브라질이 차지하는 비중이 높아, 이를 제외하면 워시드 가공이 92.3%로 거의 대부분을 차지하고 있다는 것을 알 수 있다.

가공 방식별 생산량(백만 백)

	지역	워시드 커피	내추럴 커피	계
남미	브라질	6.3	34.2	40.5
	기타	19.9	0	19.9
	계	26.2	34.2	60.4
북중미		17.7	0.8	18.5
아프리카		8.0	1.4	9.4
아시아		5.0	2.0	7.0
계		56.9	38.4	95.3

출처 - USDA World Coffee Market Report June, 2017

3. 특성

내추럴 커피와 워시드 가공은 아래의 표에서 확인할 수 있듯이 여러 가지 면에서 차이점을 보인다.

내추럴과 워시드 가공 특성 비교

	내추럴 가공	워시드 가공
장점	생산단가가 싸고 친환경적임	품질이 좋고 균일함
단점	건조 과정에서 발효취가 생기며 대체로 품질이 균일하지 않음	발효 과정에서 품질이 저하될 수 있으며 물을 많이 사용하므로 환경을 오염시킬 수 있음
맛의 특성	단맛과 바디가 강하며 때론 더 짙은 과일향 등을 느낄 수 있음	신맛이 강하고 향이 부드러우며 맛이 깔끔함

콩의 외관		
	생두는 연한 녹색이며 센터컷과 실버스킨은 노란빛을 띠고 생두 표면에 실버스킨이 많이 달라붙어있음	생두는 진한 녹색이고 센터컷과 실버스킨은 흰색을 띠며 생두 표면에 실버스킨이 별로 붙어있지 않음
사용 국가	브라질, 에티오피아, 인도네시아 등과 로부스타 생산국가	콜롬비아, 코스타리카, 케냐 등 대부분의 아라비카 생산국가
커피 명칭	내추럴 커피/언워시드 커피	워시드 커피/마일드 커피

3. 세미 워시드 가공

세미 워시드 가공은 펄핑을 한 다음 파치먼트에 묻어 있는 점액질을 점액질 제거기(mucilage remover, desmucilaginador)로 제거하고 바로 건조시키는 가공법이다. 이렇게 하면 발효와 세척 과정이 생략되어 바로 건조 시킬 수 있어 시간이 절약되고 과발효의 위험도 줄어들며 발효에 따른 약간의 중량 손실도 피할 수 있다. 그 밖에 발효 탱크의 건설과 유지에 따른 비용 부담도 필요 없고 물 사용과 노동력을 최소화할 수 있다는 장점이 있다. 하지만 점액질이 생두와 접촉하는 시간을 줄임으로써 커피의 플레이버를 제한할 수도 있다는 단점이 있다.

브라질의 펄프드 내추럴 가공(pulped natural process)과 코스타리카의 허니 커피 가공(honey coffee process)이 세미 워시드에 해당되며 이러한 세미 워시드와 구분하기 위해 전통적인 워시드 가공법을 풀리 워시드(fully washed)라 부른다.

3. 특성

펄프드 내추럴 가공

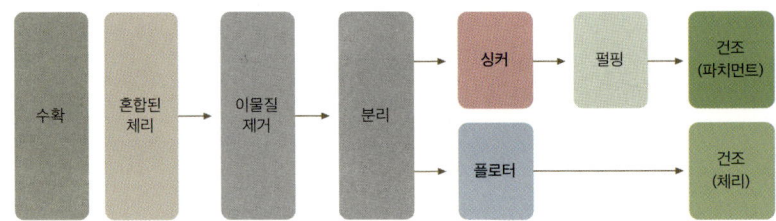

펄프드 내추럴 가공은 펄핑을 한 다음 점액질이 묻어 있는 파치먼트를 파티오(patio)에서 건조시키는 것으로 우기와 건기가 명확하고 습도가 낮은 브라질에서 1990년대부터 시작된 가공 방법이다.

허니 커피 가공

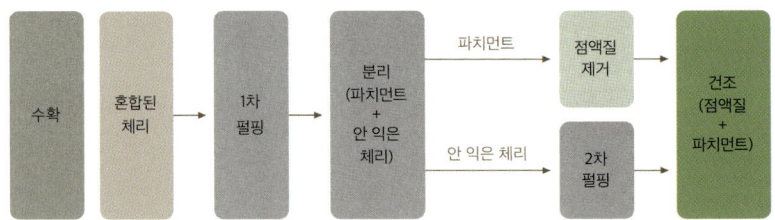

펄프드 내추럴 가공법을 2003년 코스타리카에서 물 사용에 따른 환경오염을 방지하고 커피의 플레이버를 향상 시키고자 도입하여 허니 커피 가공이라고 하였는데 허니라는 명칭은 파치먼트에 있는 점액질이 꿀처럼 끈적끈적 하다는 데에서 유래한 것이다.* 펄프드 내추럴 가공과 기본적으로 같지만 차이점은 파치먼트에 남아 있는 점액질의 양을 조절한다는 것이다.

코스타리카에서 위와 같은 가공 방식이 가능했던 이유는 다른 나라에 비해 습도가 낮고 온화한 날씨 때문에 건조가 빨리 이루어지며 또한 파치먼트에 묻어 있는 점액질의 양을 조절할 수 있는 점액질 제거기가 개발되었기 때문이었다.

허니 커피 가공은 코스타리카 외에 엘살바도르, 니카라과, 에티오피아 등의 커피 생산 국가에서도 시행되고 있다.

---

* 중남미 커피 생산국에서는 허니를 'Miel'이라고 하며 허니 커피를 'Café Miel'이라 부른다.

과정 — 펄퍼와 드럼 분리기, 점액질 제거기가 일체형인 기계를 사용하여 펄핑, 분류, 점액질 제거를 일괄 처리한다. 아래는 코스타리카의 허니 커피 가공 과정으로 코스타리카에서는 오늘날 전통적인 워시드 가공을 거의 시행하지 않고 있다.

측정 용기 - 인증 표시

측정 용기 내부 구조 - 레버를 아래로 내리면 문이 열리면서 체리가 아래로 쏟아짐

체리를 수집 탱크에 부을 때 측정 용기를 사용하는데 체리를 가득 담으면 약 250kg이 되고 이를 1파네가(fanega)라 한다. 이를 가공하면 생두 약 46kg이 되며 이는 1킨탈(quintal)이다.* 측정 용기(파네가)는 매년 코스타리카커피연구소((Instituto del Café de Costa Rica, ICAFE)에서 인증을 받아 사용한다.

허니 커피 가공 과정

1. 수집 체리 붓기

2. 적재함의 문을 개방해 체리를 파네가에 담음

---

* 측정 용기도 파네가라 부르며 코스타리카를 비롯한 중앙아메리카 국가에서는 커피를 킨탈 단위로 거래한다.

3. 파네가에 체리가 다 채워지면 양쪽의 손잡이를 당겨 더 이상 체리가 담기지 않게 함

4. 레버를 아래로 내려 체리를 수집 탱크로 투하함

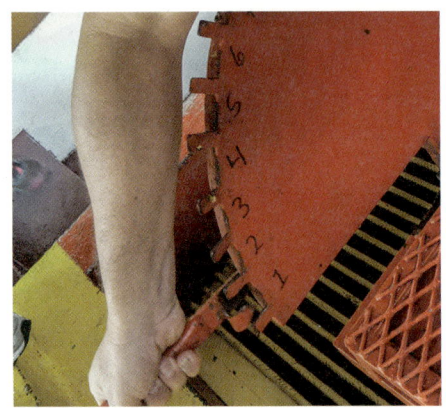

5. 투하한 횟수를 표시함

6. 수집 탱크 정리

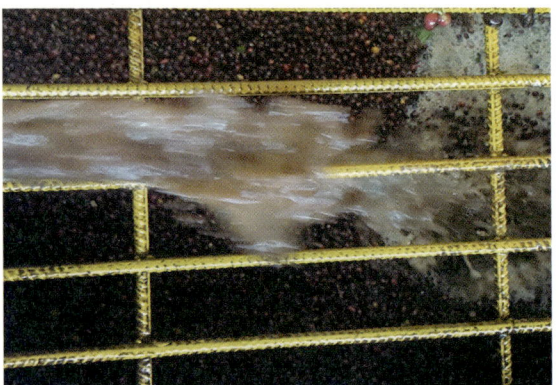

7. 수집 탱크에 물을 부음

5. 커피 가공 COFFEE PROCESS

8. 체리는 수집 탱크에서 파이프를 통해 기계 상부로 이동함

9. 1차 펄퍼 - 펄핑이 이루어짐

10. 드럼 분리기 - 펄핑된 파치먼트와 1차 펄퍼를 통과한 작은 체리가 이 곳에서 분리됨

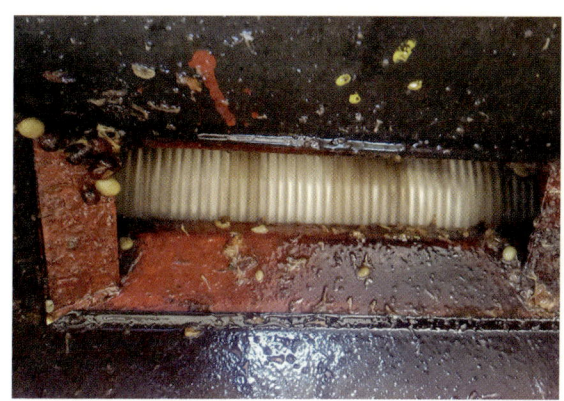

11. 2차 펄퍼 - 크기가 작은 체리는 이곳에서 펄핑됨

12. 2차 펄퍼에서 펄핑된 파치먼트는 아래로 모여 따로 처리됨

드럼 분리기를 통과한 파치먼트는 원통형의 점액질 제거기 하단부로 이동한다. 하단부에는 파치먼트를 올려 보내는 회전하는 나선형의 컨베이어가 있고 점액질은 상단부에서 제거된다. 손가락 모양의 돌기가 파치먼트를 문질러 점액질을 닦아내는 방식으로 여기서 제거된 점액질은 원통에 뚫려 있는 작은 구멍을 통해 아래로 흘러내린다.

13. 드럼 분리기에서 배출된 파치먼트는 점액질 제거기로 이동함

14. 점액질 제거기 내부

15. 점액질 제거기에는 점액질의 양을 조절할 수 있는 레버가 있음

16. 점액질 제거

17. 점액질이 제거된 파치먼트 배출

18. 분리된 점액질은 아래로 흘러내려 배출됨

정상 파치먼트(왼쪽)와 미성숙 파치먼트(오른쪽)가 분리 되어 따로 담기면 즉시, 파티오나 건조대에서 건조시킨다.

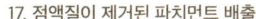

주의점 — 허니 커피 가공에서 가장 중요한 것은 건조이다. 파치먼트가 너무 빨리 건조되면 점액질의 플레이버 성분이 흡수되지 못하고 반대로 너무 늦게 건조되면 과발효가 되거나 곰팡이가 생길 수 있기 때문이다.

건조할 때는 파치먼트를 파티오나 건조대에 펼쳐 놓고 수시로 뒤섞어 준다. 건조가 진행될수록 점액질의 성분은 더욱 농축되며 당분 등의 성분이 생두에 흡수된다.

파티오 건조

건조대 건조

특성 — 허니 커피는 특성은 워시드 커피와 내추럴 커피의 중간적 성격을 띠며 과일의 맛과 단맛, 부드러운 신맛, 바디를 느낄 수 있다.

종류 — 허니 커피 중 화이트 허니는 점액질을 대부분 제거한 것으로 허니 커피라기 보다 워시드 커피로 간주된다. 허니 커피는 파치먼트에 남아있는 점액질의 양이 많을수록 건조 시간이 길어지고 노동력도 많이 들며 색깔이 짙어진다. 플레이버와 단맛도 더 강해지는데 점액질의 양에 따라 크게 옐로, 레드, 블랙 허니로 나뉜다.*
블랙 허니는 점액질이 대부분 남아 있는 상태에서 건조시키는 것으로 허니 커피의 특성을 가장 많이 가지고 있지만 건조 과정에서 과발효가 되거나 곰팡이가 생길 수

---

* 허니 가공의 종류는 본문에서 언급한 세 가지가 주를 이루지만 이외에 '골드 허니' 등도 있다

있으므로 지속적인 관리가 필요하다. 허니 커피는 농장 별로 명칭, 점액질의 양, 건조 방법 등에 있어 농장마다 조금씩 차이를 보이며 아래는 종류별 특성을 요약한 표이다.

허니 커피의 종류별 특성

	옐로 허니	레드 허니	블랙 허니
남아 있는 점액질 양(%)*			
건조			
건조된 파치먼트			
생두			
특성	꽃향, 살구	시럽의 단맛 풀 바디	강한 단맛, 초콜릿 풀 바디, 과일

* 남아 있는 점액질의 양은 절대적인 것이 아니며 농장에 따라 차이를 보인다.

가공 방식에 따른 특성 비교

방법	내추럴 가공	세미 워시드 가공	풀리 워시드 가공
건조 상태	(체리 상태)	(파치먼트+점액질)	(파치먼트)
	체리	파치먼트 + 점액질	파치먼트
커피 특성	강한 바디와 약한 신맛 이국적인 플레이버 말린 과일, 무화과 블루베리	부드러운 단맛과 신맛 초콜릿, 캐러멜, 벌꿀, 사탕수수	시럽의 단맛 풀 바디
단맛	강함	보통	약함
신맛	약함	약함	강함

4. 기타 가공

**세미 웨트/
웨트 헐 가공**

세미 웨트 가공(semi-wet process)은 인도네시아의 수마트라, 술라웨시에서 사용되는 가공법으로 웨트 헐(wet-hull)이라고도 하며 인도네시아어로 길링바사(Giling basah)라 한다. 이 가공법은 일반적인 워시드 가공과 달리 펄핑을 한 후 하루 정도 발효 과정을 거친 다음 파치먼트가 젖은 상태에서 탈곡을 하고 생두 상태에서 건조시킨다.

이렇게 가공하는 이유는 수마트라는 연중 비가 내려 건조 기간이 너무 길어지기 때문에 이 기간을 단축시키려는 것이다.

이 가공법을 사용하면 신맛이 약해지고 바디는 강해지지만 여러 가지 문제점 —생두 상태에서 건조시키기 때문에 쉽게 오염이 되고 외부의 냄새가 베어든다는 점 그리고 너무 빠른 시간에 건조 되어 생두 고유의 향이 손실되고 또 젖은 상태에서 펄핑을 하여 생두가 부스러지는 일 등—이 발생한다. 수마트라의 만델링(Mandheling) 커피에서 흙이나 나무 냄새 등이 나고 끝이 갈라진 생두를 쉽게 볼 수 있는 것은 바로 이 가공법을 사용하기 때문이다.

수마트라 만델링

와이니 가공
와이니 가공(winy process)은 수확한 체리를 펄핑하지 않고 체리 상태로 햇볕 건조시키는 방법으로 체리 상태로 건조시킨다는 점에서 내추럴 가공과 동일하다. 하지만 수확한 체리를 폴리에틸렌 백에 담아 둔 후 체리의 색깔이 검게 변하면서 와인의 특성이 발현되기 시작하면 그물 건조대에서 수분 함유량 11% 대가 될 때 까지 건조시키고 4주 정도 안정화 시킨 다음 탈곡을 한다는 점에서 차이가 있다.

이 가공을 하면 커피에서 보다 과일 맛이 강해져 와인과 같은 맛을 느낄 수 있으며 단맛이 향상된다.[12]

| 레이진 가공 | 레이진 가공(raisin process)은 체리가 마치 건포도처럼 표면이 쭈글쭈글한 상태일 때 수확하여 가공하는 것으로 이렇게 하면 내추럴 커피 보다 커피콩이 당분을 더 흡수한다. 이 가공법에는 크게 두 가지 방법이 사용되는데 첫째는 수확 후 수조에 밤새 담가 체리에 물을 흡수시키고 다음 날 펄핑하여 햇볕 건조시키는 것이다. 또 다른 방법은 건포도 상태의 체리를 수확한 후 용기에 담아 36시간 정도 두어 무산소 발효가 이루어지도록 한 후 체리를 펄핑하고 건조대에서 건조시키는 것이다. 2017 브라질 '컵 오브 엑설런스(Cup of Excellence, COE)'에서 이 방법으로 가공하여 출품한 커피가 92.33점으로 1위를 차지하였고 높은 가격에 판매되었다.[13]
위와 같이 레이진 가공으로 생산된 커피는 바디가 강하고 신맛은 약하며 자두와 같은 과일 맛을 갖는다고 평가 받는다. |

수확된 체리

펄핑한 후 건조 시킴

5. 새로운 시도

최근에는 기존의 가공법에 한정되지 않고 새로운 발효 방법을 통해 커피의 플레이버를 더욱 향상시키기 위한 다양한 연구들이 시도되고 있는데 그중 탄산가스를 이용한 발효, 무산소 발효, 다른 과일의 껍질을 이용한 발효를 중심으로 살펴보고자 한다. 실험적이고 이런 방법을 통해 생산되는 커피가 아직은 소량이지만 시장에서 인정을 받는다면 보다 광범위하게 채택되어 사용될 수 있을 것이라 생각된다.

| 탄산가스 침용 | 탄산가스 침용(carbonic maceration)은 와인 제조 시 사용되는 공법으로 포도 알을 으깨지 않고 주입한 탄산가스에 의해 발효되도록 하는 것이다. 이처럼 탄산가스를 이용한 발효 방법은 2015년 세계바리스타챔피언십(World Barista Championship, WBC) |

에서 호주의 사샤 세스틱(Sasa Sestic)이 이 공법으로 가공한 루메수단 커피로 우승하면서 주목받기 시작하였다.

이 방법은 스테인리스 컨테이너에 파치먼트를 넣고 밀봉한 다음 컨테이너 안의 공기(산소)는 뽑아내고 탄산가스를 주입하는 것이다. 이렇게 하면 당 분해를 줄여주고 박테리아의 성장을 억제하여 발효가 천천히 진행되며 pH가 느린 속도로 낮아져 보통 발효 시간이 길어질 때 발생하는 불쾌한 신맛이 생성되지 않는다. 이때 온도 조절이 매우 중요한데 신맛을 조금 더 원하면 낮은 온도(4~8℃)를, 단맛을 조금 더 원하면 높은 온도(18~20℃)를 유지해주면 된다.[14]

무산소 발효　코스타리카의 엘디아만테(El Diamante) 농장에서 무산소 발효(anaerobic fermentation)로 가공한 커피가 2015년 COE에서 4위를 차지하면서 주목받기 시작하였다. 무산소 발효는 산소를 빼내기보다 컨테이너의 밀폐를 통해 산소의 자유로운 출입을 막는 것이다. 즉, 점액질이 달라붙은 파치먼트를 스테인리스 컨테이너에 넣고 소량의 물과 미리 준비해둔 다른 커피의 점액질을 추가로 부은 후 컨테이너를 밀봉하여 그 안에서 30시간 정도 발효시키는 것으로 그러면 압력과 열 발생으로 인해 점액질 성분이 좀 더 파치먼트에 강하게 달라붙는다. 이 과정을 통해 독특한 발효취가 생성되고 특히 시나몬, 애플파이 등의 특성을 지니게 된다고 한다.

무산소 발효는 파치먼트 외에 체리 상태에서도 가능하다. 파치먼트 대신 체리를 컨테이너에 넣고 다른 커피의 점액질을 추가로 부어준 후 발효시키는 것은 동일하지만 파치먼트보다 긴 시간이 소요되어 40-50시간 정도 발효 시킨다는 차이점이 있다.

발효가 완료되면 파치먼트는 파티오에서 3-4일, 이후 건조대에서 다시 18-20일 정도 건조시키고[15] 체리는 파티오에서 3-4일, 이후 건조용 기계로 3일 정도 더 건조시킨다. 건조 완료 시 수분 함유율은 10.5%로 맞추고 보관 창고에서 한두 달 정도 숙성시킨다. 위와 같은 무산소 발효는 컨테이너의 70%를 넘지 않도록 담는 것이 중요한데 발효 시 생성되는 압력에 의해 발효 물질이 넘칠 수도 있고 폭발의 위험성도 있기 때문이다.

오렌지 필 워시드   오렌지 필 워시드(orange peel washed) 가공은 발효 탱크에 오렌지 과즙과 껍질을 넣어 파치먼트와 함께 발효 시키는 것으로 과테말라 뉴오리엔테(New Oriente) 지역의 몬타니타 농장(Finca la Montanita)에서 처음 시행되었다.

이렇게 가공된 커피는 강한 오렌지의 특성과 밝은 신맛, 뚜렷한 단맛을 갖게 되며 그 밖에 사탕수수, 열대과일의 특성도 느낄 수 있다.

건조

1. 건조의 목적

건조는 미생물의 증식으로부터 파치먼트나 체리를 안전하게 보관할 수 있도록 커피의 수분 함유율을 50% 정도에서 12% 이하로 낮추는 것이다. 수분 함유량이 너무 낮으면 탈곡할 때 부스러지기 쉽고 이는 로부스타 커피의 경우 더 심하게 발생한다. 반대로 너무 높으면 품질 하락과 보관 시 중량 손실을 가져올 수 있다.[16]

천천히 건조된 콩일수록 수분 함유율이 일정하며 고른 색깔을 띤다. 정확한 온도 유지, 균일한 공기의 전달 그리고 자주 커피를 뒤집어 주는 것이 효율적인 건조의 핵심이다.

2. 햇볕 건조

햇볕 건조는 파티오나 건조대 등을 이용한다. 체리 건조 시 처음 3일이 커피 품질을 좌우하는데 이 기간 동안 햇볕이 충분해야 체리 표면이 빨리 마르고 또 수분 함유율이 35% 미만이 되어 건조 기간이 길어지지 않기 때문이다.

파티오

시설 — 파티오는 커피 건조 시 중남미 지역에서 가장 널리 사용되는 시설로 원활한 배수를 위해 약간의 경사가 져 있어야 하고 햇빛을 많이 받을 수 있도록 동서 방향으로 위치해 있으며 그늘이 지지 않는 것이 좋다. 보통 콘크리트, 타일, 아스팔트 등으로 만들어진다.

타일

콘크리트

방법

파치먼트 담기 | 파치먼트 펼치기

건조시킬 때 파치먼트는 5-10cm, 체리는 4-6cm 이하의 두께가 되도록 펼쳐준 후 도구를 사용해 자주 뒤집어 준다. 이렇게 하는 이유는 커피 표면의 온도가 지나치게 올라가는 것을 방지하고 통풍이 잘되게 해주어 균일한 건조가 이루어지도록 하는 것이다.

파나마

코스타리카 | 과테말라

한낮에는 커피가 과열로 손상되는 것을 방지하기 위해 플라스틱 시트를 덮어주고, 오후에는 야간에 이슬이나 비로 인해 커피가 젖는 것을 막아주기 위해 자루에 담아 놓는다.

수마트라

니카라과

건조 시 온도는 파치먼트 40°C, 체리 45°C가 넘지 않아야 하고,[17] 건조 기간은 파치먼트가 7–15일, 체리는 12–21일 정도 걸린다.[18]

건조가 완료되면 파치먼트나 체리를 모아 자루에 담은 후 드라이밀로 이동시킨다.

파치먼트를 모음

파치먼트를 자루에 담음

건조대

건조대는 대나무 받침대, 철 구조물, 나무틀에 그물망을 씌운 것으로 그중 사각형의 나무틀로 제작된 건조대를 아프리칸 베드(African bed)라 한다. 아프리칸 베드는 아프리카에서 주로 사용되고 현재는 중남미에서도 널리 사용된다.

건조대는 파티오에 비해 통풍이 잘 되고 바람에 보다 많이 노출되어 건조 시간이 단축된다는 점과 지표면 접촉을 통한 오염을 막아줄 수 있어 보다 깨끗하게 건조시킬 수 있다는 장점이 있다. 그러나 손이나 도구를 사용하여 일일이 체리나 파치먼트를 뒤집어 주어야 하므로 보다 많은 노동력을 필요로 하며 제작비용이 많이 든다는 단점이 있다.

그물 건조대

아프리칸 베드

파치먼트 건조

2. 파치먼트를 건조대로 운반함

3. 파치먼트를 고르게 펼침

1. 발효가 완료된 파치먼트를 바구니에 담음

4. 건조가 잘 되도록 파치먼트를 섞어줌

5. 상태가 좋지 않은 파치먼트나 이물질 등을 골라냄

체리 건조

고르게 건조가 되도록 체리를 뒤집어줌

건조가 진행되면 체리 색깔이 검게 변함

햇볕이 강한 한 낮에는 커버를 씌워 파치먼트나 체리가 과열로 부스러지는 것을 막아준다.

온실 건조

파티오나 건조대 위에 투명한 비닐로 지붕을 씌워 온실처럼 만든 시설도 사용된다. 이렇게 하면 외부보다 온도가 10–15℃정도 높아져[19] 건조가 빨리 이루어지고 먼지와 같은 외부 오염을 막아주며 비로부터 커피를 보호해줄 수 있지만 설치에 따른 비용 부담으로 소량의 커피나 프리미엄 커피(Premium coffee)를 생산할 때 주로 사용된다.

3. 기계 건조

기계 건조는 햇볕 건조에 비해 비용이 많이 들고 체리는 햇볕 건조를 했을 때 품질이 더 좋기 때문에 체리보다는 파치먼트 건조에 주로 사용된다. 파치먼트나 체리를 바로 투입시킬 수도 있고 이틀 이상 햇볕에 미리 말려 수분 함유량을 줄인 다음 건조하기도 한다. 사용되는 연료는 마른 파치먼트나 체리 껍질, 화목 등이 주로 사용되며 그 밖에 석유나 가스도 사용된다.

마른 파치먼트 조각

화목

열교환기를 통해 뜨거워진 공기로 건조시키는 간접 전달 방식을 사용하며 이는 직접 열이 전달되면 파치먼트에 손상을 주어 커피 플레이버와 품질을 떨어뜨릴 수 있기 때문이다.

열 공급

열 교환기

기계 건조기는 로터리 건조기(rotary dryer)와 수직형 건조기(vertical dryer) 등이 사용된다.

로터리 건조기

로터리 건조기는 1879년 과테말라의 호세 과르디올라(José Guardiola)가 발명하여 '과르디올라 건조기'로도 불리며 간단한 구조, 내구성, 균일성 등의 장점이 있어 개발된지 100년이 넘도록 가장 널리 사용되고 있다. 이 건조기는 드럼 안에 열이 전달 되도록 회전축에 구멍이 뚫려 있고 드럼 표면에도 열이 빠져나갈 수 있도록 구멍이 뚫려있다. 그리고 커피를 균일하게 섞어주는 교반기가 달려 있는데 이 교반기가 분당 2-4회 천천히 회전하면서 커피를 건조시킨다.[20]

로터리 건조기가 한 번에 건조시킬 수 있는 파치먼트의 양은 건조기의 용량에 따라 다르지만 최대 5-6톤 정도이다.

건조 시 열 손실을 방지하기 위해서는 드럼 안에 커피를 가득 채워야 하고 건조 상태는 중간에 샘플을 채취하여 확인 할 수 있다. 건조에는 12-24시간 정도 걸리는데 숙련된 작업자가 파치먼트를 손으로 비벼 건조가 완료 되었다고 판단하면 신속히 배출구를 개방하여 파치먼트를 밖으로 방출시킨다.

1. 로터리 건조기

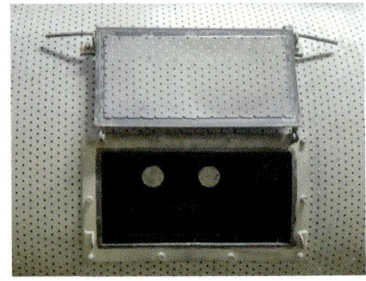
2. 드럼 - 표면에 구멍이 뚫려있음

3. 건조 상태 확인

4. 각 건조기에서 채취한 파치먼트 샘플

5. 건조 완료 - 드럼 개방

6. 파치먼트 정리

수직형 건조기 수직형 건조기는 직사각형이나 둥근 타워 형태로 내부에는 뜨거운 공기가 통과할 수 있도록 작은 구멍이 뚫려있다. 젖은 파치먼트는 승강기를 타고 타워 상부로 이동한 다음 천천히 내려오는데 이때 아래쪽에서 뜨거운 공기를 불어 넣어 건조시킨다. 하부로 내려온 파치먼트는 다시 승강기를 이용해 상부로 이동하고 이런 순환 작업은 원하는 건조 상태가 될 때까지 반복되며 일반적으로 50-60시간 정도 걸린다.[21]

수직형 건조기

젖은 파치먼트

마른 파치먼트

원형 건조기 둥근 구조물 안에 젖은 커피를 담고 아래쪽에서 뜨거운 공기를 불어주면서 여러 개의 교반기로 골고루 뒤섞어 건조시키는 방식이다. 커피를 너무 두껍게 쌓으면 고르게 건조시키기 어렵고 건조가 다 되었을 때 커피가 부서지기 쉬운 단점이 있어 예비 건조에만 한정되어 사용된다. 가장 많이 사용되는 형태는 직경 6.5m로 한 번에 5톤 정도를 건조시킬 수 있으며 건조 완료까지 40-44시간 소요된다.[22]

원형 건조기

파치먼트 건조

4. 햇볕 건조와 기계 건조 비교

모든 조건이 완벽하다면 햇볕 건조가 품질 면에서 더 우수할 수 있으나 현실적으로는 어렵다. 반면 기계 건조는 날씨와 무관하게 균일한 품질의 커피를 만들 수 있는 장점을 가지고 있다. 통상 소량의 경우는 햇볕 건조만 사용되나 처리할 양이 많은 경우는 햇볕 건조와 기계 건조를 병행한다.

	햇볕 건조	기계 건조
건조 기간	7-21일	12-24시간
날씨 영향	많이 받음	거의 없음
인건비	많이 듦	적게 듦
초기투자비	적게 듦	많이 듦
중량손실	상대적으로 많음	상대적으로 적음
품질	편차가 심함	균일함

5. 파치먼트/체리 보관

건조 과정이 끝나면 파치먼트나 체리를 백에 담아 포장한다.

파치먼트 담기

백 포장

건조가 끝난 커피는 폴리프로필렌 백에 담겨 30-60일 정도 탈곡하기 전까지 안정화 기간을* 가지는데 이렇게 해야 생두의 수분이 균일화 되어 커피의 플레이버가 더 오래 지속되기 때문이다. 안정화 기간이 지나면 건조된 파치먼트나 체리는 가공시설로 보내져 탈곡, 선별 등의 과정이 이루어지고 이러한 안정화 기간을 거치지 않으면 생두 색깔이 바래거나 풋내가 날 수 있다.

보관시설은 온도의 변화가 적고 서늘하며 햇볕이 들지 않는 곳이 좋다. 그렇지 않으면 커피가 다시 수분을 흡수해서 품질이 떨어진다.

안정화

보관 시설

탈곡

탈곡은 생두를 감싸고 있는 파치먼트나 체리 껍질(허스크, husk)을 제거하는 과정으로 탈곡 전에는 이물질이나 돌을 제거하는 클리닝 과정을 거친다.

1. 클리닝

이물질이나 돌은 커피를 탈곡하기 전에 기계가 손상되지 않도록 제거해주며 이 과정은 프리 클리닝(pre-cleaning)과 디스토닝(destoning)으로 이루어진다.

먼저 프리 클리닝을 통해 먼지와 같이 가벼운 이물질은 공기를 불어 밖으로 배출시켜주고 이후 파치먼트 및 체리보다 크거나 작은 이물질은 구멍을 통해 분리하여 제거시킨다.

---

* 이를 중남미 국가에서는 레포소(reposo)라 하며 휴식(rest)의 의미이다.

프리 클리닝

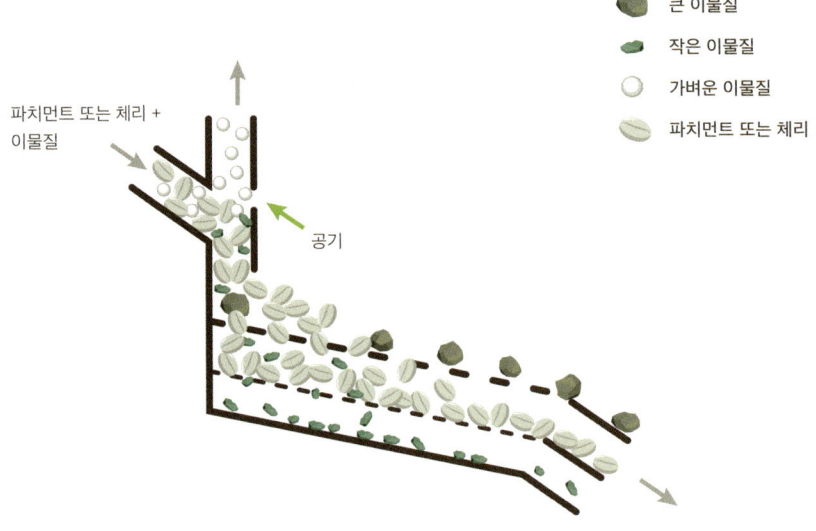

프리 클리닝 과정에서 미처 제거되지 않은 돌은 밀도 차이를 이용하여 없앤다. 경사진 진동판 위에 커피를 놓고 흔들어 주면 밀도 차에 의해 커피와 돌이 분리되는데 이때 강한 공기를 불어주면 커피는 돌보다 가벼워 아래쪽으로 모이고 돌은 위쪽에 남아 분리가 가능하다.

디스토닝

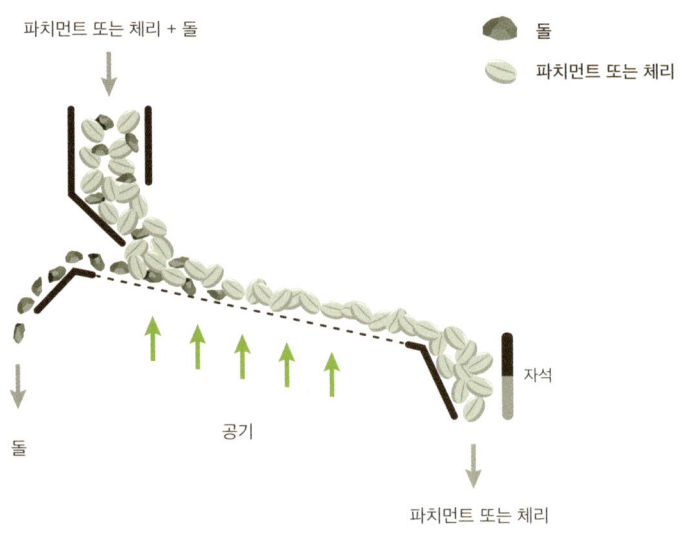

2. 과정

클리닝 과정을 거친 파치먼트나 체리 껍질은 홈이 있는 두 개의 스크루 사이를 통과하면서 압력에 의해 벗겨지거나 실린더 안에서 회전하는 칼날에 의해 제거된다. 탈곡을 할 때 생두의 수분 함유율이 너무 낮으면 생두에 물리적 손상이 발생하여 부스러진 콩(broken bean)이 많이 발생한다. 또 탈곡기의 압력이 지나치게 강하면 납작한 콩이 생기고 콩의 표면에 흠집도 생기므로 탈곡 시 기계의 적정한 압력 유지는 매우 중요하고 탈곡기의 종류에 따라서는 탈곡과 폴리싱(polishing)이 함께 이루어지기도 한다. 폴리싱은 탈곡한 후에도 남아있는 실버스킨을 제거하는 작업을 말한다. 실버스킨은 로스팅 과정에서도 떨어져 나가므로 별도로 제거할 필요는 없지만 이 작업을 하면 생두의 외관을 깨끗하게 해주어 상품의 가치를 높일 수 있어 일부 고급 커피에 한해 시행된다.

탈곡기

탈곡된 생두

폴리싱 과정을 거친 생두

3. 선별

앞의 과정을 모두 거친 생두는 크기와 밀도에 의해 분류를 한 다음 색깔 분류를 통해 상품 가치가 떨어지는 결점두(defect bean)를 제거한다.

크기 분류

커피의 크기 측정 단위는 스크린(screen)으로 이는 체에 뚫려 있는 구멍의 크기를 뜻한다. 스크린 한 단위는 1/64인치, 약 0.4mm이다. 예를 들면 스크린 18은 18×0.4로 약 7.2mm가 되는 것이다. 스크린 19나 20으로 분류되는 생두는 실제로 별로 없고 통상 스크린 18이 가장 큰 크기이며* 스크린 13이하는 형태와 관계없이 피베리로 분류된다. 각각의 스크린 넘버에는 해당되는 명칭들이 있는데 아래 표에서 확인할 수 있듯이 지역에 따라 차이를 보인다.

스크린 사이즈 분류표

스크린 넘버	크기(mm) 뉴욕	크기(mm) ISO	영어 명칭		중남미	콜롬비아	아프리카
20	7.94	8.0	Very Large Bean		-	-	-
19	7.54	7.5	Extra Large Bean				AA
18	7.14	7.1	Large Bean	1st Flats	Superior	Supremo	A
17	6.75	6.75	Bold Bean				
16	6.35	6.3	Good Bean	2nd Flats	Segunda	Excelso	B
15	5.95	6.0	Medium Bean				
14	5.55	5.6	Small Bean	3rd Flats	Tercera	-	C
13	5.16	5.0	Peaberry	1st Peaberries	Caracol	-	PB
12	4.76	4.75					
11	4.30			2nd Peaberries			
10	3.97						
9	3.57	-		3rd Peaberries			
8	3.17						

* 스크린 사이즈가 '18up'이라고 표기된 경우 이는 대부분 스크린 사이즈 18이나 그 이상의 콩도 섞여 있다는 것을 의미한다.

크기 분류는 전동 스크리너를 사용하는데 이는 구멍의 크기가 다른 여러 개의 체로 구성되어 있다. 스크린은 크기가 작은 것부터 쌓아져 있는데 맨 위의 스크린에 생두를 올려놓은 후 진동을 주면 크기가 작은 생두는 밑으로 빠지면서 크기에 맞는 스크린에 남고 큰 생두는 상단의 스크린에 남는다.

전동 스크리너

생두 샘플의 크기를 측정할 때는 아래와 같이 나무나 플라스틱 틀로 제작된 핸드 스크리너를 사용한다.

밀도 분류

밀도 분류는 공기의 흐름을 이용하여 가벼운 생두 즉, 기형이거나 해충의 피해를 입은 콩, 발효된 콩을 골라내는 작업으로 색깔 분류보다 먼저 시행한다.

밀도분류기는 수직형과 수평형이 있으며 카타도르(Catador/Catadora)라 불리는 수직형 밀도분류기는 분류기 상부에 생두를 투입하고 하부에서 팬을 작동시켜 강한 바람을 위로 불어주는 것이다. 이렇게 하면 무거운 콩은 그대로 아래로 내려오지만 가벼운 콩은 바람에 의해 분류기 상부로 밀려 올라가 각기 따로 분리된다.

수평형 밀도분류기

수직형 밀도분류기

수평형 밀도분류기는 약간 경사진 테이블의 형태로 여기에 탈곡된 생두를 투입하면 진동에 의해 생두가 앞으로 이동하면서 분류되는데 이때 무거운 생두는 테이블의 높은 쪽으로 계속 진행되고 가벼운 생두는 낮은 쪽으로 흘러내려 따로 배출된다. 수직형 밀도분류기에 비해 널리 사용된다.

분류된 생두는 각기 따로 이동함

분리된 가벼운 생두(좌)와 무거운 생두(우)

색깔 분류

색깔 분류는 결점두와 정상 생두와의 색을 구분해서 제거하는 것으로 기계(color sorter)를 통해 이루어진다. 먼저 기계에 투입된 생두에 빛을 쬐어줄 때 반사되는 빛의 파장 크기를 측정한다. 이때 정상 생두는 그대로 통과되지만 파장을 다르게 인식하면 기계가 압축공기를 불어넣어 결점두를 제거한다.

평균적인 색깔보다 너무 희거나 검은색을 띠는 콩을 제거할 수 있는 단색광 분류기(monochromatic sorter)는 주로 로부스타에 사용하고 이색광 분류기(bichromatic sorter)는 녹색과 적색 필터를 사용하여 단색광 분류기로 제거할 수 없는 결점두까지 식별할 수 있다.

이색광 분류기

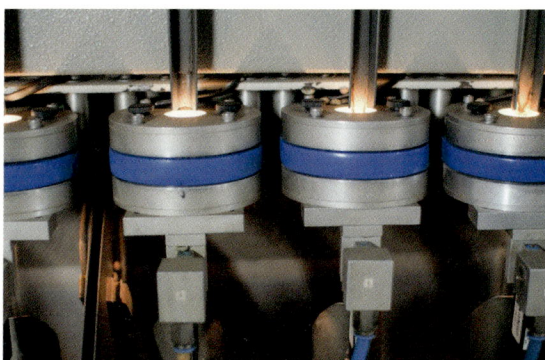

빛을 쬐어 결점두 제거

걸러낸 결점두 배출

자외선 형광분류기(UV fluorescence sorter)는 자외선을 쬐어 육안으로 보이지 않는 곰팡이나 박테리아가 발생한 생두도 골라낼 수 있다.

자외선 형광분류기

곰팡이에 감염된 부분은 하얗게 보임

핸드 소팅(hand sorting)은 컨베이어 벨트를 따라 이동하는 생두에서 깨지거나 썩은 콩 등을 육안으로 구별해 일일이 제거하는 것을 말하며 경우에 따라 동일한 생두에 대해 두 번 이상 시행하기도 한다.* 이 방법은 기계를 이용한 결점두 제거와 병행하여 시행되기도 한다.

엘살바도르

수마트라

에티오피아

골라낸 결점두

* 두 번 시행했을 때 DP(Double pick)로, 세 번 시행 했을 때는 TP(Triple pick)로 표기한다.

보관 및 선적

1. 백 포장

인쇄 인쇄기로 백에 필요한 기본적인 내용을 인쇄하고 세부적으로 추가할 정보는 잉크를 묻힌 솔을 판에 대고 문질러 표기한다.

 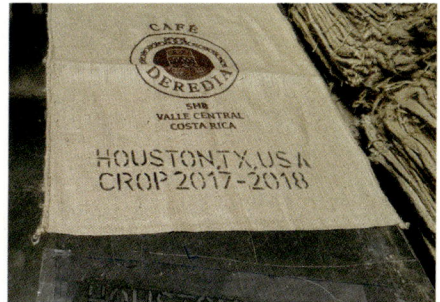

추가 정보 인쇄

포장 분류된 커피는 백에 담은 다음 무게를 측정하고 재봉질을 한다.

백 포장 - 케냐

| 재질 | 커피 백은 일반적으로 통기성이 좋은 황마나 사이잘(sisal)로 제작된다. |

과테말라 - 황마

콜롬비아 - 사이잘삼

| 식별 기호 | 위의 콜롬비아 커피 백에 쓰여 있는 숫자처럼 세 개의 칸에 숫자를 적는 표기 방법은 1960년대 초 국제커피기구(International Coffee Organization, ICO)에서 수출물량 쿼터 제에 적용하기 위해 사용되었던 식별 기호로 지금도 쓰이고 있다.[23] |

3	01	3446

첫째 칸의 3은 국가 식별 기호로 최대 세 자리이고 둘째 칸의 01은 국제커피기구에서 부여한 수출업체의 식별 기호로 최대 네 자리이다. 마지막 칸의 3446은 해당 연도에 수출업체가 선적한 번호로 최대 네 자리이다.

포장 단위

포장 단위는 일반적으로 1백당 60kg이 국제적인 기준이나 나라마다 포장 단위는 다양하다. 그리고 블루마운틴이나 스페셜티 커피(Specialty coffee), COE 커피와 같은 고가의 생두는 포장 단위가 15kg, 30kg 등으로 보다 세분화 되어 유통된다.

국가별 포장 단위

무게(kg)	국가
75	도미니카
70	콜롬비아, 볼리비아, 자메이카 블루마운틴(69.85kg)
69	대부분의 중앙아메리카와 남아메리카
60	브라질, 인도네시아, 아프리카
50	예멘, 인도(말라바르)
46	하와이

다른 포장 방법

섬유 재질의 백은 생두가 외부 환경에 쉽게 노출되어 생두의 신선도를 지속적으로 유지할 수 없고 또한 백에서 생기는 안 좋은 냄새가 생두에 밴다.* 그래서 이를 개선할 수 있는 방법들이 시도되고 있는데 첫째, 불투명한 소재로 진공 포장을 하는 방법이다. 둘째, 여러 겹으로 제작된 폴리에틸렌 재질의 플라스틱 백에 포장을 한 다음 커피 백에 담는 방법이다.** 이 방법은 습기를 차단하고 해충의 피해와 곰팡이의 성장을 방지하며 생두 품질을 보다 오랫동안 유지 할 수 있는 장점이 있다.[24]

그레인프로 포장

* 이러한 냄새를 'baggy'라 한다.
** 미국 그레인프로(Grain Pro) 사의 제품으로 GP로 표시한다.

2. 생두 보관

중요성 커피가 생산되어 소비자에게 전달되기 까지는 상당한 시간이 소요된다. 때문에 커피의 맛과 향을 온전하게 보존하여 가능한 오랫동안 상업적 가치를 유지하게 하는 것이 매우 중요하다.

조건 커피는 보관 시 호흡작용, 증산작용 등의 생리적 반응을 보이며 이러한 작용은 보관된 커피 중량을 감소시키고 아로마에 중요한 역할을 하는 지방과 같은 성분도 변질시킨다. 따라서 적절한 보관 조건을 지켜야 커피의 품질을 가능한 오래 유지시킬 수 있다. 보관 시설은 통풍이 잘되어야 하며 너무 밝지 않게 해주는 것이 좋다. 일반적으로 보관 창고의 고도가 낮아지면 보관 기간도 짧아지므로 보관 시설은 가능한 고지대에 위치하는 것이 바람직하다. 커피는 외부 환경과 수분 균형을 유지하려는 경향이 강하므로 보관 시 상대습도 수준은 70% 미만이 되어야 하고 온도는 20°C 이하가 바람직한데[25] 온도가 낮아야 커피의 대사와 호흡 작용이 줄어들기 때문이다. 수분 함유율이 높으면 곰팡이가 쉽게 증식하고 반대로 낮으면 생두의 색깔이 바래고 나무 냄새가 날 수 있다.

방법 커피는 주로 백에 담아 보관한다. 이때 백이 바닥에 직접 닿지 않도록 나무 받침대를 사용하며 쌓아놓은 백은 무너지지 않도록 너무 높이 쌓지 않는다.

백 쌓기 - 에티오피아

백 쌓기 - 수마트라

많은 양을 보관할 때는 최대 용량이 2톤 정도 되는 폴리에틸렌 재질의 대형 백을 사용하기도 하는데 백의 하중 때문에 높이 쌓을 수 없다.

코스타리카

또는 금속으로 제작된 원추형이나 사각형 구조물인 사일로(silo)도 사용하며 소형 백을 사용했을 때보다 비용과 노동력을 절감할 수 있다.

브라질

코스타리카

3. 선적

창고에 보관하고 있던 커피는 수출하기 위해 항구로 보내지고 이후 항구에서 수입국으로 수주일 이상에 걸쳐 운반된다. 커피 생산국은 도로나 교통 시설이 열악한 경우가 많아 항구까지 운반하는 과정에서 덥고 습한 날씨로 인해 커피의 품질이 손상될 수 있으며 이는 내륙에 위치한 국가에서 더 심각하게 발생한다.

또한 항구에서 수입국으로 운반되는 과정에서도 높은 습도와 콩 내부의 수분이 커피 품질에 많은 영향을 미치는데 이러한 현상은 우기에 수송이 이루어질 때 더 가속화된다. 때문에 운반 과정에서의 포장 상태와 운송 방법은 커피 품질 유지에 매우 중요한 요인이다.

항공 운송은 소량의 프리미엄 커피를 운송할 때 사용되며 선적 방법에는 백 운송, 벌크 운송 등이 있다.

백 운송

백을 컨테이너에 실어 선박으로 운반하는 것이다. 대부분의 곡물은 포장하지 않은 채 벌크로 운송되지만 커피는 전통적으로 백에 담아 운송한다. 이때 컨테이너는 환기가 잘되어야 하고 내부 습도가 70%를 넘지 않아야 커피의 품질 손상을 막을 수 있다.[26] 하지만 이런 방법은 많은 노동력과 비용이 발생하며 무엇보다 생두에 백 냄새가 밸 수 있는 문제점 들이 있다.

위와 같은 백 운송은 일반적으로 60kg 내외의 소형 백을 운반하는 것으로 작업 효율을 향상시키기 위해 한 번에 1톤 정도를 담을 수 있는 대형 백을 사용하기도 한다. 이렇게 하면 소형 백으로 9명의 인부가 한 시간 동안 하는 일을 인부 한명이 25분 정도에 할 수 있는데 최근에는 자동화 기계가 이를 대신하기도 한다.

커피 백 운송

벌크 운송

벌크 운송은 포장 없이 컨테이너 내부에 폴리에틸렌 재질의 안감을 설치하고 그 안에 바로 담아 운반하는 것으로 60kg 백으로 운송하면 20피트 규격의 컨테이너에 최대 320백을 실을 수 있지만* 이렇게 하면 백 운송보다 10–15% 많은 360백에 해당하는

---

* 실제로는 여유공간 확보를 위해 이보다 덜 선적한다.

양을 실을 수 있다.[27] 이와 같이 벌크 운송은 백 운송에 비해 운송비가 절약되고 작업이 용이하지만 하역장비가 갖추어져 있을 때만 운송이 가능하고 품질보존 면에 있어서도 백 운송보다 질이 떨어진다.

생두의 품질

생두의 품질은 아래와 같은 여러 요소들을 기준으로 하여 판단 할 수 있다.

1. 색깔

생두의 색깔은 균일하고 밝아야 하며 내추럴 커피보다 워시드 커피의 경우 더 그래야 한다. 잘못된 가공과 보관, 적절치 않은 수분 함유량 때문에 생두의 색깔이 바랬거나 얼룩덜룩하다면 커피 맛이 좋을 수 없다.

워시드 커피에서 생두나 센터컷이 갈색을 띠는 경우에는 시큼한 맛이나 발효된 맛과 같은 부정적인 결과가 나타날 수 있다.

이런 현상은 너무 익은 체리의 수확, 오염된 물의 사용, 불충분한 발효와 세척에서 기인한다. 색깔이 바랬거나 탈색이 되었다면 커피가 숙성되었거나 지나치게 건조되었다는 뜻이고 특히 생두의 가장자리에 이런 현상이 뚜렷하다면 너무 일찍 건조를 끝냈거나 습기가 많은 상태에서 보관한 것이다.

2. 수분 함유량

생두의 이상적인 수분 함유량은 원산지의 상황이 달라 모든 커피가 일률적이지 않기 때문에 정확한 기준이 없다. 일반적으로 수분 함유율이 11% 정도가 적정한 것으로 평가되는데 10% 아래로 떨어지면 아로마와 신맛 등이 약해지고, 8%나 그 아래가 되면 커피 성분이 모두 소실되었다는 것을 의미한다.

3. 외관

좋은 생두는 외관이 깨끗하고 이물질과 결점두가 섞여 있지 않아야 한다. 실버스킨이 생두 표면에 절반 이상 달라붙어 있으면 수분 공급이 부족했거나 과잉 결실의 결과이고 실버스킨이 생두 표면 전체를 감싸고 있는 것은 안 익은 체리를 수확하여 가공한 것이다. 이와 같은 생두들은 정상 생두에 비해 크기가 작고 가벼워 대부분 분류 작업을 통해 제거된다.

4. 크기

크기가 균일할수록 생두의 품질이 좋지만 생두의 크기가 크거나 작다고 해서 커피의 품질이 나쁘다고는 할 수 없다. 로스팅 할 때에는 크기가 균일한 생두끼리 하는 것이 좋은데 이는 각각 크기가 다르면 품질이 좋은 생두라 할지라도 고른 로스팅을 기대할 수 없기 때문이다.

5. 밀도

밀도가 작은 생두는 가뭄이나 스트레스 또는 안 익은 체리를 수확했을 때 생긴다. 셀(shell)*, 깨진 콩, 콩 조각 등은 탈곡 과정에서 많이 발생하며 과도한 건조의 결과이다. 이런 콩들은 로스팅 시 탄 맛을 낼 수 있어 커피 품질을 떨어뜨리는 원인이 된다.

---

* 자세한 내용은 6단원 프리미엄 커피 중 <SCA 결점두분류> 참조

출처

1. M.N. Clifford &, K.C. Willson, op,cit., p.235.
2. J.E. Braham & R. Bressani, Coffee Pulp: Composition, Technology and Utilization, (Ottawa: International Development Research Centre, 1980), p.10.
3. Jean Nicolas Wintgen. op.cit., p.632.
4. ibid. p.634.
5. R.J. Clarke & R. Macrae, Coffee Technology, (New York: ELSEVIER, 1988), p.10.
6. J.E. Braham & R. Bressani, op,cit., p.8.
7. ibid., p.17.
8. M.N. Clifford & K.C. Willson, op.cit., p.236.
9. Rosane F. Schwan & Graham H. Fleet, Cocoa and Coffee Fermentations, (New York: CRC Press, 2014), p.399.
10. "Fermentation of Coffee – Control of Operation", FAO, http://www.ico.org/projects/Good-Hygiene-Practices/cnt/cnt_en/sec_3/docs_3.3/fermentation.pdf, (2016.12.10.)
11. "INDUSTRIAL WATER MANAGEMENT", White Water Ltd, https://ocw.un-ihe.org/pluginfile.php/3095/mod_resource/content/1/IWM_-_Water_management_in_coffee_processing.pdf, (2018.5.8.)
12. "How specialty coffee is processed", White Horse Coffee, https://whitehorsecoffee.com.au/blog/2018/01/specialty-coffee-processed/, (2017.8.28.)
13. "Raisin Process Coffee From Brazil Breaks Cup of Excellence Price Record at $126/lb, Daily Coffee News, 2017.11.29., https://dailycoffee-news.com/2017/11/29/raisin-process-coffee-from-brazil-breaks-cup-of-excellence-price-record-at-126lb/, (2018.3.8.)
14. "How Does Fermentation Affect Coffee Flavour Development?", Perfect Daily Grind, 2017.7.14, https://www.perfectdailygrind.com/2017/07/fermentation-affect-coffee-flavour-development/, (2018.3.25.)
15. "Costa Rica "El Diamante" by Ditta Artigianale". Barista Hustle, 2017.9.8, https://baristahustle.com/blogs/subscription/september-2017-costa-rica-el-diamante-by-ditta-artigianale, (2018.3.25.)
16. Rosane F. Schwan & Graham H. Fleet, op.cit., p.385.
17. ibid., p.385.
18. ibid., p.387.
19. Jean Nicolas Wintgens, op.cit., p.661.
20. R.J. Clarke & R. Macrae, op.cit., p.7.
21. Jean Nicolas Wintgens, op.cit., p.664.
22. Rosane F. Schwan & Graham H. Fleet, op.cit., p.109.

23 ITC(International Trade Center), Coffee An exporter's guide, (Geneva, ITC, 2002), p.17.

24 "WHY GRAINPRO?", GrainPro, http://grainpro.com/#why, (2016.11.4.)

25 R.J. Clarke & R. Macrae, Coffee Physiology, (London & NY: ELSEVIER APPLIED SCEINC, 1987), p.308.

26 Andrea Illy & Rinantonio Viani, op.cit., p.115.

27 ibid., p.114.

스페셜티 커피, 컵 오브 엑설런스 커피(COE coffee), 서스테이너블 커피(Sustainable coffee)는 일반적으로 거래되는 커머셜 커피(commercial coffee) 보다 대체로 품질이 뛰어나 고가에 거래된다.
때문에 본 책에서는 이를 통칭하여 프리미엄 커피로 부르기로 한다.

스페셜티 커피

1. 의미

스페셜티 커피는 이상적인 커피 재배 기후 조건에서 생산된 아주 뛰어난 품질의 커피를 말하며, 스페셜티 커피는 재배 지역 토양에서 비롯된 독특한 플레이버를 가지고 있어야 한다.

이 스페셜티 커피라는 용어는 1978년 프랑스 몽트뢰유(Montreuil)에서 개최된 국제 커피컨퍼런스에서 에르나 크누츠센(Erna Knutsen)이 대표 연설을 통해 처음 언급한데서 비롯되었다.[1] 스페셜티 커피 분야는 1990년대 들어 전 세계 음식 서비스 산업 중 가장 빠른 신장세를 보이고 있는데 미국도 전체 커피 시장은 수십 년째 정체 상태이지만 스페셜티 커피 분야는 지속적인 성장을 하고 있다.

2. 스페셜티커피협회

미국스페셜티커피협회(Specialty Coffee Asso-ciation of America, SCAA)는 스페셜티 커피 교역에 대한 문제점을 토론하고 품질 기준을 설정하기 위한 커피 관계자들의 소규모 모임에 의해 1982년 설립되었으며 커피 동업자 단체 중 규모가 가장 크다. SCAA는 미국뿐만 아니라 전 세계의 커피 생산자, 소매상, 로스터, 수출입 업자들이 가입되어 있으며 설립 이후 현재까지 기술 향상을 위한 세미나 개최, 각종 인증 프로그램 실시, 컨퍼런스 개최, 교육자료 제작, 교육과 훈련 프로그램 실시 등의 사업을 하고 있다.

유럽 지역은 유럽스페셜티커피협회(Specialty Coffee Association of Europe, SCAE)가 1998년 설립되어 SCAA와 동일한 역할을 해왔다. SCAA와 SCAE 두 단체는 2017년 1월 통합하여 SCA(Specialty Coffee Association)로 새롭게 출범하였으며 현재 미국 사무소는 캘리포니아 산타아나(Santa Ana)에 유럽 사무소는 영국 쳄스포드(Chelmsford)에 위치하고 있다.

3. SCA 결점두 분류

결점두는 여러 가지 이유로 상품으로의 가치를 상실한 커피나 커피 이외의 이물질 등을 말한다. 이러한 결점두는 체리 상태에서 발생하기도 하고 수확 과정에서 발생하기도 한다. 그리고 그 이후의 가공 과정 즉 발효, 건조, 탈곡, 보관, 수송 과정 등 모든 과정에서도 발생할 수 있다. 보통 워시드 커피보다는 내추럴 커피에 더 많이 섞여 있으며 생두의 등급이 낮을수록 보다 많이 발견된다.
다음의 결점두 분류 기준은 SCA의 기준에 의한 것으로 본래 결점두의 종류와 명칭 그리고 정의 등은 국가나 단체 등에 따라 상이하며 국제적으로 통일된 기준도 없다.

샘플

결점두 분류

SCA 결점두 분류

종류	1. 형태 / 2. 발생원인 / 3. 로스팅 영향 / 4. 향미 영향
블랙빈(Black bean)	1. 내부나 외부 표면이 검은 색을 띠는 콩으로 비교적 가볍고 센터컷이 벌어져 있으며 크기가 작고 끝이 뾰족함 2. 체리를 너무 늦게 수확했거나 체리가 흙과 접촉할 때 미생물에 의해 과발효되어 발생함 3. 로스팅이 늦게 이루어지며 칙칙하고 누르스름한 색을 띰 4. ferment, stinker, dirty, sour, moldy, phenolic taste

 사우어 빈(Sour bean)		1. 노란색에서 옅은 갈색 또는 붉은색에서 짙은 갈색을 띠는 발효된 콩 2. 너무 익은 체리나 땅에 떨어진 체리의 수확, 가공 과정에서 오염된 물의 사용, 습도가 높은 상태에서 나무에 계속 달린 채 발효되어 발생함 3. 옅은 색깔을 띠며 불균일한 로스팅이 됨 4. stinker, sour, fermented taste
 드라이 체리 / 포드 (Dry cherry / pod)		1. 일부 혹은 전부가 마른 껍질에 쌓여있는 콩 2. 워시드 커피는 잘못된 펄핑이나 플로터를 제거하지 못했을 때 발생하며 내추럴 커피는 잘못된 탈곡이나 분류로 발생함 3. 발화 위험 4. ferment, moldy, phenolic taste
 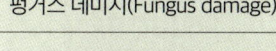 펑거스 데미지(Fungus damage)		1. 곰팡이에 의해 노란색이나 적갈색을 띤 콩 2. 수확에서 보관까지 곰팡이가 성장할 수 있는 온도와 습도가 유지되었을 때 발생함 3. 영향 없음 4. fermented, moldy, earthy, dirty, phenolic taste
 인섹트 데미지(Insect damage)		1. 해충(커피베리보어러)이 지름 0.3-1.5mm의 구멍을 한 개나 여러 개 뚫어 놓은 콩 2. 체리가 나무에 달렸을 때 해충이 구멍을 뚫고 들어가 알을낳아서 발생함 3. 정상 생두보다 짙은 로스팅이 됨 4. dirty, sour, moldy, rioy
 포린 매터(Foreign matter)		1. 돌이나 나뭇가지 등 커피 이외의 이물질 2. 수확이나 선별과정에서 제대로 제거하지 못하여 발생함 3. 돌 - 영향 없음 / 나뭇가지 - 발화 위험 4. 영향 없음(돌은 그라인더 등에 심각한 손상을 입힐 수 있음)

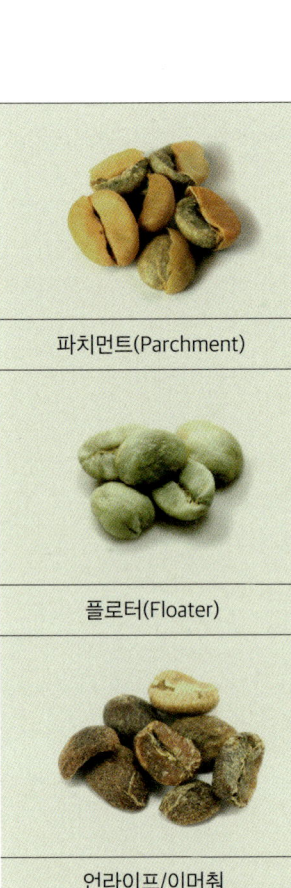 파치먼트(Parchment)	1. 건조된 파치먼트가 완전히 혹은 부분적으로 감싸고 있는 콩이나 파치먼트 조각 2. 워시드 커피의 불완전한 탈곡으로 발생함 3. 발화 위험 4. 영향 없음
 플로터(Floater)	1. 하얗거나 색이 바란 콩으로 가벼워서 물에 뜨는 콩 2. 부적당한 보관이나 건조로 발생함 3. 거무스름한 색깔을 띠며 내부가 덜 익음 4. ferment, weed/straw like. earthy, moldy
 언라이프/이머춰 (Unripe/Immature)	1. 일반 콩보다 크기가 작고 끝이 뾰족하며 오목한 형태를 띠는 콩으로 황록색의 실버스킨이 단단하게 붙어있음 2. 미성숙 체리의 수확으로 발생함 3. 더디고 불균일한 로스팅이 되며 로스팅을 하면 옅은 색깔을 띠는 퀘이커가 됨 4. grassy, straw-like, astringent flavor
 위더드 빈(Withered bean)	1. 건포도와 같이 주름지고 작은 기형의 콩 2. 주로 성장 기간에 수분 공급이 부족해서 발생함 3. 영향 없음 4. weed-like, grassy, straw-like taste
셸(Shell)	1. 콩의 안쪽과 바깥쪽이 분리된 조개나 귀 모양의 콩 2. 유전적 원인으로 결합력이 약한 콩이 탈곡 과정에서 압력을 받아 두 쪽으로 분리된 후 바깥쪽만 남아 발생함 3. 발화 위험과 불균일한 로스팅, 색깔이 더 짙거나 잘 부스러짐 4. 탄맛이 나며 많은 셸은 쓴맛의 원인이 됨

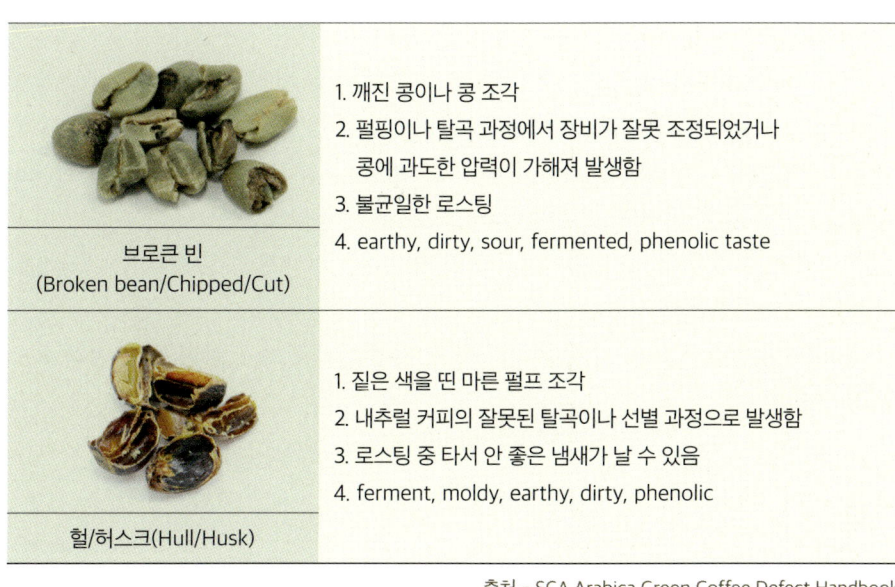

브로큰 빈 (Broken bean/Chipped/Cut)	1. 깨진 콩이나 콩 조각 2. 펄핑이나 탈곡 과정에서 장비가 잘못 조정되었거나 콩에 과도한 압력이 가해져 발생함 3. 불균일한 로스팅 4. earthy, dirty, sour, fermented, phenolic taste
헐/허스크(Hull/Husk)	1. 짙은 색을 띤 마른 펄프 조각 2. 내추럴 커피의 잘못된 탈곡이나 선별 과정으로 발생함 3. 로스팅 중 타서 안 좋은 냄새가 날 수 있음 4. ferment, moldy, earthy, dirty, phenolic

출처 - SCA Arabica Green Coffee Defect Handbook

4. 스페셜티 커피 분류

일반적인 생두 샘플링은 300g의 생두를 가지고 하지만 스페셜티 커피 분류는 350g의 샘플을 가지고 시행하고 콩의 결점뿐만 아니라 콩의 크기, 수분 함유율, 컵 퀄리티(cup quality)까지도 평가한다.

국가별 포장 단위

항목	내용
샘플 중량	• 생두 : 350g • 원두 : 100g
수분 함유량	워시드 커피는 수입 시에 반드시 수분 함유량이 10-12% 사이일 것
콩의 크기	전통적인 둥근 구멍이 뚫린 스크린으로 측정하여 명세서에서 기술된 것과 편차가 5% 이내 일 것
로스팅 균일성	퀘이커는 한 개도 허용되지 않음
향미 특성	• 커핑을 통해 샘플은 프래그런스/아로마(fragrance/aroma), 플레이버, 신맛(acidity), 바디, 애프터테이스트(aftertaste)의 각 부분에서 독특한 속성을 반드시 가지고 있을 것 • 외부 냄새(foreign ordor)와 향미 결점이 없을 것(no fault & taint)

먼저 커피의 맛과 향에 부정적인 영향을 강하게 주는 결점두는 프라이머리 디펙트(primary defects)로 분류하고, 상대적으로 영향이 적은 결점두는 세컨더리 디펙트(secondary defects)로 분류한다. 예를 들어 풀 블랙(Full Black)의 경우 맛과 향에 안 좋은 영향을 많이 끼치므로 프라이머리 디펙트로 분류하고 1개가 풀 디펙트(full defect) 1점이 된다. 반면 파셜 블랙(Partial Black)의 경우에는 풀 블랙에 비해 맛과 향에 끼치는 영향이 상대적으로 적으므로 세컨더리 디펙트로 분류하며 3개당 1점이 된다. 이는 즉, 풀 디펙트 숫자가 작을수록 결점이 강하다는 것을 의미하는 것이다. 한 개의 결점두에서 결점의 종류가 한 개 이상 발견되면 영향이 강한 결점 요소만 평가한다.

풀 디펙트 환산표

프라이머리 디펙트	풀 디펙트 환산점수
풀 블랙	1
풀 사우어 (Full Sour)	1
드라이 체리/포드	1
펑거스 데미지	1
포린 매터	1
시비어 인섹트 데미지 (Severe Insect Damaged)	5

세컨더리 디펙트	풀 디펙트 환산점수
파셜 블랙	3
파셜 사우어 (Partial Sour)	3
파치먼트	5
플로터	5
이머춰/언라이프	5
위더드	5
셸	5
브로큰	5
헐/허스크	5
슬라이트 인섹트 데미지(Slight Insect Damaged)	10

파셜 블랙과 파셜 사우어는 각각 손상 정도가 원래의 콩에서 1/2 이하인 콩을 말하고 시비어 인섹트 데미지는 벌레가 뚫은 구멍이 3개 이상인 결점두를 일컫는다.

블랙빈	사우어빈	인섹트 데미지
풀 블랙	풀 사우어	시비어 인섹트 데미지
파셜 블랙	파셜 사우어	슬라이트 인섹트 데미지

그 후 풀 디펙트로 환산한 점수와 여러 조건들을 가지고 스페셜티 그레이드(Specialty grade)와 빌로우 스페셜티 그레이드(Below specialty grade)로 분류한다. 스페셜티 그레이드의 기준은 아래와 같은데 이 기준에 해당되지 않는 커피들은 자동으로 빌로우 스페셜티 그레이드로 분류된다.

- 생두 350g당 풀 디펙트가 5를 넘지 않아야 하며
  프라이머리 디펙트는 단 한 개도 허용되지 않음
- 원두 100g당 퀘이커는 1개도 허용되지 않음
- 커핑을 통해 점수가 80점 이상일 것
- 생두 색깔이 블루그린(blue-green), 블루이시그린(bluish-green), 그린(green)일 것, 그리니시(greenish) 이하는 허용되지 않음

> **퀘이커**
>
> 퀘이커(quaker)는 안 익은 체리나 제대로 발육되지 않은 체리를 수확하여 가공한 것을 말한다. 생두 상태에서는 잘 구별하기 힘드나 로스팅을 하면 콩 안에 유기 화합물이 별로 없어 갈색으로 바뀌지 않으므로 육안으로 구별이 가능하다. 워시드 커피는 분리를 통해 플로터로 제거되나 대부분의 내추럴 커피는 이런 과정이 없어 일반적으로 더 많이 섞여 있다.
>
>
>
> 퀘이커   정상원두

서스테이너블 커피

1. 탄생 배경

커피 가격은 1994년을 기점으로 하락하기 시작하여 2001년에는 역대 최저치인 파운드당 0.45달러를 기록하였다. 이는 베트남의 급속한 커피 생산량 확대와 브라질의 커피 생산 증가로 커피의 공급은 크게 증가하였지만 수요는 소폭 증가에 머물러 커피 재고량이 4,000만 백까지 증가하였기 때문이었다.[2]

위와 같은 상황을 만회하고자 커피 재배 국가들은 커피 생산을 더 늘릴 수밖에 없었다. 그래서 나무를 베어버리고 커피 재배지를 확대하였으며 생산량을 늘리기 위해 제초제, 살충제를 더 많이 사용하였다. 그런데 이는 토양 침식, 심각한 환경 파괴 등의 여러 가지 부작용을 야기 시켰고 또한 커피 생산에만 주력하면서 정작 꼭 필요한 식량 자원은 부족해져 이를 수입해야 하는 상황에 놓이게 하였다.

이러한 상황을 타개하고자 서스테이너블 커피가 하나의 대안으로 제시되었다. 서스테이너블(sustainable)은 지속 가능이라는 뜻을 가지고 있으며 이는 현재의 자원과 환경을 파괴하지 않는 범위에서 곡물을 생산하여 후손들에게 그대로 물려주자는 취지이다.

2. 인증 종류

커피의 재배부터 교역에 이르는 전 과정에 대한 사회, 환경, 경제 분야의 기준을 수립하고 이 기준에 부합하는 경우 서스테이너블 커피 인증을 해준다.

출발 초기에는 유기농(Organic), 레인포리스트얼라이언스(Rainforest Alliance), 공정무역(Fair trade), 버드 프렌드리(Bird-Friendly) 인증으로 출발하였으나 2000년대 중반 UTZ(UTZ CERTIFIED), 4C(4C Association) 외에 스타벅스(Starbucks) 사의 C.A.F.E. Practices, 네스프레소 사의 Nespresso AAA 같은 일반 기업의 자체 인증까지도 새로이 추가되었다.

스타벅스 C.A.F.E. Practices

네스프레소 AAA

서스테이너블 커피 인증을 해주는 단일 기구는 없고 인증에 대한 통일된 기준도 없다. 다만 여러 단체나 기구, 기업별로 각기 다른 기준을 수립하여 인증 사업을 실시하고 있으며 이런 인증은 서로 일정 부분 기준이 겹치기도하고 한 농장에서 생산되는 커피가 두 개 이상의 인증을 받기도 한다.

서스테이너블 커피 인증

서스테이너블 커피 인증 중 레인포리스트얼라이언스 인증은 열대 우림의 파괴를 막고자 1987년 설립된 비정부기구(NGO)들의 연합단체인 레인포리스트얼라이언스에서 영농에 관한 기준(Sustainable Agriculture Standard, SAN)을 정하고 이에 부합하는 경우 주고 있다.[3] 1992년에 코스타리카와 하와이의 바나나 농장에 대한 첫 영농 인증을 시작하였으며 현재는 커피 외에도 차, 코코아 등에 대한 인증 사업을 실시하고 있다. 이 밖에도 서스테이너블 커피 인증에는 UTZ 인증, 4C 인증 등이 있다.

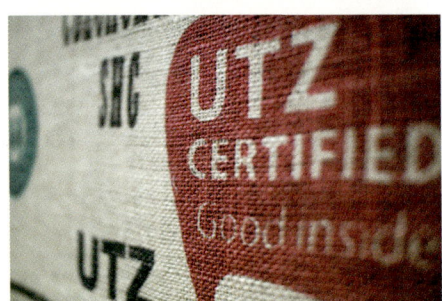

레인포리스트얼라이언스 인증   UTZ 인증

유기농 인증 유기농 재배는 살충제, 제초제와 같은 인공적인 화학 물질의 도움을 받지 않고 가축의 분뇨, 커피 펄프 등을 이용한 천연퇴비를 사용함으로써 토양의 황폐화를 방지하고 건강한 자연 생태계를 유지시켜 주는 방법이다.

사실 생산되는 커피의 대부분은 유기농이지만 유기농 인증을 받았을 때 비로소 유기농 커피로 인정받을 수 있다. 현재 약 40개 커피 생산 국가에서 유기농 커피가 생산되고 있으며 멕시코, 온두라스, 에티오피아, 니카라과 등이 주요 생산 국가이고 소비는 미국과 독일을 비롯한 유럽에서 주로 이루어지고 있다. 대표적인 유기농 커피 인증은 미국농무성에서 실시하고 있는 국가유기농프로그램((National Organic Program, N0P)이며 이 밖에도 OCIA(The Organic Crop Improvement Association), 일본농림규격(Japanese Agricultural Standards, JAS) 등이 있다.

USDA 인증

공정무역 인증 공정무역은 선진국의 소비자가 저개발국의 생산자에게 직거래를 통해 정당한 가격을 지급하자는 윤리적 소비 운동이다. 공정무역 커피는 미리 정해진 최저 가격을 정하고 시세가 그 이하를 내려가도 최저 가격으로 구입해준다. 대표적인 인증 기관은 페어트레이드인터내셔널(Fairtrade International)이다.

버드 프렌드리
인증

버드 프렌드리는 미국의 SMBC(Smithonian Migratory Bird Center)에서 실시하는 인증사업으로 셰이딩에 대한 자체 기준을 수립하고 이에 부합하는 농장에서 생산된 커피에 대해 인증 로고를 부착하게 한다. 버드 프렌드리와 레인포리스트얼라이언스 인증은 셰이딩이라는 측면에서 일정부분 겹치는 개념이지만 버드 프렌드리가 보다 더 엄격한 기준을 요구하고 있다.[4]

3. 효과

화학 비료나 제초제, 살충제 등의 사용을 금지하여 사람과 다른 생물에게 보다 쾌적한 환경을 제공할 수 있다. 또한 시장 가격에 일정 금액을 가산하여 구입해줌으로써 커피 재배 농가의 수입이 증대되고 고용이 안정되며 이로 인해 생활 여건이 개선되어 커피 재배 농민의 삶을 개선시킬 수 있다.

4. 문제점과 개선 방안

서스테이너블 커피의 문제점과 각각의 개선 방안을 살펴보면 다음과 같다.

첫째, 서스테이너블 커피시장이 최근 급속히 성장하고는 있지만 여전히 전체 커피 시장에서 차지하는 비중이 미미하다는 것이다. 이 문제점을 개선하기 위해서는 인증 조건에 부합시키기 위해 필요한 2-3년의 준비 기간에 발생하는 수입 손실을 보상해주는 시스템, 국제적으로 공인된 단일 인증시스템, 실제로 수익이 농민에게 제대로 전달되는지에 대한 감시체계를 구축해야 한다.

둘째, 서스테이너블 커피가 단지 기업의 홍보 수단의 하나로 이용되는 경우가 많고 커피 농장이 대부분 소규모이다 보니 커피 품질의 편차가 심하며 지속적인 물량 확보가 어렵다는 것이다. 이를 개선하기 위해 근래에는 생산자와 구매자가 직거래를

함으로써 커피 재배농민에게 그만큼 더 많은 이익을 돌려주자는 취지의 다이렉트 트레이드(direct trade)*도 활발히 이루어지고 있다.

셋째, 인증을 받기 위해 발생하는 비용의 문제이다. 규모가 큰 조합은 별 부담이 안 될 수도 있지만 소규모 농가가 지불하기에는 굉장한 부담으로 작용하는데 이는 많은 인증 종류에서 기인하기도 한다. 그래서 커피는 사실 대부분이 유기농으로 재배, 생산되지만 실제 유기농 인증을 받은 커피는 별로 없는 것이 현실이다. 이는 과테말라의 커피가 90% 이상 유기농이지만 실제 유기농 커피로 인증 받은 것은 1%가 채 안 되는 것을 통해서도 알 수 있다. 이러한 문제점을 타개하기 위해서는 인증을 받을 때 발생하는 비용을 낮춰 커피 재배 농가의 부담을 덜어주거나 혹은 정부 차원의 지원이 있어야 할 것이다.

컵 오브 엑설런스

컵 오브 엑설런스는 품질 좋은 커피를 생산한 농부들에게 더 많은 이익이 돌아갈 수 있도록 하기 위해 탄생한 국제적인 프로젝트이다. 1999년 브라질에서 처음 시작되었으며 이후 점차 참가국이 늘어나 중남미 10개국(브라질, 콜롬비아, 멕시코, 과테말라, 엘살바도르, 온두라스, 니카라과, 코스타리카, 볼리비아, 페루)과 아프리카 2개국(르완다, 브룬디)의 총 12개 국가가 참여하고 있으며** 2002년 비영리 단체인 ACE(Alliance for Coffee Excellence)가 설립되어 전반적인 운영을 담당하고 있다.

COE는 국가별 행사로 매년 개최되며 커피 품질에 대한 평가뿐만 아니라 평가받은 커피를 구입하는 경매 프로그램을 구축하여 생산자와 소비자를 연결시켜 주는 특징을 가지고 있다.

우리나라에서도 수 년 전부터 활발히 경매에 참여하여 다양한 COE 커피를 판매하고 있다. 그러나 일반 소비자들이 COE 커피를 즐기기에는 어려운 면이 있는데 이는 커피 품질은 우수하지만 그만큼 가격이 비싸고 생산량도 극히 적기 때문이다.

---

* 카운트컬쳐(Count culture)와 인텔리젠시아 커피(Intelligentsia Coffee)가 대표적인 곳으로 자체 기준을 수립하여 실행하고 있다.

** 참가국 수는 참가국 사정에 따라 연도별로 변동이 있다. (볼리비아는 2010년부터 참가하지 않음)
브라질은 내추럴과 펄프드 내추럴로 나누어 두 번 시행하며 콜롬비아는 지역별로 북부와 남부를 한 해 걸러 번갈아 시행한다.

1. 대회 준비

참가 자격
COE 대회 참가는 농장의 규모, 성격에 상관없이 대회 개최국의 모든 농부가 참가할 수 있으며 참가자는 1개의 샘플을 무료로 제출할 수 있다.

대회 공정성 확보
전문적인 감사법인이 대회의 공정성과 중립성을 보장하기 위해 모든 단계마다 감사를 실시한다. 그리고 모든 커피 샘플들은 농부, 농장, 품종, 지역 등의 정보가 공개되지 않은 상태에서 평가가 이루어진다.

대회 운영진 구성
조직위원회는 대회 개최국의 커피 산업 관련 종사자들로 구성되며 이들은 해당 개최국의 대회 운영에 대한 책임을 진다. 심사위원장은 ACE와 조직위원회의 감독 하에 모든 경연을 진행한다.

선발 기준
모든 샘플은 100점 만점에 86점 이상을 받아야만 예심에서 국내 심사, 국내 심사에서 국제 심사로 다음 라운드에 진출할 수 있다. 87점 이상을 획득한 최종 30위의 커피는 온라인 경매로 판매된다. 주요 결점이 발견된 샘플은 즉시 탈락된다.

샘플 준비 규약은 로스팅, 분쇄, 커피 사용량, 물의 온도, 수질과 같은 외부변수들이 샘플에 미치는 영향이 최소화될 수 있도록 엄격하게 규정되어 있다. 이는 커퍼들이 커피 품질에만 집중하여 점수를 주도록 하기 위함이다.

2. 대회 진행

컵 오브 엑설런스는 총 6라운드의 평가로 진행되며 두 명의 숙련된 심판이 라운드마다 평가를 한다. 국내 심판진은 개최국의 숙련된 커퍼들로 구성되며 이들은 예심에 출품된 모든 커피를 평가하고 국내 심사 주간에 진출할 샘플을 선정한다. 국제 심판진은 수입업자, 바이어 그리고 커피 소비국의 숙련된 커퍼들로 구성되며 두 명의 국내 심판이 총 3라운드의 국제 심사에 함께 참여하여 출품된 샘플을 평가한다.

예심(1라운드)
모든 대회 참가 샘플은 먼저 국내 심판이 평가를 한다. 이때 86점 이상의 점수를 받은 샘플들만 다음 라운드에 진출할 수 있다(최대 150샘플).
대회 참가자들은 모든 로트의 커피를 독립된 감사 법인의 통제 하에 봉인된 창고에 보관해야하며 매 라운드마다 새로운 샘플을 인출하여 사용한다.

국내심사(2, 3라운드)
예선을 통과한 샘플들은 2라운드에서 다시 86점 이상을 받아야 3라운드에 진출할 수 있다(최대 90샘플). 3라운드에서 다시 평가하여 86점 이상을 받은 샘플들만 다음 라운드에 계속 참여할 수 있다(최대 40샘플).

국제 심사(4, 5, 6라운드)
국제 심판/커퍼들은 국내 심사주간이 종료된 그 다음 주에 국내 심사를 통과한 모든 샘플들을 평가하기 위해 모여야 한다(4라운드).

5라운드에서는 수집된 샘플을 두 번에 걸쳐 커핑하여 최종 라운드에 진출하고 온라인 경매로 판매될 샘플을(87점 이상, 최대 30샘플) 선정하며 각 샘플에 대한 특성을 기록한다. 국제 심사 마지막 날 진행되는 6라운드에서는 가장 점수가 높은 상위 10개 샘플들을 마지막으로 한 번 커핑한 다음 최종 점수를 주고 순위를 결정한다.

3. 경매진행

탈곡/샘플

국제 심사주간이 종료되면 입상한 로트의 커피는 즉시 탈곡과 분류 과정을 거친 후 진공 포장된다. 그 후 각 로트 별로 커피의 정확한 중량을 측정하여 기록한다. 경매 진행을 위해 입상한 모든 샘플들은 전 세계의 바이어들에게 보내지고, 각 로트의 추적 가능성을 지원하기 위해 샘플 사진 및 관련 정보를 수집한다.

인터넷 경매

국제 심사주간이 종료한 다음 약 6주 후 입상한 로트의 커피는 ACE 웹사이트에서 온라인 경매를 통해 판매된다. 1위부터 3위까지 커피 중 90점 이상을 받은 경우 두 개의 로트로(a와 b) 분할하여 판매한다. 사전 등록을 한 바이어만 온라인 경매에 참여할 수 있다.

선적과 금액 지불

판매된 모든 커피는 선박이나 항공편으로 낙찰자에게 보내진다. 대금 결제는 선적 서류 영수증으로 처리한다.

청산

구매자가 대금을 결제하면 즉시 판매자에게 결제된 금액이 지급된다. 경매로 발생된 모든 수익은 해당 국가에 귀속된다.

엘살바도르 COE 커피

엘살바도르 COE

출처

[1] "Article by Ric Rhinehart: What is Specialty Coffee?", SCAA, 2009.6, http://scaa.org/?page=RicArtp1, (2016.10.14.)

[2] "THE GLOBAL COFFEE CRISIS: A THREAT TO SUSTAINABLE DEVELOPMENT", International Coffee Organization, 2002.8.21., http://www.ico.org/documents/globalcrisise.pdf, (2016.8.4.)

[3] "Rainforest Alliance Sustainable Agriculture Standard", Rainforest Alliance, 2017.7., https://www.rainforest-alliance.org/business/sas/wp-content/uploads/2017/11/03_rainforest-alliance-sustainable-agriculture-standard_en.pdf, (2017.11.28.)

[4] "Quick look at differing shade criteria", 2007.7.31., http://www.coffeehabitat.com/2007/07/quick-look-at-d/, (2016.12.7.)

[5] "COE Rules & Protocols", https://allianceforcoffeeexcellence.org/rules-protocols/, (2017.3.8.)

생두의 분류와 명칭

CLASSIFICATION
& NAME
OF GREENBEANS

생두는 그 품질이 모두 일정하지 않기 때문에 생산 국가별로 일정한 기준에 따라 분류(classification)하여 등급(grading)을 매기고 그에 따라 가격을 책정한다.
생두의 분류 기준은 국제적으로 통일된 시스템이 없고 커피 생산 국가별로 정해진 기준을 사용하는데 생두의 분류에는 크게 결점두, 재배 고도, 생두 크기, 커피 향미와 같은 기준이 사용된다. 생두 분류 시 일반적으로 300g의 샘플이 사용되며 국가별 자세한 생두의 분류 기준과 명칭은 <8장 커피 원산지>를 참조하도록 한다.

분류

1. 결점두에 의한 분류

결점두를 점수(디펙트)로 환산하여 분류하는 것으로 이 방법을 사용하는 국가는 브라질이 대표적이다. 왜냐하면 브라질은 주로 내추럴 커피를 생산하며 내추럴 커피는 워시드 커피에 비해 결점두가 섞여 있을 확률이 더 높기 때문이다. 그리고 인도네시아는 웨트 헐 가공을 하며 로부스타 커피를 주로 생산하기 때문에 이런 방법을 사용한다. 생산국에 따라서는 샘플에 섞여 있는 결점두의 개수로 분류하기도 한다.

국가	최상위 등급	기준(디펙트)
브라질	NY2	6
	No.2	4
인도네시아	Grade1	11

- NY는 뉴욕거래소의 상품거래 분류 방법
- Grade는 줄여서 G나 Gr.로 표시함

2. 재배 고도에 의한 분류

커피는 재배 고도가 높을수록 그 맛과 향이 뛰어나고 수확량이 적어 저지대에서 생산된 커피보다 고지대에서 생산된 커피가 당연히 그 등급이 높게 매겨진다. 중앙아메리카에 위치한 생산 국가에서 지형적 특성 상 이런 방식을 많이 채택하고 있다.

국가	최상위 등급	기준(m)
과테말라	Strictly Hard Bean(SHB)	1,350 이상
코스타리카		1,200 이상
파나마		1,200~1,800
멕시코	Strictly High Grown(SHG)	1,200~1,800
온두라스		1,350 이상
엘살바도르		1,200 이상

3. 크기에 의한 분류

동일한 조건이라면 생두의 크기가 클수록 품질이 좋은 것으로 평가된다. 크기로 분류하는 대표적인 나라들은 콜롬비아, 케냐, 탄자니아 등으로 이들 나라에서 생산되는 생두는 다른 나라들에 비해 크기가 비교적 큰 편이어서 이 같은 분류가 가능하다.

국가	최상위 등급	기준 (스크린 사이즈)
콜롬비아	Supremo	17/18
케냐	AA	17/18
탄자니아	AA	18
하와이	Extra Fancy	19

4. 점수에 의한 분류

결점두, 냄새, 크기 등의 생두 품질과 커피의 향미 특성을 항목별로 점수화 하여 등급별로 분류하는 것으로 이 방법을 사용하는 국가들은 에티오피아, 르완다, 브룬디이다.

국가	최상위 등급	생두 품질(%)	향미 특성(%)
에티오피아	Grade1	40	60
브룬디	FW AA	40	60
르완다	AAA	-	100

위와 같은 생두의 분류 기준은 그 내용이 단순하지 않다. 생산 국가별로 한가지의 분류 기준만 사용하는 것이 아니라 두 가지 이상을 사용하는 경우도 많이 있기 때문이다. 예를 들어 크기로 분류하는 하와이의 경우 'Extra Fancy'는 단순히 스크린 사이즈 19이기만 하면 되는 것이 아니라 수분 함유율이 9-12.2%이면서 결점두가 8개 이내이어야 한다. 그리고 과테말라와 코스타리카처럼 고도로 커피를 분류하는 경우 동일한 등급이라 할지라도 섞여있는 결점두의 수와 생두의 크기가 서로 달라 이를

보완할 필요가 있어 보다 세분화된 기준이 필요하다. 그래서 SHB 이외에 주문자의 요청인 EP나 AP라는* 하위 기준을 같이 사용하는 것이다.

명칭

커피의 명칭은 커피 생산지의 지역 명칭이나 생산지가 속한 주의 이름을 주로 사용한다. 또 탄자니아의 킬리만자로처럼 커피가 재배되는 산악의 이름을 따기도 한다. 그 밖에 브라질 산토스(Santos)처럼 수출되는 항구 명을 사용하기도 하고 케냐 AA처럼 등급을 하나의 명칭으로 사용하기도 한다.

1980년대 코스타리카 라미니타(La Minita)의 농장주 매컬핀(William McAlpin)에 의해서 농장의 명칭을 하나의 상품명으로 사용하기 시작하였는데 라미니타 농장의 성공 이후 많은 농장들이 그들의 농장 이름을 하나의 상표로 사용하고 있다.

커피 명칭에는 커피 원산지만 표기되는 것이 아니라 등급, 생산년도, 생두의 크기, 밀도, 가공법, 품종 등의 여러 사항들이 같이 표기되어 보다 많은 정보가 제공되고 있다.

요즘에는 마이크로랏(micro lot) 단위로 많이 수입되는데 농장 및 협동조합 단위, 유기농 커피, COE 커피 등도 많이 거래되기 때문에 명칭이 낯설고 복잡하며 각각의 표기방법이나 순서 또한 정해진 원칙이 없다. 아래는 다양한 커피 표기 명칭의 예들을 나타낸 것이다.

	Cerrado	NY2	SSFC	17/18	Natural
	지역	등급	맛	크기	내추럴 가공
브라질	Sul de Minas		Yellow Bourbon	2017	(Grain-pro)
	지역		품종	수확연도	포장
	Fazenda Quilombo		RFA	Micro Lot	(GP)
	농장		인증	마이크로랏	포장

- SSFC는 Strictly Soft & Fine Cup의 약자로 자세한 내용은 8단원 원산지 중 <브라질>편 참조
- Faenda(파젠다)는 브라질의 커피 농장을 말함

---

* EP는 Euro Preparation, AP는 American Preparation의 약자이며 EP가 AP보다 상위 기준이다. 세부적인 기준은 나라마다 조금씩 다르다.

콜롬비아	Popayan		Supremo		(GP)
	지역		등급		포장
	Huila	El Trevol		Micro Lot	(GP)
	지역	농장		마이크로랏	포장

과테말라	Antigua	Medina	Natural	SHB EP	(Grain-pro)
	지역	농장	내추럴 가공	등급	포장
	Sul de Minas		El Limonar	SHB EP	(GP)
	지역		농장	등급	포장
	SwissWater® Process Decaffeinated			SHB EP	
	스위스 물 추출법 디카페인커피			등급	

코스타리카	Dota Tarrazu	Red Honey		Micro Lot	(GP)
	지역	허니 가공		마이크로랏	포장
	El Poeta		SHB EP		(GP)
	농장		등급		포장

엘살바도르	Ahuachapan	Finca El Portezuelo		Micro Lot	(GP)
	지역	농장		마이크로랏	포장
	Finca Rumania	SHG		RFA SMBC	(GP)
	농장	등급		인증	포장

- Finca는 중남미 지역의 규모가 작은 커피 농장을 말하며 큰 농장은 아시엔다(Hacienda)라 함

에티오피아	Koke	Washed	Yirgacheffe	G2	Fair Trade
	지역	워시드 가공	커피 명칭	등급	공정무역

케냐	Nyeri	Barichu	Gatomboya	AB	(GP)
	지역	조합	가공 시설	등급	포장

7. 생두의 분류와 명칭 CLASSIFICATION & NAME OF GREENBEANS

인도네시아	Sumatra Bener Meriah	Mandheling	Grade 1
	지역	커피 명칭	등급

싱글 오리진 커피

싱글 오리진 커피(single-origin coffee)는 두 가지 이상의 커피가 혼합된 블렌딩 커피와 반대되는 개념으로 한 종류의 커피를 의미하는 것이다. 하지만 최근에는 한 종류의 개념이 점차 지역에서 생산 단위까지 세분되고 있으며 이는 구체적으로 아래와 같다.

1. 단일 국가
과테말라 커피 혹은 콜롬비아 커피처럼 동일한 나라에서 생산된 커피를 말한다.

2. 단일 지역
동일한 나라라 하더라도 지역에 따라 커피 특성에 차이가 있으므로 과테말라 안티구아 커피처럼 동일 지역에서 생산되는 커피를 의미한다.

3. 단일 농장
단일 지역이라 하더라도 커피 품질이 같지 않아 범위가 단일 농장으로 좁혀진 것이다. 이렇게 싱글 오리진의 개념이 단일 농장으로 좁혀진 것은 1999년 시작된 COE부터이다.

커피 원산지

ORIGIN OF COFFEE

남아메리카

브라질과 콜롬비아로 대표되는 남아메리카(South America) 지역은 전체 커피 생산량의 약 45% 정도를 차지하는 최대 커피 생산 지역으로 1714년 자바에서 가져온 커피를 브라질 북쪽에 위치한 수리남(Surinam)에서 재배하면서 본격적인 커피 재배가 시작되었다.

남아메리카 지역은 대륙의 남쪽에 위치한 아르헨티나, 칠레, 우루과이를 제외하고 모든 나라에서 커피가 생산되는데 특히 브라질은 최대 커피 생산 국가로 저지대의 구릉 지역에서 대규모 경작에 의한 방식으로 커피를 재배하고 있다. 페루에서 콜롬비아는 이 지역을 관통하는 안데스산맥을 따라 밀도가 강하고 향이 풍부한 개성 있는 커피가 생산된다. 브라질과 에콰도르(Ecuador)를 제외하고 대부분 아라비카 커피를 재배하고 있으며 또 브라질을 제외하고 대부분 워시드 커피를 생산하고 있다. 주요 재배 품종은 버번, 카투라, 문도노보, 카투아이, 파카스 등이다.

1. 브라질

1727년 국경 분쟁을 해결하기 위해 프랑스령 기아나(Guiana)에 파견되었던 장교 팔리에타(Francisco de Melo Palheta)가 커피 묘목을 몰래 들여와 아마존 유역의 파라(Pará) 지역에 커피를 처음 심었다고 전해진다.[1] 이후 커피는 점차 확산되어 1770년 리우데자네이루(Rio de Janeiro)까지 전파되었지만 1800년대 초까지는 단지 국내 소비에 머물렀다. 1820년대 들어 상파울루, 리우데자네이루, 미나스제라이스의 커피 생산량 증가로 세계 커피 생산의 20%를 차지하였고 1830년대에는 전통적으로 1위였던 사탕수수를 제치고 브라질의 최대 수출품목에 올랐으며 1840년대에는 세계 커피 생산의 40%를 차지하였다. 당시 커피 생산은 전적으로 노예들의 노동력에 의존하여 150만 명이 넘는 노예를 커피 농장에서 일하게 하였지만 노예 무역이

금지되고 1888년 완전 폐지가 되자 이탈리아를 비롯한 유럽 이주민들이 그 자리를 대신하게 되었다.

1920년 브라질은 세계 커피 생산량의 80%를 담당하여 커피 시장에서 절대적 위치를 차지하였는데 1930년 경제 대공황으로 큰 피해를 입은 후 커피가 경제에서 차지하는 비중이 점차 줄어들었다. 그럼에도 불구하고 커피는 1960년대까지 브라질 수출의 60%를 차지할 정도로 중요한 품목이었고 그 이후에는 비중이 점차 줄어 2006년에 2.5% 정도만 차지하게 되었지만 지금도 전 세계 커피의 30% 정도를 생산하는 세계 1위 커피 생산국이다.

브라질은 커피 생산도 많이 하지만 일인당 연간 6.38kg(2017년 기준)을 소비할 정도로 커피 생산국 중 커피를 가장 많이 마시는 나라이며 국가 전체 소비량은 미국에 이어 두 번째이다.[2]

브라질은 1991년 국가 차원에서 스페셜티 커피 생산을 통해 브라질 커피의 저가 이미지를 불식 시키고자 브라질스페셜티커피협회(Brazil Specialty Coffee Association, BSCA)를 설립하였다. 이러한 노력으로 1999년 브라질에서 COE가 시작 되어 지금까지 이어져 오고 있으며 브라질농업연구소는 1887년 설립되어 품종 개량, 질병 연구, 기술 개발 등의 업무를 수행하고 있다.

브라질농업연구소

재배/가공/품종	대부분 선 커피 방식으로 커피 재배를 한다. 스트리핑 방식으로 수확하는데 지역에 따라 기계에 의한 수확도 이루어지고 있으며 대부분 내추럴 커피를 생산한다 (80%). 아라비카 커피를 주로 생산하고 로부스타도 20-30% 정도 생산한다.		

재배면적(만 헥타르)	241	생산량(만 백)	6,293 ('18/19)
수확기(월)	5-9	포장 단위(kg)	60
가공	주로 내추럴 가공이며 펄프드 내추럴 가공이나 워시드 가공도 일부 시행		
건조	햇볕 건조와 기계 건조를 병행		
품종	아라비카 - 옐로 버번, 문도노보, 카투아이, 이카투, 아카이아 등		
	로부스타 - 코닐론		

생산량

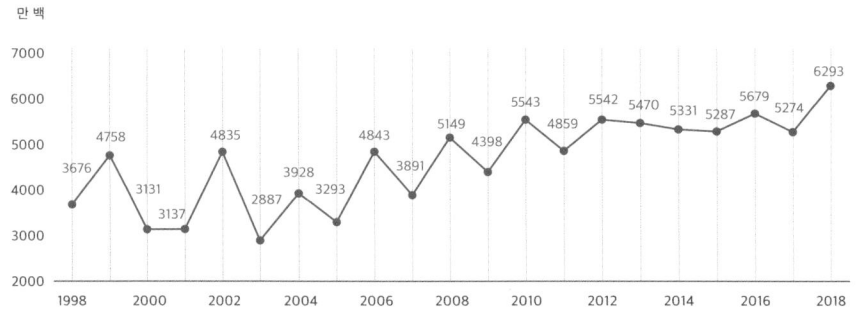

브라질 연간 커피 생산량(1998-2018)

브라질의 커피 생산량은 꾸준히 증가하여 20년 동안 2배로 늘어났지만 최근 몇 년간은 큰 변화 없이 정체를 보이고 있다. 과거에는 서리 피해가 심각했는데 근래에는 기후 변화로 인한 가뭄이 빈번하게 발생하여 커피 생산에 영향을 주고 있다.

재배 지역

남미의 커피 생산은 주로 안데스산맥을 따라 이루어지고 있지만 브라질은 예외이다. 브라질은 화산 지대가 아닌 남위 10-24°사이의 남동부 지역 해발 400-1,600m의 비교적 저지대에서 재배되고 있다. 커피는 11개 주의 12개 주요 지역에서 생산되며 미나스제라이스, 이스피리투산투(Espíritu Santo), 상파울루가 주요 재배 지역으로 브라질 아라비카 커피의 90%를 생산하고 있다.

브라질 지역별 커피 생산량(2017/2018년, 만 백)

지역	아라비카		로부스타		계	
	생산량	비율(%)	생산량	비율(%)	생산량	비율(%)
미나스제라이스	27.8	72.2	0	0	27.8	54.6
이스피리투산투	3.2	8.3	7.2	58.1	11.8	20.4
상파울루	4.2	10.9	0	0	5.4	8.3
파라나	1.3	3.4	0	0	1.1	2.6
기타	2.0	5.2	5.2	41.9	6.2	14.1
계	38.5	100	12.4	100	50.9	100

출처 – USDA Brazil Coffee Annual 2018

미나스제라이스 — 미나스제라이스는 브라질 아라비카 커피의 최대 생산 지역이다. 주요 생산 지역은 아래와 같다.

- **술데미나스**

  남쪽의 술데미나스(Sul De Minas)는 브라질 커피의 핵심지대로 700-1,300m의 구릉지에서 소규모 농가들이 커피를 생산해왔으나 인건비 상승으로 기계를 이용한 수확을 많이 하며 햇볕 건조한 내추럴 커피의 주 공급처이다. 이파네마(Ipanema)와 몬테알레그레(Monte Alegre) 농장이 유명하고 술데미나스 지역 중 하나인 카르모데미나스(Carmo de Minas)에서 생산되는 커피는 브라질 COE를 석권하고 있다.

- **마타스데미나스**

  동쪽의 마타스데미나스(Matas de mInas)는 커피 재배가 오래된 곳으로 고도 550-1,200m의 경사가 심한 지대이다. 농장의 50%가 10헥타르 미만의 소규모 농가이고 펄프드 내추럴과 내추럴 커피를 생산한다.

- **세하두**

  세하두(Cerrado de Minas)는* 미나스제라이스 서쪽의 고도 880-1,200m의 고원 지대로 신흥 커피 재배 지역이며 대부분 대규모의 기계화된 농장에서 펄프드 내추럴과 내추럴 커피를 주로 생산하고 있다.

- **샤파다데미나스**

  북쪽의 샤파다데미나스(Chapada de Minas)는** 1970년대 후반부터 커피 재배를 시작하였으며 고도 550-1,200m의 완만한 지대로 일부 기계화가 이루어지고 있다. 생산 규모는 작은 편이지만 워시드와 내추럴 커피를 동시에 생산하고 있다.

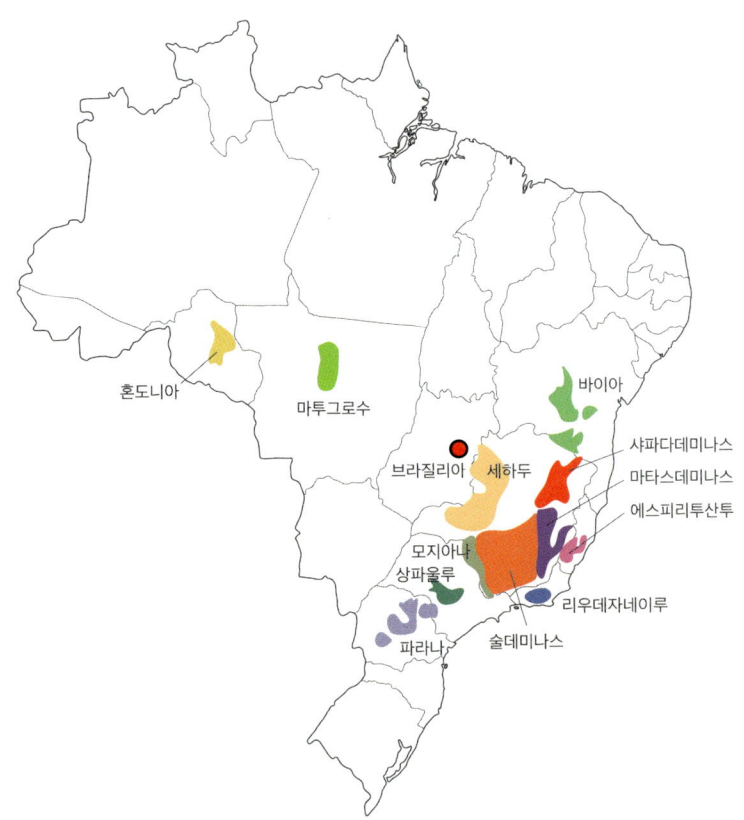

* 세하두(Cerrado)는 막힌(closed)의 뜻이며 미나스제라이스, 고이아(Goiás)를 포함하여 멀리 페루와 볼리비아 국경에 걸쳐 있는 광활한 사바나 기후의 고원 지대를 말한다. 여기서는 미나스제라이스에 속한 세하두 지역을 의미한다.

** Chapada는 평야라는 뜻이다.

이스피리투산투 — 고도 900–1,200m로 미나스제라이스 다음으로 커피를 많이 생산하며 로부스타 최대 생산 지역이다. 남쪽 지역에서는 아라비카 내추럴 커피가 생산된다.

상파울루 — 상파울루는 가장 전통적인 방식으로 커피를 생산하는 지역으로 고도 800–1,200m에서 커피 재배가 이루어지고 있다. 모지아나(Mogiana)와 파울리스타(Centro-Oeste Paulista) 지역에서 커피가 생산되는데 그중 모지아나는 붉은색의 비옥한 토양에서 양질의 커피를 생산하고 있다.

파라나 — 파라나(Paraná)는 브라질의 가장 남쪽 지역으로 한때 브라질 커피의 최대 생산 지역이었으나 서리 피해가 빈번하게 발생함에 따라 커피 재배 지역이 다른 지역으로 많이 이전하여 지금은 생산량이 현저히 감소한 상태이다. 최근에는 펄프드 내추럴 커피를 주로 생산하고 있다.

기타 — 브라질 북동부에 위치한 바이아 주는 고도 700–1,300m에서 아라비카와 로부스타 커피를 같이 생산한다. 동쪽의 샤파다지아만치나(Chapada Diamantina) 지역과 서쪽의 세하두(Cerrado De Bahia) 지역, 중부의 플라나우투(Planalto da Bahia)에서 펄프드 내추럴과 내추럴 커피를 생산한다. 남쪽(Sul da Bahia) 지역에서는 로부스타가 생산된다.
혼도니아(Rôndonia)는 열대성 기후의 저지대 지역으로 소규모 농장에서 주로 로부스타 커피를 생산하며 아라비카 내추럴 커피도 소량 생산하고 있다. 중서부에 위치한 마투그로수(Mato Grosso) 주와 마투그로수두술(Mato Grosso Do Sul) 주는 600m의 저지대에서 커피가 재배되고 있으며 그 밖에 브라질 북부의 일부 지역에서도 커피가 소량 생산된다.

커피 특성	브라질은 품질이 뛰어난 커피도 지역에 따라 많이 생산되지만 일반적으로 뚜렷한 개성이 있는 커피라기보다는 단조롭고 중성적인 커피라고 일컬어지고 있으며 때문에 싱글 오리진보다는 대부분 블렌딩 커피에 사용되고 있다. 또 다양한 지역에서 생산되어 지역별로 품질의 차이가 매우 큰 편인데 각 지역별 커피를 혼합하여 '카페 도 브라질'(Cafés do Brasil)이라는 브랜드로도 판매하고 있다. 브라질 커피에서 가장 많이 생산되는 내추럴 커피는 강한 바디를 지니고 있고 로스팅 정도에 따라 너티(nutty)향이나 초콜릿향을 느낄 수 있으며 단맛이 좋지만 밝고 분

명한 느낌의 신맛은 가지고 있지 않다. 또 중앙아메리카 지역의 커피에 비해 깔끔함이 덜 하며 약간의 쓴맛이 뒤쪽에 느껴지기도 한다. 옐로 버번은 바디가 약하고 좀 더 부드러우며 강한 단맛과 함께 헤이즐넛향 그리고 밀크 초콜릿향을 느낄 수 있다.

분류

결점두 분류 — 300g의 샘플에 포함되어 있는 결점두 종류에 따라 그에 상응하는 디펙트를 계산하여 이를 합산한 후 등급을 매긴다. 다음의 표와 같이 결점두의 개수에 해당하는 디펙트는 모두 다르고 생두에 하나 이상의 결점이 있는 경우 더 높은 디펙트만 계산한다.

디펙트 환산표

	결점 종류	개수	풀 디펙트
고유 결점 (Intrinsic Defects)	블랙빈	1	1
	사우어(스팅커 포함)	1	1
	셸	3	1
	그린(Green)	5	1
	브로큰	5	1
	인섹트 데미지	5	1
	기형(Mal-formed)	5	1
외부 결점 (Foregin Defects)	마른 체리	1	1
	플로터	2	1
	큰 크기의 돌이나 나뭇가지	1	5
	중간 크기의 돌이나 나뭇가지	1	2
	작은 크기의 돌이나 나뭇가지	1	1
	큰 크기의 체리 껍질	1	1
	중간 크기의 체리 껍질	3	1
	작은 크기의 체리 껍질	5	1

- 외부 결점은 최대 1%까지만 허용됨
- 큰 돌과 나뭇가지는 스크린 사이즈 18-20인 경우를 말함
- 중간 크기 돌과 나뭇가지는 스크린 사이즈 15-17인 경우를 말함

위의 기준을 반영하여 아래와 같이 분류하는데 브라질 자국 내에서 시행하는 분류 기준(Classificacao Official Brasileira, C.O.B)과* 뉴욕거래소에서 시행하는 분류 기준은 조금 다르며 정확한 분류 기준은 아래와 같다.

브라질·뉴욕 분류법

타입(Type)	브라질 분류(No.)	뉴욕 분류(NY)
2	4	6
2/3	8	9
3	12	13
3/4	19	21
4	26	30
4/5	36	45
5	46	60
5/6	64	
6	86	
6/7	123	
7	160	
7/8	260	
8	360	

---

* 브라질 공식 분류의 뜻이다.

기타 분류 결점두 외에 크기나 커핑을 통한 맛 평가, 퀘이커 개수로도 분류한다.

등급		기준
크기	(스크린 사이즈)	플랫빈: 14-19, 피베리: 9-13
커핑	부드러운 정도에 따라	Strictly Soft>Soft>Softish>Hard>Riada>Rio>Rio Zona
	깔끔한 정도에 따라	Fine Cup>Good Cup>Good to Fine Cup>Fair Cup >Poor Cup>Bad Cup
로스팅	Fine Roast	로스팅 후 퀘이커가 0.5% 이내
	Good to Fine Roast	로스팅 후 퀘이커가 2% 이내
	Good Roast	로스팅 후 퀘이커가 5% 이내

- Strictly Soft는 떫거나 거친 맛, 리오이(Rioy)가** 느껴지지 않는다는 것을 의미함

브라질 내추럴 NY2

** 리오 또는 리오이는 브라질 커피 특유의 요오드 같은 약품 맛이 느껴지는 맛의 결점이다.

2. 콜롬비아

콜롬비아에 커피가 언제 전파되었는지 정확하지는 않지만 1730년경 예수회에서 처음 들어왔다고도 하며 어떤 여행자가 가이아나(Guyana)에서 베네수엘라에 들러 콜롬비아에 올 때 전해졌다고도 한다.[3]

커피 재배는 1800년대 초 콜롬비아 북쪽 지역에서 시작된 후 점차 확산되어 1900년대에 들어 남쪽의 나리뇨(Nariño)까지 전파되었고 1835년에는 상업적 경작이 이루어져 2,560백의 커피가 수출되었다. 이후 커피 생산량은 1870년대 6만 백에서 1900년대 초 60만 백으로 증가하였다.

콜롬비아의 커피 생산량은 한때 브라질에 이어 세계 생산량 2위를 꾸준히 유지했지만 1999년 베트남에 밀려 현재는 3위를 차지하고 있다. 하지만 여전히 콜롬비아는 워시드 커피 생산 1위이며 아라비카 커피 생산 2위 국가의 위치를 지키고 있다.

1927년 설립된 콜롬비아커피생산자연합(Federacion Nacional de Cafeteros de Colombia, FNC)은 재배, 수확, 가공 기술 지원, 판매 지원, 자금 지원 등의 업무를 하고 있으며 철저한 관리 감독 하에 자체 품질 검사를 통과한 커피만 출하시키고 있다. 1938년 콜롬비아커피생산자연합이 설립한 콜롬비아커피연구센터는 품종 개량, 커피 질병과 해충 연구, 영농 기술 보급 등의 업무를 하고 있다.

콜롬비아커피연구센터

재배/가공/품종

56만 가구가 커피 재배에 종사하고 있으며 이들은 대부분 5헥타르 미만의 영세 농가이고 강우 패턴이 지역에 따라 달라 수확기도 지역에 따라 차이를 보인다.

주로 재배되는 품종은 카투라와 콜롬비아 버라이어티로 그중 카투라가 45%를 차지하고 있으며 2010년대 들어서는 커피녹병에 강한 카스티요를 새로이 재배하고 있다.

재배 면적(만 헥타르)	94	생산량(만 백)	1,386 ('18/19)
수확기(월)	3-6, 9-12	포장 단위(kg)	70
가공	워시드 가공을 주로 사용		
건조	햇볕 건조와 기계 건조 병행		
품종	아라비카만 재배 - 카투라, 카스티요, 콜롬비아 버라이어티, 티피카, 버번, 마라고지페 등		

생산량

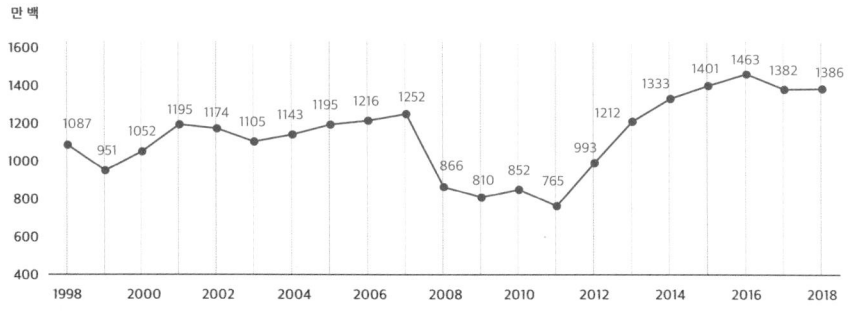

콜롬비아 연간 커피 생산량(1998-2018)

1992년에 1,782만 백을 생산하여 최고치를 기록한 이후 2011년 생산량이 765만 백까지 줄어들어 생산량이 절반 이하로 감소하였는데 이는 커피 가격 하락과 커피녹병의 확산 때문이었다. 그러나 최근 다시 생산량이 1,400만 백까지 회복되었고 이렇게 생산량이 다시 증가한 것은 해마다 커피나무를 커피녹병에 강한 품종으로 교체하여 헥타르 당 생산량이 13.8백에서 18.2백으로 10년 전에 비해 32% 증가하였기 때문이다.[4] 그러나 이렇게 기존 품종이 커피녹병에 강한 품종으로 교체되다 보니 콜롬비아 커피의 품질이 이전보다 떨어진다는 평가를 받기도 한다.

재배 지역

콜롬비아는 화산 토양의 지질, 해발 1,200–1,800m의 재배 고도, 연평균 17–23°C의 기온 등 모든 것이 커피 재배에 적합한 조건을 갖추고 있다.

생산 지역은 크게 북부, 중앙, 남부의 세 지역으로 구분할 수 있는데 지역에 따라 고도와 토양, 그리고 강우 패턴의 차이로 각각 개성 있는 다양한 커피가 생산된다. 우일라(Huila), 안티오키아(Antioquia), 톨리마(Tolima)가 중요 생산지로 2017년에 이 세 곳에서 콜롬비아 커피의 46.8%를 생산하였다.

남부 지역 — 콜롬비아에서 가장 높은 해발 1,600–2,300m의 고지대에서 커피가 생산되고 나리뇨, 우일라, 카우카(Cauca), 톨리마가 이 지역에 해당된다. 전통적인 영농 기술이 사용되며 주 수확기는 4–6월, 부 수확기는 12월이다.*

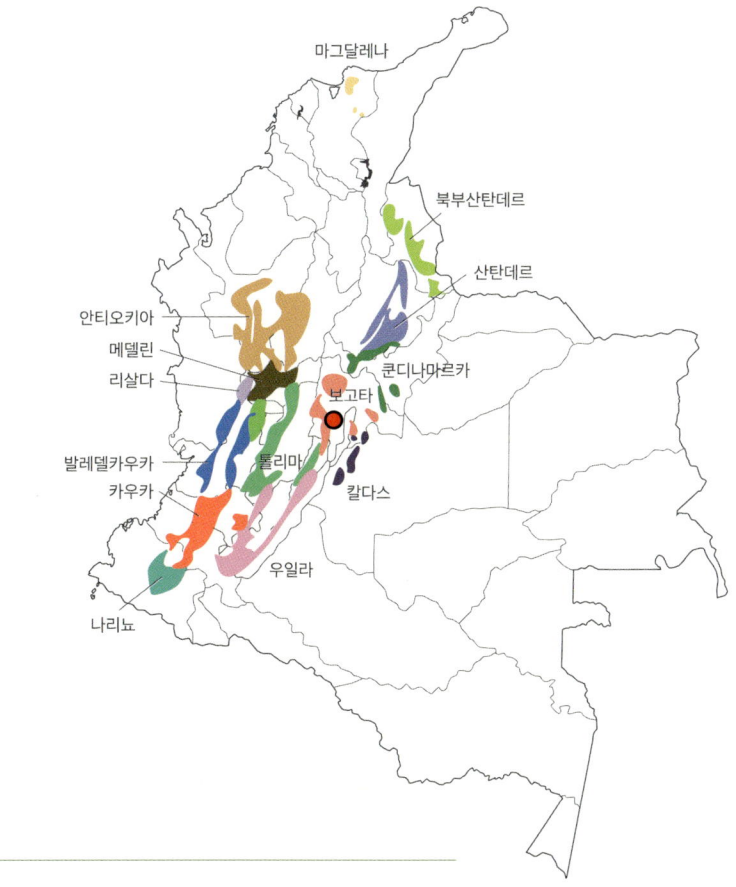

---

* 콜롬비아에서 부 수확기를 미타카(Mitaca)라 한다.

나리뇨는 고산 지대에서 커피를 재배하는데 향이 강하고 신맛이 좋은 커피가 생산되며 우일라에서도 오랫동안 퇴적된 화산재의 비옥한 토양으로 인한 균형 잡힌 커피가 생산되고 있다. 또 카우카는 동쪽 산맥과 중앙 산맥의 경사면에 위치한 8만 5천의 농가에서 좋은 품질의 커피를 생산하고 포파얀(Popayan)이라는 상표명으로 판매하고 있으며 최근에는 스페셜티 커피 생산에도 주력하고 있다.

중부 지역 — 주요 커피산지는 안티오키아, 아르메니아(Armenia), 마니살레스(Manizales) 등이다. 이들 지역은 해발 1,500m 이상의 고원 지대로 연 평균 기온이 20°C이고 배수가 잘 되는 화산성 토양을 갖추고 있어 커피 생산에 이상적인 조건을 갖추고 있다. 우기와 건기가 격월로 있어 연중 신선한 커피 생산이 가능하며 주 수확기는 9-12월이고 부 수확기는 4-6월이다.

북부 지역 — 마그달레나(Magdalena), 산탄데르(Santander), 북부산탄데르(Norte de Santander) 지역 등으로 수확기는 9-12월 사이이며 티피카를 많이 재배한다. 이 지역은 기온이 높고 비교적 저지대에서 커피를 재배하여 커피나무가 햇볕에 많이 노출되기 때문에 셰이딩을 하고 있다. 부카라망가(Bucaramanga) 커피는 산탄데르 주에서 생산되는 커피이다.

커피 특성

일반적으로 콜롬비아 커피는 부드럽고 깔끔하며 상대적으로 강한 신맛을 느낄 수 있다. 또 균형 있는 바디와 강렬한 향도 가지고 있는데 그 특성은 생산 지역별로 차이를 보인다.

지역	특성
나리뇨	높은 산도를 지닌 신맛, 중간 정도의 바디, 깔끔하고 부드러운 맛, 풍부한 향
안티오키아 (메데인)	화이트 초콜릿향, 중간 정도의 바디와 풍부한 플레이버 깔끔하고 균형 잡힌 신맛과 단맛, 바닐라와 감귤의 느낌
산탄데르 (부카라망가)	달콤한 향, 과일향과 허브향, 잘 균형 잡힌 중간 이상의 산도와 바디 은은한 감귤류의 신맛, 복합적인 맛을 느끼게 하는 강렬한 플레이버
카우카 (포파얀)	강력한 캐러멜향, 높은 산도의 신맛, 중간 정도의 바디 깔끔하고 부드러운 맛, 달콤한 향과 꽃향

우일라	잘 균형 잡힌 단맛과 와인의 신맛, 중간부터 강한 정도의 산도와 바디, 캐러멜향과 과일향
톨리마	달콤한 과일향, 강한 단맛과 신맛
퀸디오 (아르메니아)	단맛과 강한 신맛, 과일과 허브향, 중간 정도의 바디

분류 콜롬비아는 생두의 크기로 분류하는 대표적인 나라이다.

등급	크기(스크린 사이즈)
Supremo	17-18
Excelso	14-16
U.G.Q(Usual Good Quality)	12-14
Caracol	12

콜롬비아 우일라 Supremo

3. 페루

페루는 1700년대 중반에 중앙아메리카에서 온 프랑스 이민자에 의해 비교적 일찍 커피 전파가 이루어졌지만[5] 상업적 수출은 1900년대에 들어와서야 시작되었다. 국토 대부분이 안데스 고산 지대로 지형이나 기후 면에서 커피 재배에 최적의 조건을 갖추고 있지만 도로나 전기 같은 인프라가 매우 취약하고 가공 시설 부족으로 가공이 제때 이루어지지 않는 등의 문제는 커피 품질을 떨어뜨리는 요인으로 작용하고 있다.

페루의 많은 커피 농가들은 협동조합을 결성하여 커피의 판매, 가격 협상, 품질 관리 등을 하고 있다. 그중 1999년 설립된 센프로카페(Central Fronteriza del Norte de Cafetaleros, CENFROCAFE)는 2,000여 농가가 가입된 라틴 아메리카에서 가장 규모가 큰 조합이다.[6]

페루는 유기농 커피와 공정무역 커피의 주요 공급처이며 최근에는 빠른 속도로 스페셜티 커피의 생산도 늘리고 있다.

재배/가공/품종

대부분 생산농가는 2-3헥타르로 영세하고 영농 기술과 가공 시설 등이 매우 열악한 편이다. 또한 제초제나 화학 비료를 구입할 여건이 되지 않기 때문에 대부분 유기농으로 재배하고 있으며 현재 전체 커피 재배 면적의 1/4인 9만 헥타르가 유기농 인증을 받았다.[7]

커피는 고지대에서 자연적인 셰이딩 상태로 재배되며 대부분 핸드 피킹으로 수확한다. 다른 나라에 비해 품종 개량이 잘 이루어지지 않아 아직도 티피카 재배가 많이 이루어져 전체 생산량의 70%를 차지하고 있으며 그다음이 카투라로 20% 정도이다.[8]

재배 면적(만 헥타르)	36	생산량(만 백)	426 ('18/19)
수확기(월)	5-9	포장 단위(kg)	69
가공	주로 워시드 가공이나 일부 내추럴 가공도 시행		
건조	햇볕 건조		
품종	아라비카만 재배 - 티피카, 카투라, 버번, 카티모르, 파체 등		

생산량

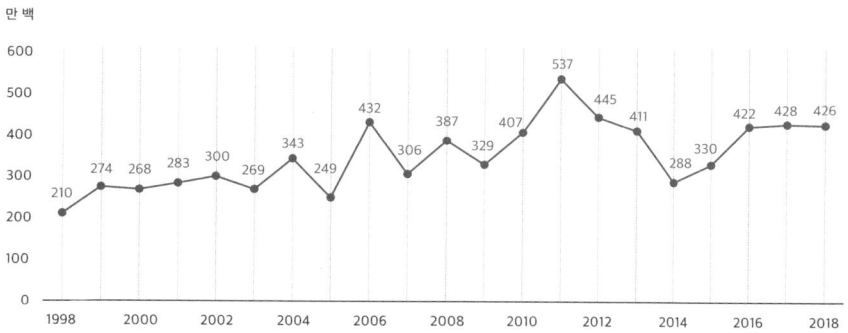

페루 연간 커피 생산량(1998-2018)

페루의 커피 생산량은 크게 증가하였는데 1990년 초 100만 백 수준에서 지속적으로 증가하여 2011년 537만 백으로 최고치를 기록하였다. 이러한 페루의 커피 생산량 증가는 코카잎(coca leaf) 재배를 대체하기 위해 페루 정부가 커피 재배 확대와 홍보에 힘썼으며 특히 지방 정부와 비정부기구가 함께 유기농 커피 생산 확대에 노력했기 때문이다.

재배 지역

재배는 남북을 관통하는 안데스산맥지대에서 주로 이루어진다. 대부분의 커피 농장이 산악 지대에 있으며 약 75%는 1,000-1,800m의 고지대에서 커피를 생산한다. 후닌(Junin), 산마르틴(San Martin), 카하마르카(Cajamarca), 쿠스코(Cusco), 아마조나스(Amazonas)가 주요 생산지로 이들 지역에서 페루 커피의 약 90%를 생산한다.

북쪽 지역은 페루 커피의 50%를 생산하고 주 생산지는 카하마르카, 산마르틴, 아마조나스이며 그 밖에 피우라(Piura)에서도 소량의 커피가 생산된다. 중앙 지역은 28% 정도를 생산하고 주 생산지는 후닌으로 페루 최대 커피 생산지이다. 후닌에서는 페루를 대표하는 찬차마요(Chanchamayo) 커피가 생산되며 파스코(Pasco)에서도 소량 생산된다. 남부 지역은 쿠스코에서 주로 생산되며 그 밖에 푸노(Puno), 아야쿠초(Ayacucho)에서도 소량 생산된다.

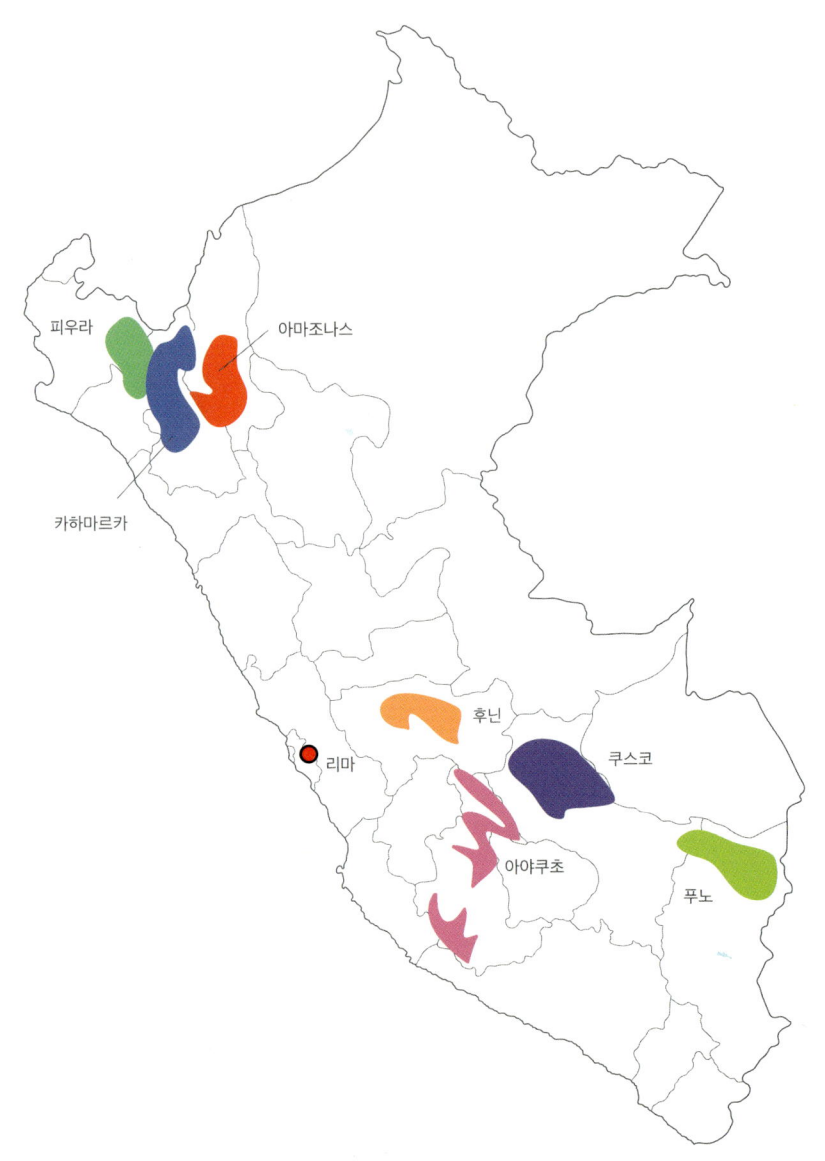

커피 특성   페루 커피는 단맛이 좋고 가벼운 꽃향과 부드러운 신맛을 느낄 수 있다. 그리고 크리미한 바디와 상쾌하고 깔끔한 뒷맛을 가지고 있다. 특히 찬차마요 커피는 너티향과 초콜릿향이 느껴지고 강한 단맛과 달콤한 감귤류의 신맛도 있다고 평가받고 있다.

분류 결점두(디펙트)와 수분 함유율을 주요 기준으로 분류하되 그 밖에 컵 퀄리티, 가공법 등도 감안하여 Grade 1부터 5까지 등급을 책정한다.

등급	기준			
	디펙트	수분 함유율(%)	가공	기간
Grade 1	15 이내	10	워시드	뉴 크롭
Grade 2	23 이내	10-12.5	워시드	뉴 크롭
Grade 3	30 이내	10-12.5	워시드/내추럴	뉴 크롭
Grade 4	35 이내	최대 13	워시드/내추럴	-
Grade 5	40 이내	최대 13	워시드/내추럴	-

- 위와 같은 등급 분류 외에 SHB나 MCM 등이 표기되기도 하는데 SHB는 고도 1,350m 이상, HB는 1,200m 이상이며 MCM은 'Machine Cleaned Mejorado'의 약자로 기계식 선별 장치로 두 번, MC는 'Machine Cleaned'로 한 번 걸러 냈다는 의미임

페루 SHB

4. 에콰도르

에콰도르는 1860년경에 커피가 처음으로 소개되었지만[9] 코코아와 바나나를 대체하기 위해 1920년부터 본격적으로 커피를 재배하기 시작하였다고 한다. 이후 커피는 1970년까지 에콰도르의 최대수출 품목이었으나 지금은 수출에서 차지하는 비중이 많이 줄어든 상태이다.

에콰도르도 많은 커피 생산 국가처럼 커피 재배에 이상적인 조건을 갖추고 있다. 그럼에도 불구하고 에콰도르 커피는 그동안 좋은 평가를 받아오지 못했는데 그 이유는 빈약한 사회 기반 시설, 열악한 수확과 가공 시설, 품질 기준에 대한 인식 부족 때문이었다.

에콰도르 정부와 협동조합은 농부들에 대한 교육, 시설 개선, 품질 향상 등을 통해 이런 상황을 타개하고자 노력하고 있으며 또한 에콰도르국가커피협회(Ecuador's National Coffee Council, COFENAC)도 유기농 커피, 공정무역 커피와 스페셜티 커피 생산을 늘리기 위한 사업을 하고 있다.

재배/가공/품종 대부분의 커피가 소규모 농장에서 생산되고 있다. 재배 면적은 전성기였던 1983년에 비해 절반으로 줄어든 상태이고 절반 정도의 면적에서는 커피를 카카오, 바나나, 망고 등과 함께 심어 재배하고 있다. 에콰도르는 커피나무가 고령화되어 이를 대체하는 이식 사업을 시행하고 있으나 아직도 전체 커피나무의 35% 이상은 정점을 지나 새로운 나무로 대체해야 하는 실정이다.[10]

재배 면적(만 헥타르)	22	생산량(만 백)	60 ('18/19)
수확기(월)	6-10	포장 단위(kg)	69
가공	워시드, 내추럴, 허니 커피 가공		
건조	주로 햇볕 건조		
품종	아라비카(60%) - 티피카, 카투라, 버번 등		

생산량

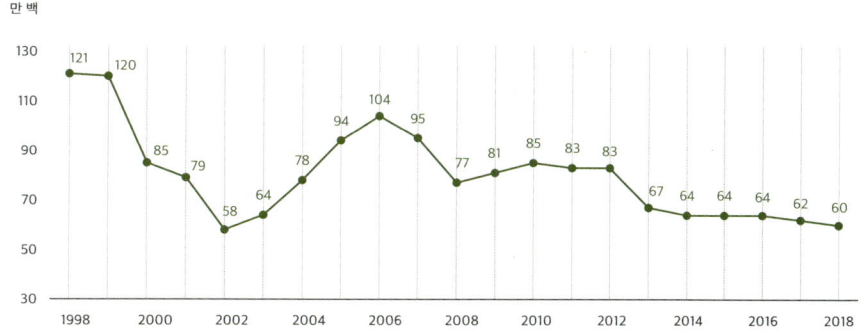

커피 생산량은 20여년 전의 120만 백에서 점차 감소하여 지금은 연간 60만 백 정도를 생산하고 있다

재배 지역

에콰도르의 커피 재배 지역은 서부의 태평양 해안 지역, 남부의 산악 지대, 동부의 아마존 지역으로 재배 고도는 수 백m의 저지대부터 2,500m의 고산 지대까지 다양하며 태평양의 갈라파고스(Galapagos) 제도에서도 소량의 커피가 생산되고 있다.

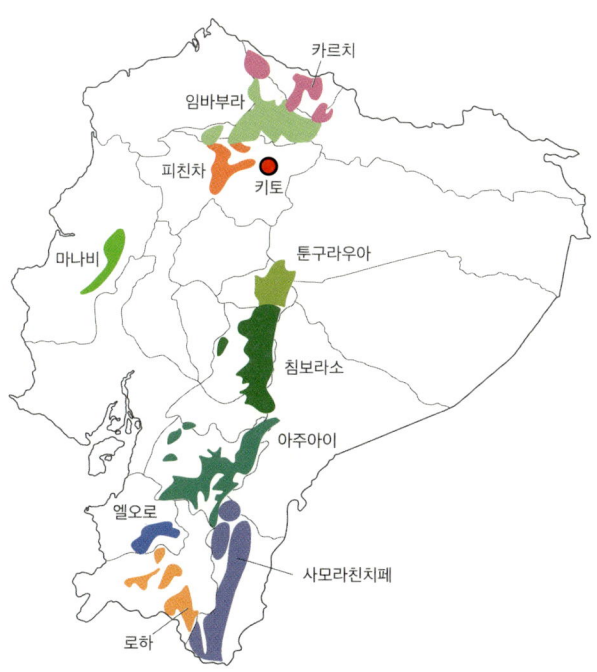

서부 태평양 해안 지역은 마나비(Manabí)가 최대 아라비카 생산 지역으로 해발 700m의 비교적 저지대에서 커피가 재배되고 있다. 남부 산악 지대는 로하(Loja)가 대표적인 생산 지역으로 해발 1,000–1,900m의 고지대에서 커피를 재배하고 있으며 그 밖에 피친차(Pichincha)와 남부의 엘오로(El Oro), 사모라친치페(Zamora-Chinchipe)에서도 커피가 생산되고 있다. 동부 아마존 지역 오레야나(Orellana)와 수쿰비오스는 고온 다습한 기후의 특성으로 인해 대부분 로부스타를 재배하고 있다.

커피 특성

품질이 좋은 에콰도르 커피는 전반적인 부분에서 균형이 잘 잡혀있고 깨끗한 맛이 특징이다. 중간 정도의 바디를 가지고 있으며 드물게 꽃향을 느낄 수 있다.

분류

등급	고도(m)
Strictly Hard Bean(SHB)	1,200-1,800
Hard Bean(HB)	900-1,200

5. 볼리비아

볼리비아(Bolivia) 커피 재배의 시작은 1880년으로 거슬러 올라가지만[11] 상업적인 커피 재배는 1950년에 비로소 시작될 정도로 다른 커피 생산 국가에 비해 출발이 늦은 편이다.

볼리비아는 브라질, 칠레, 페루와 국경을 같이 하고 있는 남아메리카의 내륙에 위치한 나라이며 남미 최빈국으로 도로나 철도 등 수송 기반이 열악하며 잦은 재해로 커피 생산에 많은 어려움을 겪고 있다. 안데스산맥에 자리 잡고 있기 때문에 고지대에서 커피가 재배되지만 생산량은 많지 않으며 최근에는 유기농 커피나 공정무역 커피 생산에 주력하고 있다.

소규모 농가들은 자신들의 권익 향상을 위해 1991년 볼리비아커피생산자수출연합(Federacion de Caficultores Exportadores de Bolivia, FECAFEB)을 결성하여 유기농 커피, 공정무역 커피의 인증 사업 등을 하고 있고 그중 스페셜티 커피 부문에서 많은 성과를 보이고 있다.

재배/가공/품종 대부분 3-5헥타르 정도의 영세한 농가에서 커피를 생산하고 있으며 내륙 국가이기 때문에 페루나 칠레의 항구를 통해 수출을 하고 있다.

재배 면적(만 헥타르)	1.5	생산량(만 백)	9 ('18/19)
수확기(월)	5-6	포장 단위(kg)	69
가공	주로 워시드 가공		
건조	햇볕 건조		
품종	주로 아라비카 - 티피카, 카투라, 카투아이 등		

생산량 최근 커피 생산량은 연간 10만 백 미만으로 그 양이 극히 적은 편이다.

재배 지역

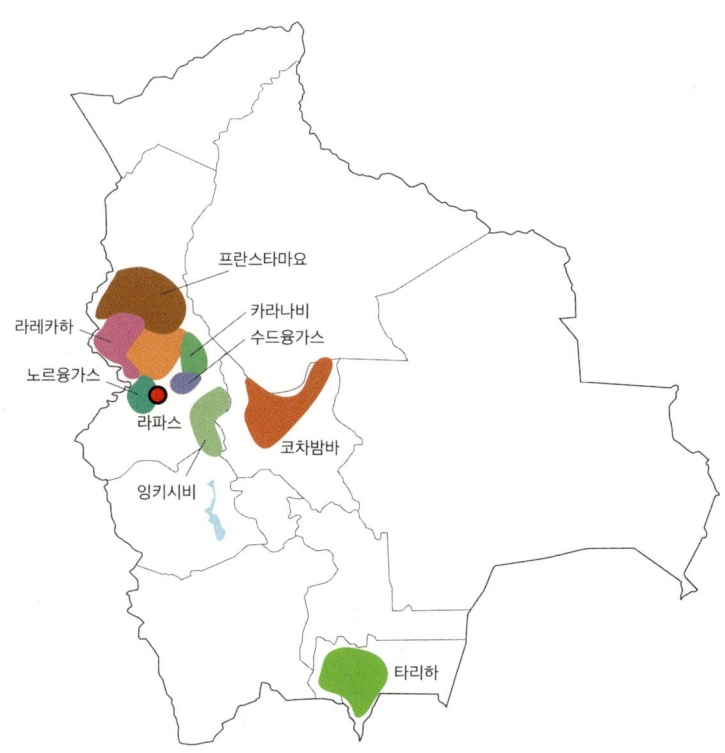

서부의 고원 지대는 안데스산맥에 위치하여 온대성 기후이며 동부의 밀림 지대는 고온 다습한 열대성 혹은 아열대성 기후를 보인다. 커피는 수도인 라파스(La Paz) 북동쪽의 해발 800-2,300m의 안데스산맥 동쪽 삼림 지대에서 대부분 생산된다. 이 밖에 카라나비(Caranavi), 코로이코(Coroico), 노르융가스(Nor Yungas), 수드융가스(Sud Yungas), 잉키시비(Inquisivi) 등은 융가스(Yungas) 지역에 속하는 커피 재배 지역이다.

그중 해발 1,200-2,000m의 카라나비 지역에서는 소규모 농장에서 스페셜티 커피와 유기농 커피가 재배된다. 그 밖에 동부 지역의 산타크루스(Santa Cruz)와 북부 지역의 엘베니(El Beni), 중부의 코차밤바(Cochabamba)와 남부의 타리하(Tarija) 지역에서도 소량의 커피가 재배되고 있다.

커피 특성 강한 바디를 가진 볼리비아 커피는 종종 콜롬비아 커피와 비교되곤 한다. 밝은 신맛과 단맛을 가지고 있으며 종종 사과, 배, 감귤, 레몬, 살구 등이 연상되는 과일향을 느낄 수 있다. 로스팅을 하면 캐러멜과 초콜릿향이 발산되기도 한다.

분류 공식적인 분류 기준이 없었으나 결점두를 기준으로 Bolivia Primera Arabica와 Bolivia Extra Arabica로 분류한다. 그러나 실제로 시장에선 SHB로 거래되기도 한다.

볼리비아 카라나비 SHB

멕시코·중앙아메리카

중앙아메리카 지역은 북쪽의 과테말라부터 남쪽의 파나마까지를 말하며 멕시코는 북아메리카에 속하지만 커피 생산에 있어 통상 중앙아메리카와 함께 분류된다. 이 지역은 과거 화산 폭발로 인해 지각이 융기되어 형성되었기 때문에 대부분 화산 토양으로 유기물이 풍부하여 커피 재배에 적합한 자연 조건을 가지고 있으며 지형적 특성상 생산 지역 마다 고도차가 커서 품질에 차이가 많이 나기 때문에 재배 고도에 따른 분류를 한다.

과테말라에서 일부 생산되는 로부스타를 제외하고 주로 아라비카만 재배하고 있으며 일부 지역을 제외하고 대부분 워시드 커피를 생산하고 있다. 버번, 카투라, 카투아이, 카티모르, 문도노보, 마라고지페 등의 품종이 재배된다.

1. 멕시코

멕시코는 1700년대 후반 스페인 지배자들에 의해 쿠바(Cuba)와 도미니카를 거쳐 베라크루스(Veracruz) 지역에 처음 커피가 소개되었다.[12] 그러나 상업적인 재배는 1800년대 후반 독일과 이탈리아인에 의해 이루어졌는데 멕시코는 금, 은과 같은 지하자원을 수출하느라 커피 산업이 발달할 여지가 별로 없었기 때문이었다.

1860년대 과테말라와의 국경 분쟁으로 토지 등록이 시작된 이후 소수의 유럽인들이 대규모 토지를 구입하여 커피 농장이 활성화되었고 그 후 멕시코 혁명으로 토지 재분배가 시행되어 대규모 커피 농장은 다시 영세 농민에 의해 세분화 되었다.

1973년에는 멕시코커피연구소(Instituto Mexicano del Cafe, INMECAFE)가 설립되어 기술 지원과 수출 쿼터 업무를 수행하였고 커피 가격을 안정시키는 역할을 하였으며 이로 인해 커피 재배 면적의 확대 및 생산성도 대폭 향상되었다. 하지만 유가 하락과 이에 따른 멕시코의 채무 불이행으로 인해 커피 가격 안정 정책을 더 이상 수행하기 어려워져 1989년 멕시코커피연구소가 해체되었으며 1999년에 발생한 '커피 위기'는 멕시코 커피 산업에 큰 타격을 입혀 이후 좋은 품질의 멕시코 커피를 찾기가 어려워졌다.

최근에는 멕시코커피연구소가 했던 역할을 대체하기 위해 농민들이 조합을 결성하여 정보를 공유하며 유기농, 공정무역 커피를 생산하고 있다. 이로 인해 멕시코는 세계 최대 유기농 커피 생산 국가로 불리고 있으며 알투라(Altura)라는 이름이 붙는 멕시코 커피는 고지대에서 생산된 커피를 일컫는 말이다.

재배/가공/품종

대부분 소규모 농가에서 커피가 재배되며 셰이딩과 선 커피가 같이 이루어지고 있다.

재배 면적(만 헥타르)	72	생산량(만 백)	435 ('18/19)
수확기(월)	9-3	포장 단위(kg)	69
가공	주로 워시드 가공이나 일부 내추럴 가공도 시행		
건조	햇볕 건조, 기계 건조		
품종	대부분 아라비카 재배(98%) - 버번, 카투라, 카티모르 카투아이, 문도노보, 마라고지페, 티피카 등		

생산량

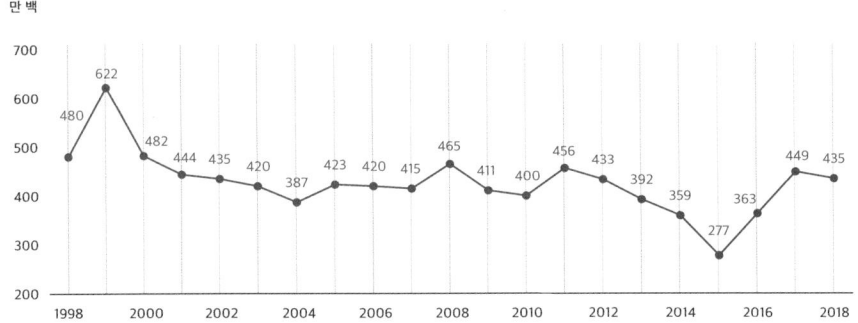

멕시코 연간 커피 생산량(1998-2018)

멕시코의 커피 생산량은 1999년 622만 백을 기점으로 수익성 감소, 커피녹병의 확산 등으로 인해 점차 감소 추세에 있으며 특히 2015년에는 커피녹병의 심각한 피해로 인해 최저치인 290만 백을 기록하였다. 그래서 기존 커피나무를 베어버리고 커피녹병에 강한 오로아즈테카, 마르세이에사를 코스타리카에서 들여와 새로이 심고 있으며 이런 노력으로 생산량이 다시 400만 백 수준으로 회복되었다.

재배 지역   커피는 15개 주에서 재배되지만 치아파스(Chiapas, 41%), 베라크루스(28%), 오아하카(Oaxaca, 11%) 지역에서 대부분 생산된다. 멕시코 커피 생산량의 35%는 고도 900m 이상에서 재배된다.

치아파스 — 남부의 치아파스는 멕시코 커피의 최대 생산 지역으로 고도 1,200-1,800m의 화산 토양에서 공정무역 커피와 유기농 커피를 생산한다. 지리적으로 과테말라의 우에우에테낭고(Huehuetenango)와 맞닿아 있어 양질의 치아파스 커피는 과테말라 커피와 유사성을 보이며 타파출라(Tapachula)라는 상표로 판매되고 있다.

베라크루스 — 동부 대서양 연안의 베라크루스는 치아파스 다음으로 커피를 많이 생산하고 있는데 비교적 저지대에서 커피를 재배하고 있어 대체로 커피 품질은 떨어지는 편이다. 하지만 산악 지대에서는 품질이 뛰어난 커피가 생산되며 그중 알투라 코아테펙(Altura Coatepec)이 유명하다. 그 밖에 알투라 오리사바(Altura Orizaba), 알투라 우아투스코(Altura Huatusco) 커피가 생산된다.

기타 — 남서부에 위치한 오아하카에서는 오아하카 플루마(Oaxaca Pluma) 커피가 생산되며 멕시코시티 동남쪽의 푸에블라(Puebla)에서도 커피가 생산된다.

커피 특성   일반적으로 너티, 초콜릿이 느껴지는 마일드한 커피로 특별한 개성이 없는 가격이 저렴한 커피로 간주되어 왔다. 하지만 품질이 좋은 멕시코 커피에서는 화이트 와인과 유사한 향미가 느껴지고 단맛이 있으며 가벼운 신맛과 바디를 가지고 있다. 치아파스는 복합적인 맛, 중간 정도의 바디와 밝고 달콤한 신맛, 초콜릿향, 과일향을 가지고 있고 알투라 코아테펙은 너티, 가벼운 바디, 초콜릿의 특성을 가지고 있으며 오아하카 플루마 커피는 바디가 강하고 때로 초콜릿향과 아몬드향을 느낄 수 있다.

분류   재배 고도에 따른 분류를 하며 그 밖에 결점두와 크기에 따른 하위 분류도 하고 있다.

재배 고도

등급	고도(m)
Strictly High Grown(SHG, Estrictamento Altura)	1,200-1,800
High Grown(HG, Altura)	900-1,200
Prime Washed(Prima Lavado)	600-900
Good Washed(Buena Lavado)	600 이하

결점두와 크기 — EP : 디펙트가 15이내이고 스크린 사이즈 17 이상일 것

멕시코 치아파스 SHG EP

2. 과테말라

1750년 중반에 안티구아(Antigua)를 통해서 커피가 처음 소개되기는 하였지만 상업적 재배는 이루어지지 않았고 관상용으로만 길러졌었다. 그 당시 과테말라의 주요 수출 품목은 곤충에서 추출한 코치닐(Cochineal)이라는 천연 염료였다. 그런데 유럽에서 화학 염료가 발명되어 타격을 받자 이를 대체하기 위해 커피 재배를 시작하였고[13] 과테말라 정부는 커피 재배를 활성화시키기 위해 커피 묘목 배포 및 수출에 따른 경제적인 인센티브를 제공하였다. 이런 결과로 1859년 유럽으로 처음 커피를 수출하였으며 1880년에는 커피가 수출의 90%를 차지할 정도로 주요 수출품이 되었다.[14] 1950년에 과테말라 정부는 토지 개혁을 시행하려 했지만 미국이 지원한 쿠테타에 의해 실패하였다. 이후 1962년 내전이 시작되어 30여년이 지난 1996년에야 종식되었으며 이로 인해 과테말라의 커피 산업도 큰 타격을 입었지만 내전 종식 이후 커피 생산량은 다시 증가하였다.

과테말라는 지역이 넓은 편은 아니지만 각 지역마다 지형, 토질, 기후 조건이 달라 각기 독특한 커피가 생산되며 코스타리카와 함께 중앙아메리카를 대표하는 커피로 평가받고 있다. 지금도 커피는 과테말라의 중요한 수입원으로 GDP의 1/8, 외화 수입의 1/3을 차지하고 있다.

1960년에 설립된 과테말라커피협회는 커피 생산지를 위해 커피의 생산과 가공에 대한 과학적 조사와 기술 지원, 연구와 교육 등에 많은 노력을 하고 있다.

과테말라커피협회

과테말라커피협회 커핑 룸

재배/가공/품종

대부분(98%) 셰이딩을 하고 있으며 주로 아라비카 커피를 생산하지만 로부스타도 소량 생산된다.

커피녹병의 발생으로 저지대에서 재배되던 커피가 대부분 고지대로 이동하였고 그 결과 1980년대까지는 고품질의 SHB와 Hard Bean 등급이 전체의 20%에 불과했으나 지금은 전체의 80%를 차지한다.

재배 면적(만 헥타르)	30	생산량(만 백)	400 ('18/19)
수확기(월)	11-4	포장 단위(kg)	69
가공	주로 워시드 가공을 하나 일부 내추럴 가공도 시행		
건조	햇볕 건조와 기계 건조 병행		
품종	아라비카(98%) - 카투라, 카투아이, 버번, 티피카, 파체, 마라고지페 등 로부스타(2%)		

생산량

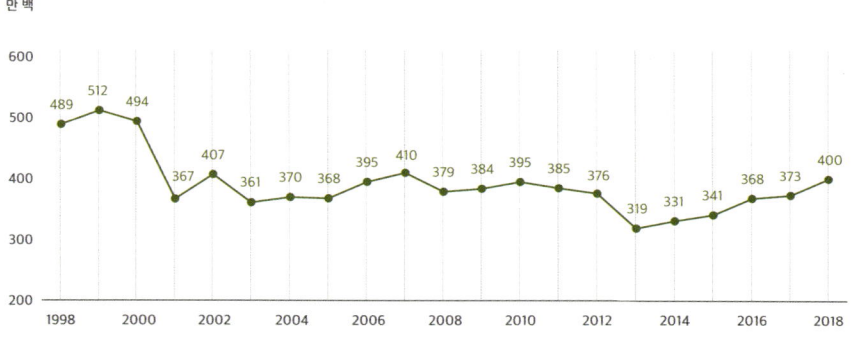

과테말라 연간 커피 생산량(1998-2018)

2000년 512만 백으로 최고치를 기록한 이후 점차 감소하여 지금은 350-400만 백 정도 생산하고 있다. 커피 생산량이 감소한 이유는 커피녹병의 발병, 생산 비용과 인건비 증가, 커피 가격의 하락으로 수익성이 악화되어 많은 대규모 농장이 커피 생산을 포기하였고 커피 대신 마카다미아, 아보카도 같은 대체 작물을 재배하였기 때문이었다. 그리고 그 결과 소규모 농가가 차지하는 비율은 1990년대 70%에서 지금은 98%로 증가하였다.[15]

재배 지역 과테말라는 비옥한 화산성 토양과 우기와 건기가 명확한 이상적인 강우 패턴, 커피 재배에 적당한 고도 등 커피 생산에 있어 최적의 여건을 갖추고 있다. 22개주 중에 3개주를 제외한 전 지역에서 커피가 재배되고 있으며 각 지역은 서로 다른 국지 기후, 고도, 토양에 따라 독특한 특성을 가진 커피를 생산하고 있다. 과테말라는 이들 재배 지역을 8개로 나누어 각 지역 명을 하나의 브랜드로 사용하는 마케팅 전략을 시행하고 있다.

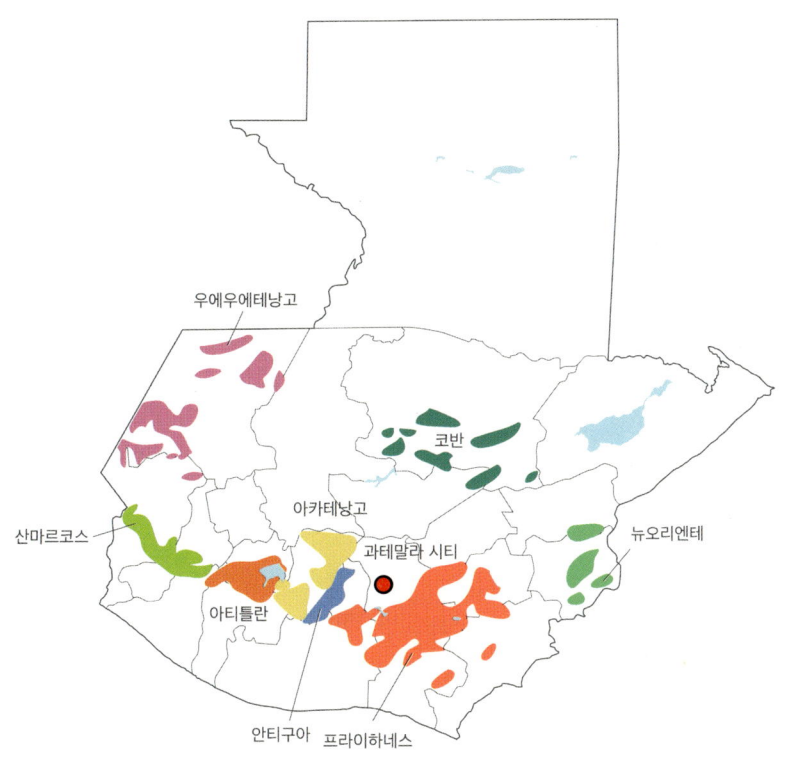

안티구아 — 안티구아는 과테말라를 대표하는 커피로 널리 알려져 있으며 해발 1,500–1,700m의 평탄한 지대에서 생산된다. 커피 산지가 대부분 화산 지대이듯이 안티구아도 세 개의 화산(Agua, Fuego, Acatenango)에 둘러싸여 있다. 그중 푸에고 화산은 지금도 분출하는 활화산으로 안티구아에 미네랄이 풍부한 화산재를 공급

해준다. 이 밖에도 안티구아는 풍부한 일조량, 큰 일교차, 적정한 기온, 우기와 건기의 명확한 구분 그리고 연중 내내 습도가 65%로 일정하게 유지되는 등 커피 재배에 완벽한 조건을 갖추고 있다.

버번, 카투라, 카투아이를 주로 재배하며 다른 지역보다 밀집된 셰이딩을 하고 있는데, 이는 다른 지역보다는 적지만 가끔씩 발생하는 서리에 대비하기 위해서이다. 안티구아 커피의 명성이 높다보니 다른 지역에서 생산된 커피를 안티구아에서 가공한 뒤 안티구아 커피로 판매하는 일이 많아져 이를 방지하고자 안티구아에서 생산, 가공된 커피만 '제뉴인 안티구아(Genuine Antigua)'로 판매할 수 있도록 하고 있다.

아구아 화산

필라델피아 농장(Finca Filadelfia)

우에우에테낭고 — 과테말라 서쪽 지역으로 멕시코 테우안테펙(Tehuantepec) 고원에서 불어오는 뜨거운 바람이 서리 발생을 억제하여 해발 2,000m 지대에서도 커피 재배를 가능하게 한다. 이 지역의 건조한 기후는 커피 건조에 많은 도움을 주어 품질이 뛰어난 커피를 생산할 수 있게 한다. 경사가 심한 해발 1,500-2,000m의 산악 지대에서 버번, 카투라, 카투아이가 재배되며 많은 강과 개천이 있어 수량이 풍부해 대부분 농장이 각자 밀을 소유하고 있다.

아티틀란 — 아티틀란(Atitlán) 지역 대부분의 커피는 시에라마드레(Sierra Madre) 산맥에 위치한 아티틀란 호수를 둘러싸고 있는 여러 화산의 경사면에서 재배된다. 이 지역은 비옥한 화산 토양으로 유기물이 풍부하며 호수의 물을 이용하여 워시드 가공을 한다. 소규모 농가에 의해 과테말라에서 가장 전통적인 커피 재배와 가공이 이루어지며 고도 1,500-1,700m에서 주로 버번, 티피카, 카투라, 카투아이를 재배한다.

아티틀란 호수

체리 운반

산마르코스 — 산마르코스(San Marcos)는 우에우에테낭고 아래쪽에 위치한 멕시코 접경지대로 과테말라 8개 커피 산지 중 연평균 기온이 21-27°C로 가장 높으며 강수량도 4,000-5,000mm로 가장 많고 습도도 높은 곳이다. 수확기에 예상치 못하게 비가 오는 경우가 많아 햇볕으로 예비 건조를 한 다음 기계 건조로 마무리 한다. 해발 고도 1,300-1,800m에서 버번, 카투라, 카투아이를 주로 재배한다.

코반 — 코반(Cobán)은 과테말라 북쪽의 열대 우림 지역으로 5월부터 12월까지 우기이고 나머지 기간도 안개가 자주 발생하는 곳이다. 코반은 1,300-1,500m의 구릉지에서 버번, 마라고지페, 카투라, 카투아이, 파체 등을 재배한다.

뉴오리엔테 — 뉴오리엔테는 과테말라 동쪽 지역으로 온두라스와 접경지대이다. 전통적으로 소규모 농가에 의해 커피 재배가 이루어졌지만 최근에 대규모 농장들이 점차 늘어나고 있다. 해발 1,300-1,700m에서 버번, 카투라, 카투아이, 파체 등을 재배한다.

아카테낭고 — 아카테낭고(Acatenango)는 안티구아와 사이에 있는 아카테낭고 화산의 서쪽 지역으로 1880년부터 아카테낭고 화산의 산록에서 커피 재배를 하고 있다. 재배 고도는 1,300-2,000m이고 버번, 카투라, 카투아이, 게이샤를 재배한다.

프라이하네스 — 프라이하네스(Fraijanes)는 안티구아 동쪽 지역으로 프라이하네스 고원 지대에서 커피가 재배된다. 해발 2,552m의 파카야(Pacaya)의 화산 활동은 이 지역에 미네랄이 풍부한 화산재를 공급한다. 재배 고도는 1,300-2,000m이고 버번, 카투라, 카투아이, 파체를 재배한다.

커피 특성   일반적으로 과테말라 커피는 뚜렷한 과일의 신맛, 클린 컵, 캐러멜, 단맛, 풀 바디 등 균형이 잘 잡혀 있는 커피로 알려져 있으며 지역별로 아래와 같이 그 특성에 조금씩 차이를 보인다.

지역	특성
안티구아	풍부하고 상쾌한 향, 우아하고 균형 잡힌 맛, 초콜릿, 오렌지, 풀 바디
우에우에테낭고	산뜻하고 기분 좋은 신맛, 초콜릿, 너티, 와인이 연상되는 플레이버, 풀 바디
아티틀란	기분 좋은 향, 밝은 감귤류의 신맛, 초콜릿, 시나몬, 풀 바디
산마르코스	섬세한 꽃향, 명쾌한 신맛, 뛰어난 바디
코반	분명하고 신선한 과일과 와인 향, 가벼운 신맛, 중간 정도의 바디
뉴오리엔테	균형이 잘 잡힌 커피, 초콜릿, 와인, 명쾌한 신맛, 풀 바디
아카테낭고	뚜렷한 신맛, 꽃향, 균형 잡힌 바디, 깔끔하고 지속적인 뒷맛
프라이하네스	부드러운 향, 밝고 지속적이며 명쾌한 신맛, 초콜릿, 라임, 풀 바디

분류   재배 고도로 분류를 하고 결점두와 크기 등으로 하위 분류를 시행한다.

재배 고도

등급	고도(m)
Strictly Hard Bean(SHB)	1,350 이상
Semi Hard Bean-Hard Bean	1,050-1,350
Prime Washed-Extra Prime Washed	750-1,050

결점두와 크기 등 — 생산되는 커피 대부분이 SHB이다보니 품질 구분이 어려워 보다 세분화된 분류가 필요하여 결점두와 크기 등에 의한 2차 분류도 시행되고 있다.

등급	기준
EP	• 스크린 사이즈 15 이상 • 균일하며 녹색을 띨 것 • 수분 함유량 9-12% • 샘플 300g 중 디펙트 최대 8이내 • 클린 컵
AP	• 스크린 사이즈 13 이상 • 균일한 색상 • 수분 함유량 9-12% • 샘플 300g 중 디펙트 최대 23 이내 • 클린 컵

과테말라 안티구아 SHB EP

3. 코스타리카

코스타리카는 과테말라와 함께 중앙아메리카를 대표하는 커피 생산국이며 또한 중앙아메리카에서 처음으로 커피 산업을 싹틔운 나라이다.

1700년대 말 커피가 소개 된 후 1808년 총독의 지원 아래 커피 재배가 뿌리내리기 시작하여 중앙아메리카 여러 나라 중 처음으로 커피 산업이 시작되었다.[16] 1820년에 소량의 커피를 파나마에 수출하였으며 1821년 17,000여 그루의 커피나무를 재배하였는데 코스타리카 당국은 커피 재배를 활성화시키기 위해 1825년에 커피에 대한 십일조를 면제해주었고 1831년 황무지에서 커피를 5년간 재배하면 그 사람에게 소유권을 주는 법안을 통과시켰다. 본격적인 수출은 1832년에 이루어졌는데 칠레로 수출된 커피는 그곳에서 "Cafe Chileno de Valparaiso" 라는 이름으로 재포장되어 영국으로 수출되었다. 1843년 영국으로 직수출이 이루어졌고 1846년 칠레 푼타아레나스(Punta Arenas)까지 철도가 건설되어 대량 수출의 길이 열렸으며 이후 커피는 코스타리카의 주요 수출품이 되었다.

코스타리카는 수확부터 가공, 건조 등 전 과정을 잘 관리하는 것으로 유명하여 거래 시에도 이른바 '코스타리카 프리미엄'이 붙고 가격도 다른 나라에 비해 높은 편이다. 로부스타 재배는 1989년부터 법으로 금지되어 있어[17] 재배 품종은 100% 아라비카이고 1인당 커피 소비가 연간 5.14kg(2016년 기준)으로 커피 생산국 중 브라질 다음으로 많다. 코스타리카커피연구소는 1933년에 설립된 공공 연구소로 커피 산업을 위한 조사와 연구 활동, 커피 수출 관리 등을 하고 있다.

코스타리카커피연구소

재배/가공/품종

셰이딩으로 재배하며 임금이 주변 국가에 비해 비싸 생산 비용이 많이 드는 편이다. 커피 재배 농가 수는 약 43,000 가구로 90% 이상이 재배 면적 4헥타르 정도의 소규모 농가이고 이들은 대부분 조합에 소속되어 있으며 조합은 커피의 가공과 판매, 영농 자금 대출, 편의 시설 운영 등을 하고 있다.

생산 규모에 비해 많은 편인 약 250여개의 마이크로밀이 있고 이를 통해 각 농장 별로 개성과 특색이 있는 커피 생산이 이루어지고 있다. 주로 카투라와 카투아이가 재배되지만 최근에 게이샤, SL-28, 센트로아메리카노 등 새로운 품종의 재배도 이루어지고 있다.

재배 면적(만 헥타르)	8.4	생산량(만 백)	143 ('18/19)
수확기(월)	11-3	포장 단위(kg)	69
가공	허니 커피 가공, 워시드 가공		
건조	햇볕 건조와 기계 건조를 병행		
품종	아라비카만 재배-카투라(42%), 카투아이(34%), CR-95(9%) 기타(15% - 버번, 산라몬, 티피카, 비야사르치, 비야로보스 등)		

생산량

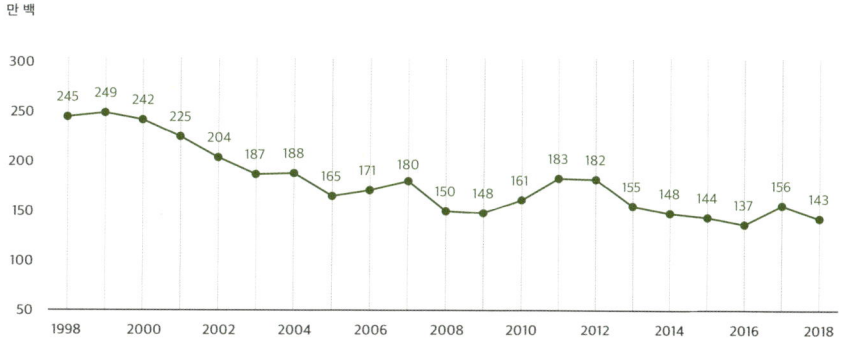

코스타리카 연간 커피 생산량(1998-2018)

과테말라나 멕시코처럼 코스타리카의 커피 생산량도 지속적으로 감소하고 있는데 이는 지구 온난화에 따른 기상 재해와 커피녹병의 확산 등으로 인한 수익성 감소로 커피 재배를 포기하는 농가가 늘어났기 때문이다. 현재 커피 농가 수는 10년 전에 비해 1만여 가구가 줄어든 상태이다.

재배 지역

코스타리카 커피는 약산성의 비옥한 화산 토양에서 재배되는데 재배 지역의 80% 이상이 해발 800–1,700m에 있으며 커피 생산 지역은 전부 8개로 분류된다. 커피의 대부분은 수도인 산호세(San José)를 중심으로 외곽 지대인 타라수(Tarrazú)*, 웨스턴 벨리(Western Valley, Valle Occidental), 센트럴 벨리(Central Valley, Valle Central)에서 주로 생산되며 코스타리카 커피의 70% 정도를 생산하고 있다.

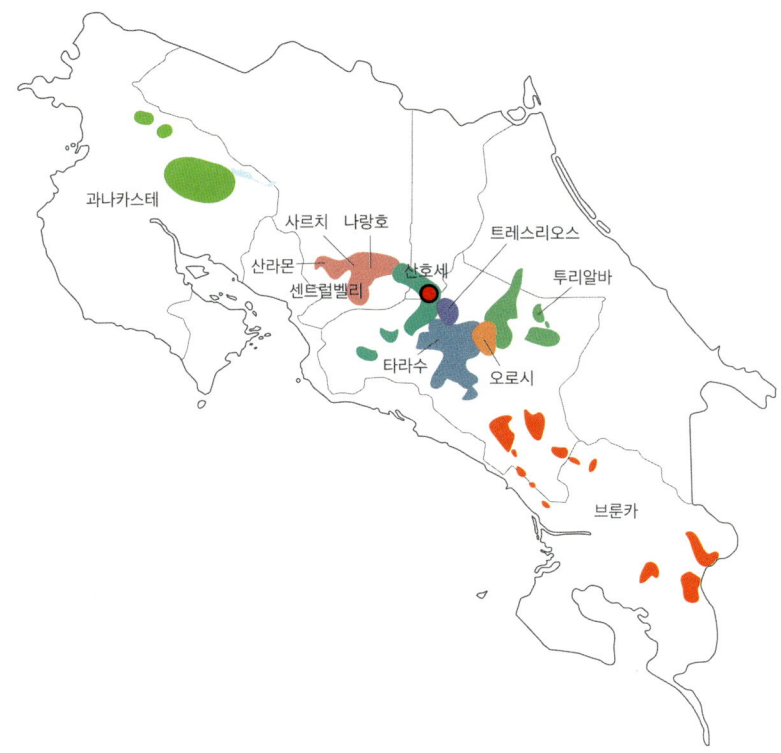

타라수 — 타라수는 수도 산호세 남쪽 지역으로 코스타리카 커피 중 국제적으로 가장 많이 알려져 있는 곳이며 코스타리카 커피의 약 37%를 생산한다. 연강수량은 3,400mm이고 코스타리카에서 가장 높은 1,200–1,900m에서 커피가 재배되며 명확한 우기와 건기의 구분, 퇴적물이 풍부한 토양 등 커피 재배에 이상적인 조건을 갖추

---

* '따라주'로 많이 알려져 있다. 하지만 스페인어에서는 Z를 ㅅ으로 발음하기 때문에 '따라수'가 정확한 발음이나 외래어표기법에 된소리를 사용하지 않게 되어 있어 본 책에서는 '타라수'로 표기한다.

고 있어 여기서 생산되는 커피는 95%가 SHB 등급일 정도로 품질이 좋다. 카르타고(Cartago), 도타 타라수(Dota Tarrazú), 레온 코르테스(León Cortés)가 여기에 속한다.

라몬타나(La Montana) 마이크로밀

웨스턴 벨리 — 웨스턴 벨리는 산호세 서쪽 지역이다. 커피 생산량은 19%로 코스타리카에서 두 번째로 커피를 많이 생산한다. 재배 고도는 700-1,600m이며 연강수량은 2,500mm이고 나랑호(Naranjo), 산라몬(San Ramón), 사르치 등에서 양질의 커피를 재배하고 있다.

센트럴 벨리 — 센트럴 벨리는 타라수와 웨스턴 벨리 사이에 위치한 생산 지대로 커피 재배가 가장 먼저 시작된 곳이며 커피 생산량은 15%로 세 번째이다. 재배 고도는 900-1,600m이지만 커피 농장의 80% 이상이 1,000-1,400m 사이에 있으며 연강수량은 2,500mm이다. 산호세, 알라후엘라, 에레디아(Heredia)에서 우수한 품질의 커피를 생산하고 있다.

라스 라하스(Las Lajas) 마이크로밀

트레스리오스 — 트레스리오스(Tres Rios)는 산호세와 인접한 작은 지역으로 해발 3,442m의 이라수(Irazú)화산이 인근에 있다. 1,200-1,600m에서 양질의 커피가 재배되는데 2000년대 들어와 부동산 개발로 인해 커피 재배가 점차 줄어들고 있다. 그 밖에 투리알바(Turrialba), 브룬카(Brunca), 과나카스테(Guanacaste), 오로시(Orosi) 등의 생산 지역이 있으나 고도가 낮아 신맛이나 단맛이 약한 커피가 생산된다.

커피 특성

일반적으로 코스타리카 커피는 균형 잡힌 신맛과 강한 바디를 지니고 있으며 오렌지, 초콜릿, 감귤 등의 특성이 느껴진다.

생산 지역	특성
타라수	좋은 아로마와 신맛, 초콜릿, 오렌지, 바닐라와 마른 과일이 느껴지는 뛰어난 맛
웨스턴 벨리	뛰어난 신맛과 바디, 강한 초콜릿 맛과 향, 오렌지, 배, 벌꿀과 바닐라향
센트럴 벨리	잘 균형 잡힌 맛, 초콜릿, 과일 맛과 벌꿀향
트레스리오스	밝은 신맛, 오렌지, 시트러스, 초콜릿, 캐러멜

분류

재배 고도로 분류를 하며 크기와 결점두 등으로 하위 분류를 시행한다.

재배 고도

등급	고도(m)
Strictly Hard Bean(SHB)	1,200 이상
Good Hard Bean(GHB)	1,000-1,200
Medium Hard Beans (MHB)	500-900

결점두 등

등급	기준
EP	• 디펙트 8 이내 • 주요 결점이 없을 것 • 사이즈 편차가 최대 5% 이하 • 컵에서 결점이 없을 것 • 퀘이커 3 이내 • 수분 10-12%
AP	• 디펙트 8-23 이내 • 최소 50% 이상이 사이즈 15 이상, 14 이하는 최대 5% 이하 • 컵에서 결점이 없을 것 • 퀘이커 5 이내 • 수분 9-13%

코스타리카 비야사르치 허니

4. 엘살바도르

엘살바도르는 과테말라의 남쪽에 위치한 태평양 연안 국가이다. 면적이 2만km²로 중앙아메리카 국가 중 가장 작고 국토 대부분이 화산 지대여서 화산의 땅(The land of volcanoes)으로도 알려져 있다.

1740년 경 카리브해 지역을 통해 커피가 처음 전파된 후 서쪽 지역에서 재배가 되었으나 커피의 경제적인 가치는 인식하지 못하였다. 그 후 엘살바도르 정부의 강력한 지원에 힘입어 커피는 곧 주요 작물이 되었고 1855년에는 처음 커피를 수출하였으며[18] 수송을 위한 도로와 철도 건설도 이루어져 엘살바도르 경제는 활력을 띠게 되었다. 1920년대에는 커피가 엘살바도르 수출의 90%를 차지하였고 1950년대에는 기존의 티피카를 버번으로 대체, 화학 비료의 사용, 커피나무 재배 밀도를 높이는 등 커피 생산성 향상을 위한 일들이 이루어졌다.

1970년대 커피 생산은 정점을 이루어 세계 4위의 커피 생산국이 되었고 커피는 엘살바도르 국가 수입의 절반을 차지하였다. 하지만 커피 가격 하락과 1980년에 발생하여 12년간 지속된 내전으로 커피 생산은 급속히 위축되었다가 내전 종식 후 어느 정도 생산량이 회복되었다.

현재 커피는 엘살바도르의 주요한 외화 획득 수단의 지위를 상실하였으며 그 자리는 열대과일 등으로 대체된 상태이다. 그래서 엘살바도르는 보다 수익성이 좋은 스페셜티 커피와 마이크로랏 커피 판매에 주력하고 있다.

재배/가공/품종

대부분 소규모 농가에서 커피를 재배하여 각 농가마다 독특한 개성을 가진 커피가 생산되고 있다. 이들 농가들은 대부분 셰이딩을 통해 양질의 커피를 생산하는데 엘살바도르 정부는 이러한 소규모 농가들의 커피 생산성을 높이기 위해 노쇠한 커피나무를 새로운 품종으로 대체하는 사업을 지원하고 있다. 또한 프리미엄 커피 생산과 마케팅을 위한 노력을 해온 결과 전체 커피의 33%가 서스테이너블 인증을 받는 등 스페셜티 커피 생산도 꾸준히 증가하고 있다. 하지만 오랜 내전으로 새로운 품종이 전파되지 못해 버번이 주로 재배되고 있는 상태이다.

파카스와 파카마라의 탄생지로 두 품종의 재배도 많이 이루어지고 있으며 최근에는 게이샤도 재배된다.

재배 면적(만 헥타르)	14	생산량(만 백)	76 ('18/19)
수확기(월)	10-3	포장 단위(kg)	69
가공	주로 워시드 가공이며 일부 내추럴 가공과 펄프드 내추럴 가공도 시행		
건조	햇볕 건조와 기계 건조 병행		
품종	아라비카만 재배 - 버번(64%), 파카스(28%) 파카라마, 카투아이, 카투라, 카티식, 사르치모르 등		

생산량

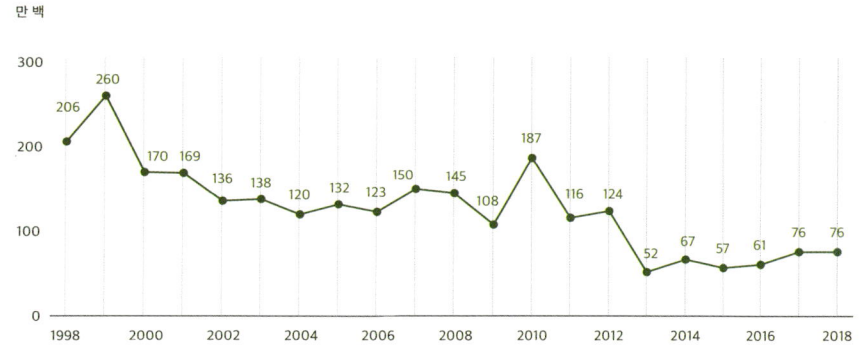

엘살바도르 연간 커피 생산량(1998-2018)

2000년대 들어 엘살바도르의 커피 생산량은 지속적으로 감소하여 지금은 100만 백에도 미치지 못하는 수준이다. 이렇게 생산량이 감소한 이유는 커피녹병, 불규칙한 날씨, 낮은 커피 가격 등으로 인한 수익성 감소 등으로 커피 산업 종사자가 5년 동안 13만 명에서 4만 천명(2016년 기준)으로 줄어들었기 때문이다.[19]

재배 지역

커피는 대부분 해발 800-1,500m의 산악 지형에서 생산된다. 연강수량은 1,800mm 정도이며 건기는 연간 4–6개월 정도이다. 우기는 보통 5월에서 시작되어 10월까지 지속된다. 커피 재배 지역은 경작지의 12%를 차지하고 있으며 14개 주 중 7개 주에서 생산되고 있다. 재배 지역을 6개로 구분하지만 엘살바도르 커피는 지역 명으로 거래되는 경우가 별로 없다.

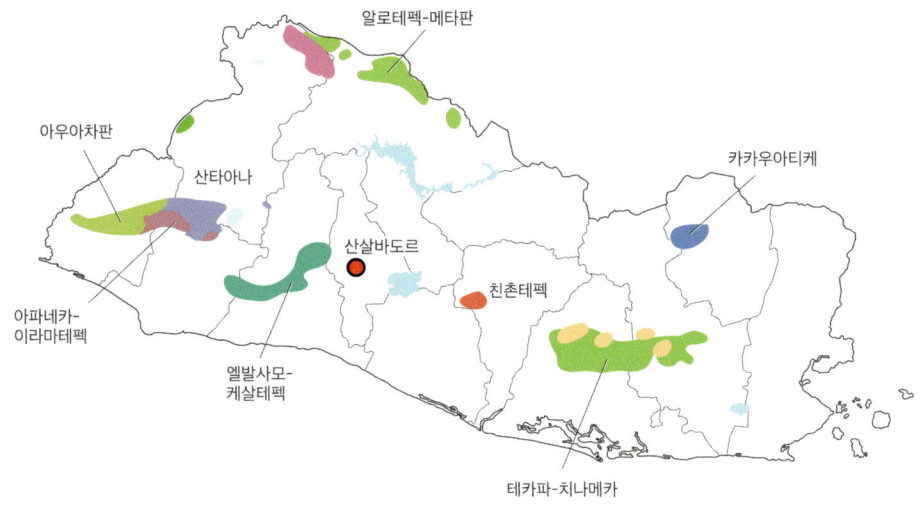

아파네카-이라마테펙 — 아파네카-이라마테펙(Cordillera Apaneca-Ilamatepec)은 산타아나, 손소나테(Sonsonate)와 아우아차판(Ahuachapán) 3개 주에 걸쳐 있는 서쪽의 산악 지대로 엘살바도르 커피의 약 60%를 생산하며 이 중 산타아나가 최대 생산 지역이다. 이 지역에는 많은 화산들이 있는데 2005년에도 분출한 적이 있는 해발 2,381m의 산타아나화산(Mt. Santa Ana)이 대표적이다. 주로 버번과 파카스를 재배하며 재배 고도는 600–2,400m까지 다양하다.

엘발사모-케살테펙 — 엘발사모-케살테펙(Cordillera EL Bálsamo-Quezaltepec)은 수도인 산살바도르(Sansalvador) 아래쪽의 산악 지역으로 산살바도르 화산 등이 있으며 아파네카-이라마테펙 다음으로 커피를 많이 생산한다. 재배 고도는 500–2,000m이고 버번과 파카스를 주로 재배한다.

테카파-치나메카 — 테카파-치나메카(Cordillera Tecapa-Chinameca) 지역은 세 번째로 커피를 많이 생산하며 재배 고도는 500–2,100m이고 버번과 파카스를 주로 재배한다.

친촌테펙 — 친촌테펙(Volcán Chinchontepec)은 중앙의 산빈센테(San Vincente) 지역으로 친촌테펙 화산이 있다. 재배 고도는 500–1,000m이며 버번과 파카스를 주로 재배한다.

알로테펙-메타판 — 알로테펙-메타판(Cordillera Alotepeque-Metápan)은 북쪽의 온두라스 접경지대로 재배 고도는 1,000–2,000m이며 버번, 파카스, 파카마라를 주로 재배한다.

카카우아티케 — 카카우아티케(Cordillera Cacahuatique)는 동쪽의 온두라스 접경지대로 산미구엘(San Miguel)과 모라산(Morázan) 주에 걸쳐 있다. 카카우아티케화산이 자리 잡고 있으며 재배 고도는 500–1,800m이고 버번과 파카스를 주로 재배한다.

커피 특성

엘살바도르 커피는 전형적인 중앙아메리카 커피의 특성을 잘 보여주고 있다. 균형이 잘 잡혀있는 커피로 평가받고 있어 에스프레소 블렌딩의 베이스나 싱글 오리진으로 사용되기도 한다. 꽃향과 오렌지향이 있으며 중간 정도의 크리미한 바디를 가지고 있고 산도가 강하지 않은 산뜻한 감귤류의 신맛과 달콤한 단맛을 가지고 있다. 또한 과일, 감귤, 아몬드, 초콜릿, 바닐라의 향미도 느낄 수 있다. 파카마라 커피는 부드러운 바디, 감귤과 열대과일, 자몽의 뒷맛을 느낄 수 있다.

생산 지역	특성
아파네카-이라마테펙	달콤한 꽃향, 초콜릿, 견과류, 살구, 감귤, 과일의 플레이버 크리미한 감촉, 일관성 있는 애프터테이스트
엘발사모-케살테펙	균형 있는 커피 특성, 뚜렷한 신맛, 뛰어난 바디, 크리미한 감촉 바닐라 플레이버
테카파-치나메카	복합적인 맛, 균형 잡힌 바디, 아로마와 신맛, 뛰어난 단맛, 초콜릿 익은 과일, 캐러멜, 사과, 건포도 플레이버
친촌테펙	오렌지향, 초콜릿 플레이버
알로테펙-메타판	뛰어난 아로마, 꽃향, 초콜릿과 감귤의 플레이버, 우수한 감귤의 신맛
카카우아티케	아몬드 플레이버, 뛰어난 바디와 애프터테이스트

분류   재배 고도에 의한 분류를 하며 결점두에 의한 하위 분류도 시행한다.

재배 고도

등급	고도(m)
Strictly High Grown(SHG)	1,200 이상
High Grown(HG)	900-1,200
Central Standard(CS)	500-900

결점두

등급	디펙트
EP	3-5 이내
AP	12 이내

엘살바도르 레드 버번 내추럴

5. 온두라스

온두라스는 1800년대 초에 커피가 재배되기 시작했다고 한다.[20] 온두라스 정부는 커피 재배의 진흥을 위해 노력했지만 잦은 군사 정변으로 정책을 펼치기가 어려웠고 그래서 20세기 중반까지도 미국인 소유의 대규모 농장에서 생산되는 바나나가 최대 수출 품목이었다. 그러나 커피 생산량이 꾸준히 증가하여 1900년대 후반에는 바나나를 제치고 가장 중요한 농산물이 되었다.

온두라스 역시 커피 재배에 이상적인 자연조건을 갖추고 있지만 불완전한 가공 과정, 노후화된 시설, 커피 시장에서 인정받는 브랜드의 부재 등으로 그다지 인정을 받지 못했다. 이에 따라 온두라스 커피는 저가의 아라비카 커피로 인식되어 왔으며 대규모 로스팅 회사의 주요 공급원 역할을 하였다. 또한 온두라스의 커피 가격이 제값을 못 받다보니 과테말라 접경지대인 코판(Copán)이나 오코테펙(Ocotepeque)의 커피를 더 비싼 가격에 거래되는 과테말라로 밀반출하여 마치 과테말라 커피인 것처럼 판매하기도 하였다.[21] 그러나 이런 상황을 타개하기 위해 온두라스는 부가가치가 높은 UTZ, 4C, 공정무역, 유기농 커피와 같은 인증 커피 생산에 주력하였으며 그 결과 2016년에는 240만 백의 인증 커피를 수출할 정도로 커피 품질이 많이 개선되었다. 온두라스커피연구소는 1970년에 설립된 국가 기관으로서 온두라스 커피 품질 향상을 위한 여러 노력을 하고 있다.

온두라스 커피연구소

재배/가공/품종

셰이딩을 하며 대부분 소규모 농가에서 커피가 생산된다. 온두라스 경제에 커피는 매우 큰 비중을 차지하고 있어 커피 수확 시즌인 11월부터 다음 해 3월까지는 전체 인구 8백만 명 중 약 100만 명이 커피 수확에 동원되고 일손을 돕기 위해 11월 말에서 2월 첫째 주까지는 방학이 주어진다고 한다.

재배 면적(만 헥타르)	30.8	생산량(만 백)	733 ('18/19)
수확기(월)	11-4	포장 단위(kg)	69
가공	주로 워시드 가공		
건조	햇볕 건조와 기계 건조 병행		
품종	아라비카만 재배 - 카투아이, 카투라, 버번, 파카스, 티피카 기타(렘피라, IHCAFE-90, 파라이네마)		

생산량

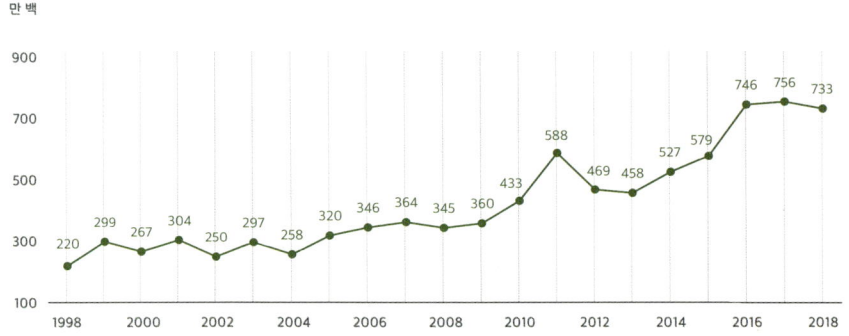

온두라스 연간 커피 생산량(1998-2018)

온두라스는 커피 생산량을 증가시키기 위해 커피 생산 농가에 인센티브를 제공하는 법안 통과, 고속도로 건설, 토양 분석을 통한 적절한 비료의 선택과 같은 생산 기술 보급 등을 실시하였다. 그 결과 2011년에는 생산량이 과테말라를 제치고 중앙아메리카에서 가장 많은 나라가 되었고 2017년 커피 생산량은 10년 전에 비해 세 배 이상 생산이 증가하였으며 835만 백으로 세계 5위에 올랐다.

재배 지역   온두라스는 18개 주 중 15개 주에서 커피가 재배되지만 대부분 서쪽 고산 지대에서 생산된다. 온두라스도 과테말라처럼 커피 생산 지역을 행정 구역의 주가 아닌 6개의 생산 지역으로 묶어 이를 브랜드화 하고 있다.

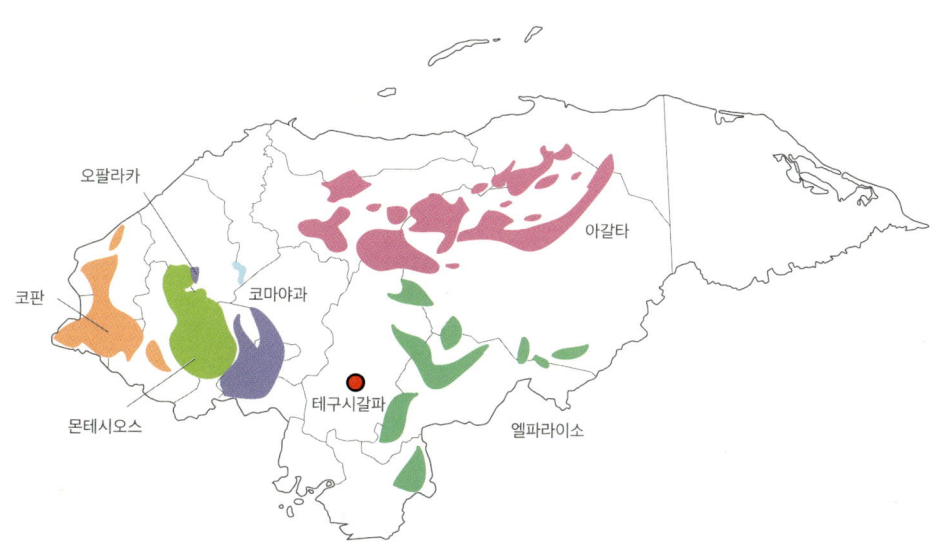

코판 — 산타바바라(Santa Bárbara) 일부, 코판, 오코테펙을 포함한 서부의 고원 지역으로 토양이 비옥하고 일교차가 크다. 이 중 산타바바라는 최대 생산지로 해발 2,777m의 산타바바라화산이 있으며 온두라스 COE에서 상위권에 드는 뛰어난 품질의 커피를 생산한다. 고도 1,000–1,500m에서 버번, 카투라, 카투아이, 티피카를 재배한다.

오팔라카 — 오팔라카(Opalaca)는 산타바바라, 인티부카(Intibucá), 렘피라(Lempira)를 포함하는 지역으로 고도 1,100–1,600m에서 버번, 카투아이, 카투라, 티피카를 재배한다.

몬테시요스 — 몬테시요스(Montecillos)는 온두라스의 남서쪽으로 엘살바도르와 접경 지역이다. 야간에 기온이 낮아 체리가 천천히 익어 커피의 단맛이 좋으며 이 지역에서 생산되는 마르칼라(Marcala) 커피는 2005년에 중앙아메리카 최초로 PDO 인증을* 받기도 하였다. 고도 1,200–1,600m에서 버번, 카투아이, 카투라, 파카스를 재배한다.

기타 — 코마야과(Comayagua)는 온두라스 중앙 지역으로 코마야과와 프란시스카 모라산(Francisca Morazán)이 여기에 속한다. 고도 1,100-1,400m에서 버번, 티피카, 카투라, 파체를 재배한다. 엘파라이소(El Paraiso)는 온두라스 남동쪽으로 니카라과와 접경 지역이다. 고도 1,100–1,400m에서 카투아이, 카투라를 재배한다. 아갈타(Agalta)는 열대성 기후로 고도 1,100–1,400m에서 버번, 티피카, 카투라를 재배한다.

커피 특성 온두라스 커피는 다른 중앙아메리카 커피에 비해 신맛은 약한 편이지만 단맛은 강한 편이다. 가볍고 크리미한 바디를 가지고 있으며 밀크 초콜릿과 견과류, 캐러멜의 향미가 뚜렷하게 느껴진다.

분류 재배 고도에 의한 분류를 하며 결점두 제거 정도에 의한 하위 분류도 시행한다.

생산 지역	특성
코판	초콜릿, 캐러멜, 감귤, 은은한 신맛, 지속성 있는 애프터테이스트
오팔라카	산뜻한 신맛, 포도, 베리, 망고, 달콤한 뒷맛, 부드러운 바디
몬테시요스	달콤한 과일향, 밝은 신맛, 오렌지, 복숭아, 부드러운 바디
코마야과	단맛, 감귤, 밝은 신맛, 크리미한 바디
엘파라이소	샴페인, 포도, 망고, 열대과일, 향긋한 신맛, 단맛, 크리미한 감촉
아갈타	캐러멜, 초콜릿, 뚜렷한 신맛, 단맛

* PDO는 원산지보호명칭제도(Protected Designation of Origin)로 와인, 치즈 등 식품에 사용되는 인증제도인데 해당지역에서 생산되는 재료를 가지고 식품을 제조하였음을 인증하는 제도이다.

재배 고도

등급	고도(m)
Strictly High Grown(SHG)	1,350 이상
High Grown(HG)	1,200-1,350
Central Standard(CS)	750-1,200

결점두

등급	기준
EP	기계에 의한 결점두 제거를 한 다음 다시 핸드 피킹에 의한 결점두 제거
AP	클리닝 작업과 기계에 의한 결점두 제거

온두라스 허니 SHG EP

6. 니카라과

니카라과는 태평양 연안을 따라 형성된 화산성 산악 지형과 기후 조건 등 커피 재배에 있어 천혜의 자연조건을 갖추고 있으며 다른 커피 생산 국가와 마찬가지로 커피 산업은 니카라과 경제에 중요한 역할을 하고 있다.

커피가 처음 소개된 때는 1796년이며 본격적인 커피 재배는 1820년대에 시작되었고 1841년 소량의 커피를 유럽으로 수출하였다.[22] 니카라과 정부는 커피 재배의 확대를 위해 원주민들이 수확기에 강제로 일을 하도록 하는 법령을 제정하였고 이러한 조치로 인해 1870년에 커피는 니카라과의 주요 수출 농작물이 되었다. 1880년에는 많은 북유럽 이민자들이 니카라과 북부의 마타갈파(Matagalpa)와 히노테가(Jinotega) 지역으로 유입되어 새로운 영농 기술로 커피 재배를 하여 유럽과 미국으로 커피 수출이 활발히 이루어졌다. 이에 따라 1900년대 초반 커피는 목화, 바나나와 함께 니카라과의 주요 수출 작물이었으며 특히 니카라과 북부 지역에서 가장 중요한 농산물이 되었다.

하지만 오랜 내전과 자연재해로 인해 니카라과 커피 산업은 큰 타격을 입었으며 지금도 열악한 사회 간접 자본, 관개 시설과 자금 부족, 인지도 있는 브랜드의 부재 등으로 많은 어려움을 겪고 있다. 이러한 문제들을 극복하기 위한 일환으로 소규모 농가 중심으로 조합을 결성하여 스페셜티 커피와 공정무역 커피와 같은 프리미엄 커피 생산에 노력을 기하고 있으며 니카라과커피생산자조합연합(The Nicaraguan Association of Smallholder Coffee Cooperatives, CAFENICA)는 니카라과를 대표하는 조합의 하나로 활발한 활동을 하고 있다.

재배/가공/품종

커피 산업은 농촌 일자리의 54%를 제공하여 4만여 가구가 커피 재배에 종사하고 있으며 33만 명이 커피 생산, 가공, 수확에 관한 일에 노동력을 제공하고 있다.[23]

대부분 3헥타르 미만의 소규모 농가에서 셰이딩으로 커피를 생산하며 카투라를 가장 많이 재배하고 워시드 가공을 주로 한다. 니카라과 커피는 대부분 유기농인데 이는 화학 비료를 살 경제적인 여유가 없기 때문이다. 대부분 아라비카를 재배하고 있으며 로부스타 생산량은 2017년 3만 6천백으로 전체 생산량의 2% 미만인데 대부분 내수용으로 사용된다.

재배 면적(만 헥타르)	12.6	생산량(만 백)	251 ('18/19)
수확기(월)	12-3	포장 단위(kg)	69
가공	주로 워시드 가공		
건조	주로 햇볕 건조		
품종	주로 아라비카 재배 - 카투라(72%), 기타(28%, 카투아이, 마라고지페, 파카마라, 파카스, 카티모르, 마라카투 등)		

생산량

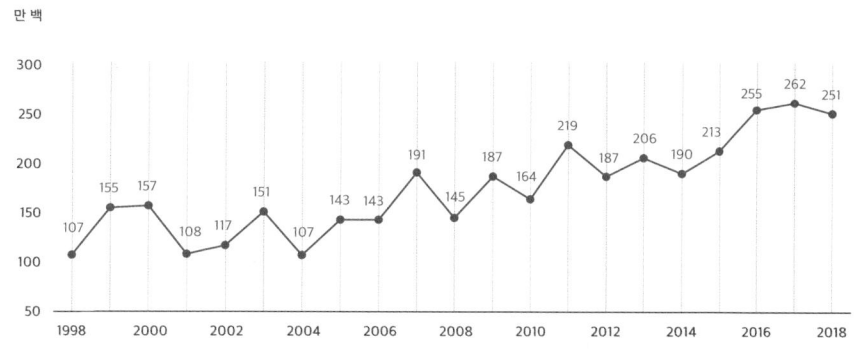

니카라과 연간 커피 생산량(1998-2018)

니카라과 정부는 커피 농가가 농장 개선 사업을 할 수 있도록 재정적 지원을 하였으며 그 결과 2000년대 들어 커피 생산은 지속적으로 증가하여 10년 동안 두 배 이상 성장하였다.

재배 지역

니카라과는 우기와 건기가 교차하는 열대 사바나 기후지역이고 고지대의 연평균 기온은 15-26°C로 커피 재배에 적합한 조건을 갖추고 있다. 니카라과 커피 재배는 해발 700-1,700m 사이에서 이루어지며 대부분 중앙 고원 지대인 마타갈파, 히노테가, 누에바세고비아(Nueva Segovia), 마드리스(Madriz) 지역에 집중되어 있다. 그 밖에 태평양 연안의 마나구아(Managua) 지역에서도 소량의 커피가 생산된다.

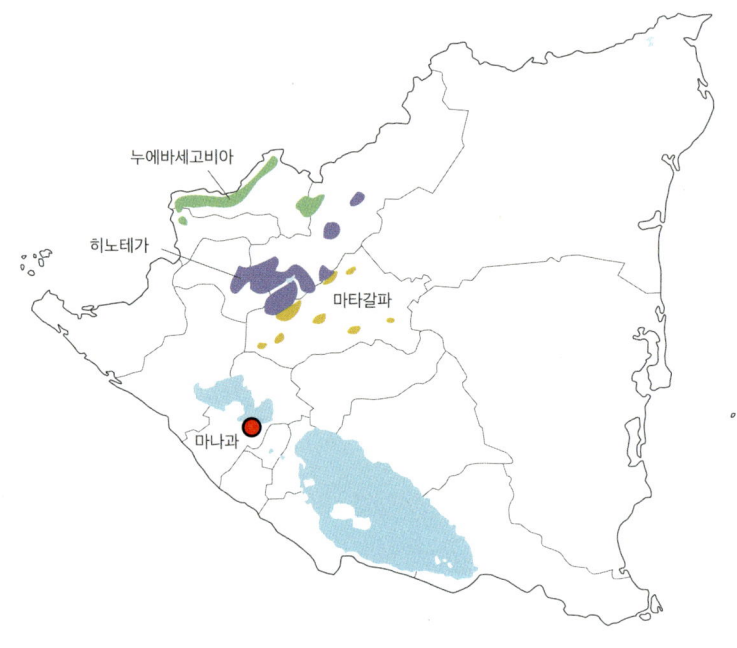

히노테가 — 히노테가는 온두라스와 국경 지대이다. 니카라과 커피의 40%를 생산하는 최대 커피 산지로 상표명이기도 하며 해발 1,100-1,700m에서 카투라와 버번을 주로 재배한다.

마타갈파 — 마타갈파는 약 30%의 커피를 생산하는 곳으로 해발 1,000-1,400m에서 카투라와 버번을 주로 재배한다.

누에바세고비아 — 히노테가와 함께 온두라스 국경 지대에 위치한 지역으로 니카라과 커피의 10%를 정도를 생산하는데 니카라과 COE 커피의 대부분이 이 지역 커피이다. 해발 1,000-1,400m에서 카투라와 버번을 재배한다.

커피 특성 부드러운 신맛을 가지고 있고 좋은 단맛으로 인해 주로 에스프레소 블렌딩에 사용되고 있다. 바디는 가벼운 바디에서 중간 정도이고 레몬, 라임, 너트, 바닐라, 감귤향을 느낄 수 있다. 특히 니카라과 마라고지페에서는 밝은 신맛과 깔끔하고 균형 잡힌 맛이 느껴진다고 평가받는다.

분류 재배 고도에 의한 분류를 하며 선별을 통한 하위 분류도 시행한다.

재배 고도

등급	고도(m)
Strictly High Grown(SHG)	1,500 이상
High Grown(HG)	1,300-1,500
Medium Grown(MG)	1,000-1,300
Low Grown(LG)	1,000 이하

선별 — EP : 추가적인 선별을 통과하여 수출되는 최상위 품질의 커피

니카라과는 분류 기준이 엄격히 지켜지지 않아 HG나 MG 등급이 SHG와 섞여 수출되어 니카라과 커피의 80%가 SHG 등급이고 이러한 이유 때문에 주변 국가에 비해 시장에서 인정을 받지 못하고 있다.

니카라과 SHG EP

7. 파나마

파나마는 중앙아메리카 최남단에 위치한 나라로 코스타리카와 콜롬비아 사이에 있고 카리브해와 태평양을 접하고 있으며 커피는 1800년대 유럽 이민자에 의해 코스타리카 국경 지대인 치리퀴(Chiriqui) 지역에 처음 전파되었다고 전해진다.[24]

파나마도 다른 중앙아메리카의 나라처럼 커피 생산에 이상적인 조건 즉, 화산 토양, 강우량, 기온, 해발고도, 명확한 우기 건기의 구분 등을 갖추고 있지만 커피 산업이 발달하지 못해 생산량도 매우 적고 커피 시장에서도 높은 평가를 받아오지 못했다. 하지만 게이샤 커피로 인해 파나마는 국제적인 명성을 얻게 되었다.

1996년 설립된 파나마스페셜티커피협회(Specialty Coffee Association of Panama, SCAP)는 커피 가격 하락에 대한 대책으로 7개의 커피 농장들이 주축이 되어 설립된 단체이다. 파나마스페셜티커피협회는 스페셜티 커피 수출에 주력하고 있으며 커피 프로모션을 위해 '베스트 오브 파나마' 행사를 매년 개최하고 있는데 이 행사는 게이샤 커피, 일반 커피, 파카마라 커피로 세분해서 시행된다.

재배/가공/품종 아라비카만을 재배하며 생산량은 많지 않고 게이샤 외에 다양한 품종이 재배된다.

생산량(만 백)	13 ('18/19)	수확기(월)	11-3	포장 단위(kg)	60
가공	주로 워시드 가공이며 내추럴 가공과 허니 커피 가공도 시행				
건조	햇볕 건조와 기계 건조를 병행				
품종	아라비카 - 카투라, 티피카, 버번, 카투아이, 버번, 파카마라, 게이샤 등				

생산량 파나마의 연간 커피 생산량은 10만 백정도 극히 소량이며 큰 변화를 보이지 않는다.

재배 지역 주요 생산 지역은 코스타리카와 접경지대인 파나마 서쪽의 해발 3,475m의 바루화산(Mt. Baru) 인근의 보퀘테(Boquete)와 볼칸-칸델라(Volcan-Candela)이다. 이 지역은 도로 여건이 좋으며 가공 시설도 잘 갖추어져 있다.

보퀘테 — 보퀘테는 파나마 커피 생산지 중 가장 유명한 곳이다. 커피 재배를 시작한 지 100년이 넘은 가장 오래된 지역으로 바루화산 동쪽에 있으며 산에서 불어오는 서늘한 바람으로 인해 안개가 자주 발생한다. 그래서 고지대에서 재배되는 것처럼 체리가 천천히 성숙되어 단맛이 강하고 복합적인 특성을 지닌 커피가 만들어지며 돈 페페(Don Pepe Estate), 에스메랄다, 돈 파치(Don Pachi Estate), 엘리다(Elida Estate) 등의 농장이 유명하다. 해발 1,200-1,800m에서 게이샤를 비롯한 카투아이, 버번, 카투라 등이 생산된다.

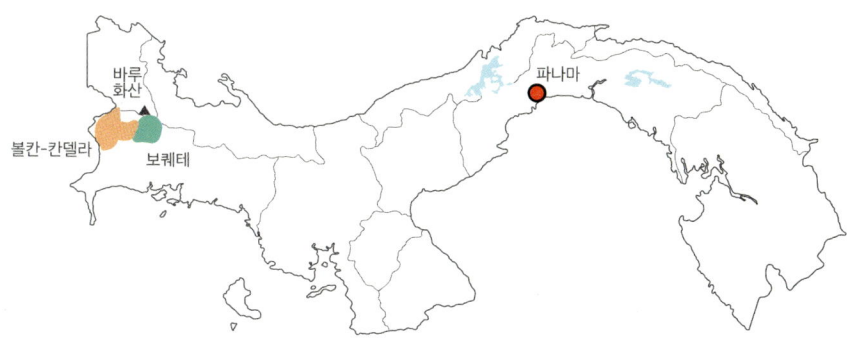

돈 파치(Don Pachi) 농장

볼칸-칸델라 — 바루화산의 서쪽 지역으로 해발 1,200-1,600m에서 게이샤를 비롯한 카투아이, 버번, 파카마라 등이 생산된다.

바루화산

잰슨(Janson) 농장

커피 특성 고지대에서 생산되는 파나마 커피는 과일 맛과 꽃향 그리고 산뜻한 신맛이 두드러지고 전체적으로는 균형 잡힌 커피의 특성을 보인다.

분류 재배 고도로 분류를 하며 결점두 제거 정도 등으로 하위 분류를 한다.

재배 고도

등급	고도(m)
Strictly Hard Bean(SHB)	1,200-1,800
Hard Bean(HB)	900-1,200

결점두 — EP : 핸드 소팅으로 결점두와 외부 이물질을 제거

파나마 게이샤 내추럴

카리브해

수많은 섬으로 구성되어 있는 카리브해 지역은 중앙아메리카의 동쪽 해안과 남아메리카의 북쪽 해안 그리고 서인도 제도에 둘러싸인 대서양의 내해이다. 커피는 1723년 프랑스의 해군장교 끌리외(Gabriel Mathieu de Clieu)에 의해 서인도 제도의 작은 섬인 마르티니크에 처음 심어졌고 이후 카리브해 지역과 인근 중남미 지역으로 확산되었다.

카리브해 지역의 여러 섬에서 커피가 생산이 되고 있으나 주요 생산 지역은 쿠바, 자메이카, 도미니카, 아이티(Haiti)의 네 나라이다. 카리브해의 커피 산지는 미네랄이 풍부한 화산 토양, 카리브해에서 불어오는 온화한 바람과 일교차 그리고 해풍에 의해 발생하는 구름이 햇빛을 적절히 차단해 주어 커피 생산에 적합한 요건들을 갖추고 있다. 그러나 카리브해 지역은 해마다 발생하는 허리케인에 의해 치명적인 피해를 입기도 한다.

1. 쿠바

쿠바에는 1748년에 커피가 처음 소개되었고[25] 아이티 혁명(1791-1804) 이후 프랑스인들이 쿠바로 피난을 와 커피 농사를 짓기 시작하면서 커피 산업이 발전하였다. 1820년대에는 커피 판매액이 대표적인 농산물인 사탕수수를 능가하였다. 하지만 1956년 사회주의 정부의 커피 농장 국유화 정책에 따른 후유증으로 생산량이 급감하였다가 1970-80년대에 소련의 지원을 받아 다시 생산량이 회복되었다. 하지만 소련의 몰락 이후 다시 커피 산업이 쇠퇴하여 지금까지도 생산량이 매우 적은 편이다. 쿠바는 비옥한 토양과 커피 재배에 적합한 기후조건을 갖추고 있으며 특히 크리스탈마운틴(Crystal Mountain) 커피는 블루마운틴 커피에 필적하는 쿠바를 대표하는 커피이다. 2003년부터 유기농 커피를 일본과 유럽에 수출하고 있다.

재배/가공/품종 아라비카만을 재배하며 생산량은 많지 않고 티피카 외에 여러 품종이 재배된다.

재배 면적(만 헥타르)	2.7	생산량(만 백)	12 ('18/19)
수확기(월)	7-2	포장 단위(kg)	60
가공	주로 워시드 가공		
건조	햇볕 건조와 기계 건조 병행		
품종	아라비카만 재배 - 티피카, 버번, 카투라, 카투아이, 산라몬		

재배 지역

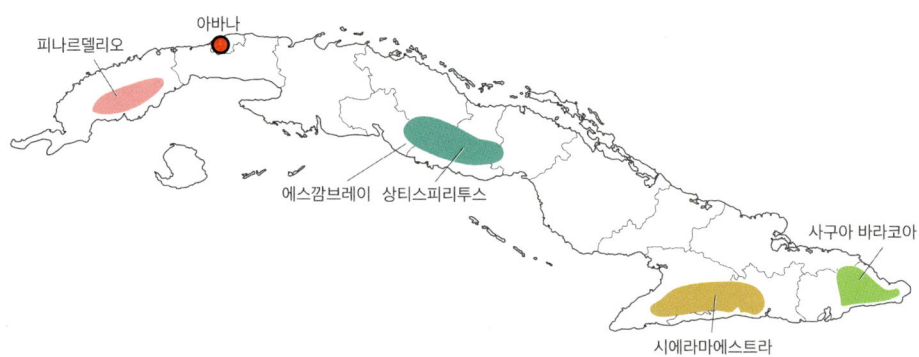

중앙 지역은 에스깜브레이(Sierra del Escambray) 산악 지역부터 비야클라라(Villa Clara), 상티스피리투스(Sancti Spiritus)에 이르는 지대이며 쿠바를 대표하는 크리스탈마운틴 커피는 에스깜브레이산맥 지역에서에서 생산된다. 크리스탈이란 이름은 토양에 운모와 석영이 많이 함유되어 있어 붙여졌다고 한다. 동부의 사구아 바라코아(Sagua-Baracoa) 지역, 시에라마에스트라(Sierra Maestra) 지역과 서부의 피나르델리오(Pinar del Rio) 지역에서도 커피가 생산된다.

커피 특성 쿠바 커피는 우아하며 섬세한 향과 단맛, 좋은 신맛, 깔끔하고 부드러운 맛을 느낄 수 있다. 또 지속성이 있으며 균형 잡힌 바디를 가지고 있다.

| 분류 | 크기와 결점두 개수로 분류를 하며 결점두(디펙트)로 하위 분류를 시행한다. |

크기와 결점두

등급	크기(스크린 사이즈)	결점두 개수
Crystal Mountain	18 이상	10
Extra Turquino	18	18
Turquino	17	19
Altura	16	19
Montana	15	24
Cumbre	14	29

결점두

등급	디펙트
Grade 1	0
Grade 2	4
Grade 3	12

2. 자메이카

자메이카는 쿠바 남쪽에 위치한 작은 섬나라로 1728년 커피가 유입되어 재배되기 시작하였다.[26] 자메이카를 대표하는 유명한 커피는 바로 커피의 황제라 불리던 자메이카 블루마운틴 커피이다.

블루마운틴 커피는 세계적인 명성을 가지고 있었으나 무분별한 생산량 확대로 인한 품질 저하로 그 명성이 쇠락하였었다. 하지만 1960년대 일본 자본의 유입과 자메이카 정부의 노력으로 품질이 회복되었다. 그러나 게이샤와 COE와 같은 고급 커피의 출현으로 요즘은 블루마운틴의 인지도가 예전만 못한 실정이다.

재배/가공/품종	아라비카만을 재배하고 포장 단위가 보다 세분화 되어 있으며 블루마운틴 지역 외에도 섬 여러 곳에서 커피가 재배된다.

재배 면적(만 헥타르)	1.1	생산량(만 백)	1.8 ('18/19)
수확기(월)	9-3	포장 단위(kg)	70, 30, 15
가공	워시드 가공		
건조	햇볕 건조		
품종	아라비카만 재배 - 티피카, 블루마운틴		

재배 지역

섬의 여러 지역에서 커피가 재배되며 이 중 블루마운틴 커피는 카리브해에서 가장 높은 산인 블루마운틴 지역에서 재배되는데 토양이 비옥하고 짙은 안개가 잘 발생하여 열매가 천천히 성숙되기 때문에 밀도가 높고 품질이 뛰어나다.

자메이카커피산업위원회(Coffee Industry Board of Jamaica, CIB)에서는 블루마운틴 지역에서도 법으로 정해진 특정 지역에서만 생산되는 커피를 블루마운틴이라 인증해주고 있다. 블루마운틴 커피에서 흔히 볼 수 있는 월렌포드(Wallenford), 마비스뱅크(Mavis Bank)는 농장이 아니라 농가로부터 수확한 체리를 사들여 가공하는 공장의 명칭이다.

커피 특성

자메이카 블루마운틴 커피는 개성이 강하다기 보다 와인에서 느껴지는 부드럽고 우아한 신맛, 단맛과 쓴맛의 조화 그리고 다양한 향 때문에 균형이 매우 잘 잡힌 커피라고 평가받고 있다.

분류

블루마운틴 커피의 분류는 재배 고도에 의한 분류와 크기, 결점두에 의한 하위분류도 시행한다.

재배 고도

등급	고도(m)
Jamaica Blue Mountain	910-1,700
Jamaica High Mountain	460-910
Jamaica Low Mountain (Jamaica Supreme)	460 이하

크기와 결점두

등급	크기(스크린 사이즈)	결점두
Blue Mountain No. 1	96%가 17-18	주요 결점두가 2% 이내
Blue Mountain No. 2	96%가 16-17	
Blue Mountain Peaberry	10	

자메이카 블루마운틴 No. 1

3. 도미니카

쿠바 동쪽에 위치한 도미니카는 1735년 커피가 처음 유입되어 재배되었다.[27] 도미니카의 연간 커피 생산량은 35-50만 백 정도인데 자국 내 소비가 많아 생산량의 20% 미만 정도만 수출하고 있으며 주로 미국에서 소비된다. 도미니카 커피는 과거 나라 이름이었던 산토도밍고(Santo Domingo) 커피로 더 많이 알려져 있다.

재배/가공/품종 커피 재배 농가는 대부분(92%) 3헥타르 미만의 영세한 규모이며 셰이딩을 하고 있고 유기농 생산이 주를 이룬다. 주 수확기는 11-5월이지만 연중 내내 수확이 이루어진다.

생산량(만 백)	43 ('18/19)	수확기(월)	11-5
가공	워시드 가공	포장 단위(kg)	75
건조	햇볕 건조와 기계 건조		
품종	아라비카만 재배 - 티피카, 카투라, 카투아이, 버번, 문도노보, 비야사르치 등		

재배 지역

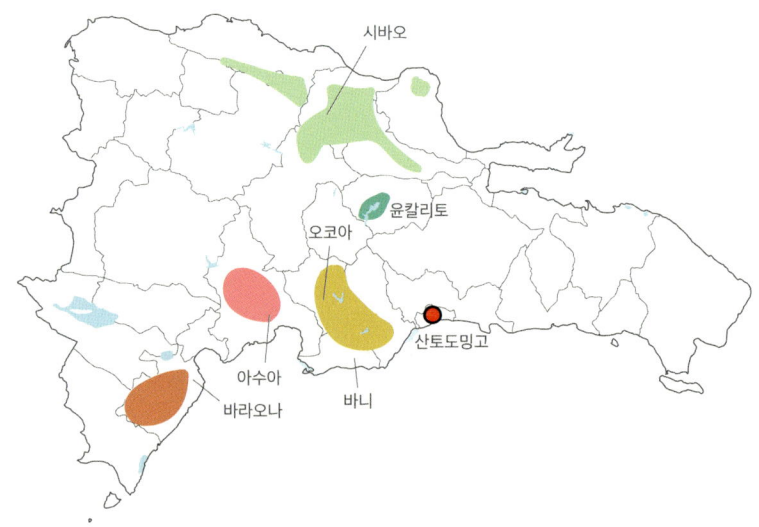

재배 고도는 600-1,450m 정도로 높지 않은 편이다. 도미니카의 기후는 커피 재배에 이상적인데 카리브해에서 불어오는 서늘한 해풍과 구름이 과도한 햇볕으로부터

커피나무를 보호해주고 충분한 습도를 제공하여 커피열매가 천천히 익게 하기 때문이다. 주요 산지는 시바오(Cibao), 윤칼리토(Juncalito), 바라오나(Barahona), 바니(Bani), 아수아(Azua), 오코아(Ocoa) 등이다.

커피 특성   도미니카 커피는 부드럽고 깔끔한 커피로 유명하다. 균형이 잘 잡혀있고 중간 정도의 바디를 가지고 있으며 부드럽고 상큼한 신맛도 느낄 수 있다.

분류   크기에 의한 분류를 시행한다.

등급	크기(스크린 사이즈)
AA	17-19
A	15-16

도미니카 시바오 AA

아프리카

아프리카 지역은 아라비카, 로부스타 등의 커피 원산지이고 에티오피아, 케냐, 탄자니아는 아프리카를 대표하는 아라비카 커피 생산 국가이다. 그 외 소량이지만 르완다, 짐바브웨, 말라위, 부룬디에서도 아라비카 커피가 생산되며 파티오를 사용하지 않고 주로 아프리칸 베드에서 건조시킨다. 로부스타는 우간다와 카메룬, 코트디브와르 같이 아프리카 서부 해안 지역에서 주로 생산된다.

아프리카 커피는 생산량은 많지 않지만 대체로 부드러운 편이고 뛰어난 신맛을 가지고 있는데 특히 다른 대륙의 커피보다 향이 좋아 많은 사랑을 받고 있다.

1. 에티오피아

에티오피아는 아라비카 커피가 처음 발견된 커피의 고향이다. 널리 알려진 칼디(Kaldi)의 전설에 따르면 에티오피아 서쪽 지역의 카파(Kaffa) 고원 지대에서 커피가 처음 발견되었다고 한다. 그러나 커피 재배는 예멘에서 먼저 이루어졌으며 에티오피아가 1600년대 커피를 처음 수출했다고 하나 확실치는 않고 기록에 의하면 1920년대 하라리(Harrari)와 아비시니안(Abyssinian)이라는 브랜드로 10만 백 정도를 수출하였다고 한다.[28]

1956년 커피 무역을 관장하는 부서가 신설되었고 1957년 생산자와 거래자, 수출업자 간의 이해관계 조정 및 커피 품질 향상을 위해 에티오피아국립커피위원회(National Coffee Board of Ethiopia, NCBE)가 설립되었다. 1973년 새롭게 권력을 잡은 군사정권은 수출 면허 발급 비용을 대폭 올려 그 결과 13개 수출업자를 제외한 대부분이 수출 면허를 포기하였고 이런 상황은 1989년 새로운 발급이 허용될 때까지 지속되었다. 1975년 개인 소유의 커피 가공 시설이 국유화 되었으며 협동조합이 설립되었다. 1979년 에티오피아커피마케팅법인(Ethiopian Coffee Marketing Corporation, ECMC)이 설립되어 쿼터제를 도입하여 커피 수출을 독점하였다. 1991년 군사 정권이 붕괴됨에 따라 1992년 쿼터제가 폐지되어 개인 수출업자는 에티오피아커피마케팅법인과 자유 경쟁을 하게 되었다. 그때까지 워시드 커피는 에티오피아커피마케팅법인이 독점 판매하였지만 이 역시 자유화가 이루어졌.

2008년 에티오피아상품거래소(Ethiopian Commodities Exchange, ECX)가 설립되어 현재는 공개입찰방식으로 거래되고 있다.

커피는 에티오피아 경제에서 그 비중이 매우 크다. 커피 산업 직간접 관련 종사자 수가 약 천오백만 명에 이르고 커피가 최대 수출 품목으로 총 외화 수입의 25%을 차지하고 있다.[29]

근래에는 판매 활성화와 농가의 이익 증대를 위해 지역별로 많은 협동조합이 결성되어 활동하고 있다. 대표적인 조합은 1999년 처음 설립된 오로미아커피생산자조합(Oromiya Coffee Farmers Cooperative Union, OCFCU)으로 7만여 농가가 가입되어 있으며 그 밖에 최대 조합으로 8만여 농가가 가입되어 있는 시다마커피생산자조합(Sidama Coffee Farmers Cooperative Union, SCFCU)과 4만여 가구가 가입되어 있는 이가체페커피생산자조합(Yirgacheffe Coffee Farmers Cooperative Union, YCFCU)이 있다.

에티오피아 커피는 다른 커피에서 찾아보기 힘든 특유의 향과 독특한 플레이버로 인해 많은 사랑을 받고 있으며 커피를 마시는 습관은 에티오피아의 오랜 전통이자 문화로 자리 잡고 있다.

에티오피아상품거래소

재배/가공/품종

에티오피아 커피 농가 수는 400만에 달하지만 대부분(95%) 재배 면적이 1헥타르에도 못 미치는 영세한 규모이다. 커피 재배는 대부분 숲속 야생 상태의 커피나무에서 수확하거나 농가 소유의 땅 근처에 커피나무를 심어 수확하는 형태로 일반적인 커피 생산 국가와 사뭇 다르다.

에티오피아 커피 재배 방법

재배 방법	내용
포레스트 커피 (Forest coffee)	남부와 서남부에서 주로 행해지는 커피 수확 방법이다. 숲속에서 야생 상태로 키가 큰 다른 나무들의 그늘에서 자라는 서로 다른 품종의 커피나무에서 열매를 수확한다. 전체 수확의 10% 정도를 차지한다.
세미 포레스트 커피 (Semi forest coffee)	남부와 서남부에서 행해지는 커피 수확 방법이다. 야생 상태의 커피나무에서 수확하지만 포레스트 커피와 다른 점은 햇볕이 어느 정도 들도록 다른 나무를 잘라주고 일 년에 한 번 정도 가지치기나 잡초를 제거한 후 수확한다는 점이다. 전체 수확의 35% 정도를 차지한다.
가든 커피 (Garden coffee)	남부와 동남부에서 행해지는 커피 수확 방법이다. 농가나 농가 근처의 땅에 다른 작물과 함께 커피나무를 조밀하지 않게 심은 뒤 유기 농법으로 경작한다. 전체 수확의 50% 정도를 차지한다.
플랜테이션 커피 (Plantation coffee)	대규모 농장에서 행해지는 조직화된 커피 경작이다. 실제로 이런 농장은 많지 않아 전체 수확의 5% 정도 밖에 되지 않는다.

에티오피아의 커피 재배는 살충제나 화학 비료를 거의 사용하지 않고 수확은 모두 사람 손에 의해 이루어진다. 그러나 커피나무의 노쇠화, 토양의 유기물 손실, 기온 상승, 불규칙한 기상 조건 등으로 인해 커피 재배에 많은 어려움을 겪고 있으며 게다가 커피보다 수익성이 좋고 가뭄에 강한 카트(Khat, Qat)* 재배를 하는 지역도 늘어나고 있다.

이런 여러 어려운 상황들을 극복하기 위해 전에는 재배에 적합하지 않았던 고지대에 커피를 재배하고 달라진 기후에 적합한 품종도 개발하는 한편 지하수를 개발하여 물 공급을 하는 등 여러 가지 노력을 하고 있다.

내추럴 가공이 많이 이루어지고 있으며 최근에는 허니 커피 가공도 시행되고 있다.

재배 면적(만 헥타르)	53	생산량(만 백)	778 ('18/19)
수확기(월)	10-3	포장 단위(kg)	60
가공	내추럴 가공(70-80%), 워시드 가공(20-30%)		
품종	아라비카 - 에티오피아 고유 품종		

생산량

에티오피아 연간 커피 생산량(1998-2018)

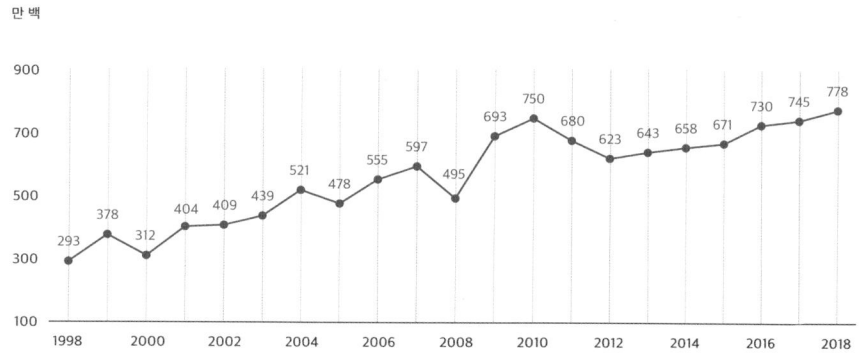

에티오피아의 커피 생산량은 꾸준히 증가하여 아프리카 최대 생산국이 되었으며 2017년 현재 세계 6위의 자리에 올랐다.

---

* 차트(Chat)라고도 하며 씹으면 환각 작용을 하는 풀로 예멘, 소말리아, 에티오피아 등지에서는 사람들이 이 풀을 씹는 습성이 널리 퍼져 있다. 대부분의 국가에서는 카트를 마약으로 규제하고 있다.

재배 지역

에티오피아는 동아프리카 지구대(Great Rift Valley)가* 국토를 관통하고 있다. 커피 재배는 이 지구대 양쪽의 해발 1,500m 이상 고지대에서 이루어지며 대부분 남부 지역이다.

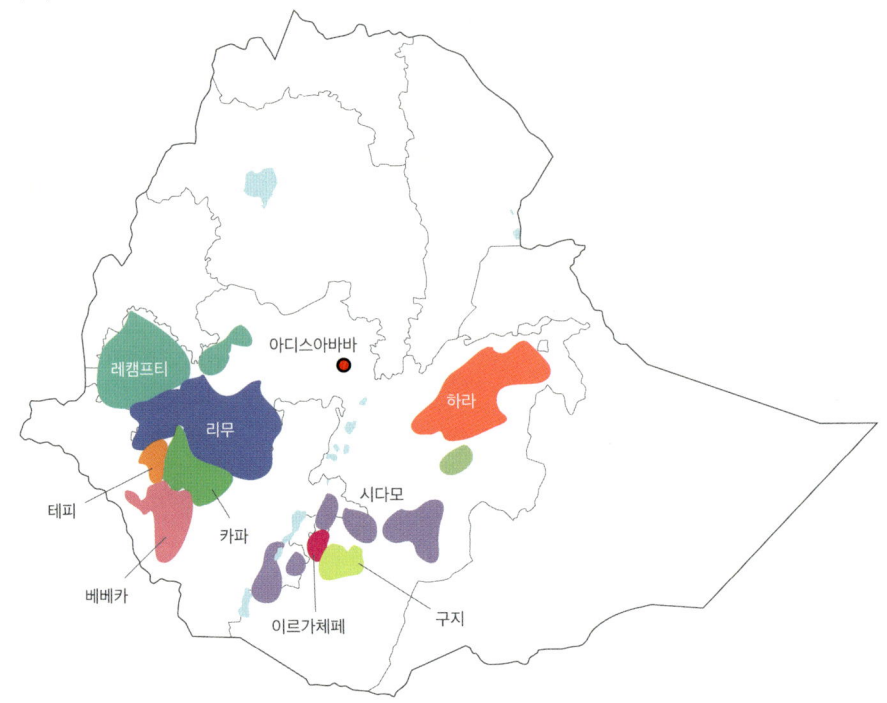

시다모** — 시다모는 에티오피아의 남쪽 지역으로 각 지역마다 토양, 기후, 재배 품종들이 달라 시다모 커피를 한가지로 정의하기가 어려울 정도이다. 커피는 1,400–2,000m의 고지대에서 재배되며 워시드와 내추럴 커피가 함께 생산된다.

품질이 좋은 내추럴 시다모 커피는 강한 과일의 특성을 지니고 있고 바디는 가벼운 편이다. 워시드 커피도 강한 과일 특성을 지니며 내추럴 커피에 비해 밝고 깔끔한 맛을 느낄 수 있다.

---

* 시리아 북부에서 아프리카 동남부 모잠비크 해안까지 이어지는 약 6,000Km 길이의 세계 최대 지구대이다. 이 지구대에는 지각 작용으로 인해 많은 화산과 호수가 있으며 아프리카에서 에티오피아, 케냐, 탄자니아에서 아라비카 커피 생산이 가능한 이유도 동아프리카 지구대가 이 나라들을 지나기 때문이다.

** 에티오피아는 지명과 커피명칭을 표기할 때 차이를 보인다. 이가체페(이가체프, 예가체프, 예가체페)는 지명일 때 'Yirga Chefe'로 커피일 때는 'Yirgacheffe'로, 하라(하라르)는 지명일 때 'Harar'로 커피일 때는 'Harrar'로, 시다모는지 명일 때 'Sidama'로 커피일 때는 'Sidamo'로 표기한다. 그리고 커피 명칭도 정해진 발음이 없이 여러 가지가 같이 통용된다.

이가체페 — 이가체페는 시다모 남쪽의 아바야(Abaya) 호수에 인접한 인구 2만의 작은 지역으로 공식적인 명칭은 제데오(Gedeo)인데 생산되는 커피는 이가체페라는 명칭으로 판매된다. 이가체페 커피는 에티오피아를 대표하는 커피로 가장 널리 알려져 있고 많은 면에서 시다모 커피와 유사하며 꽃향과 같은 독특한 향으로 유명하다. 또한 커피를 마셨을 때 차를 마신 것과 같은 느낌을 받기도 한다. 재배는 비옥한 토양의 1,700-2,000m의 구릉지에서 이루어지는데 과거에는 워시드 커피를 주로 생산했으나 근래에는 내추럴 커피도 많이 생산한다. 이가체페의 북동부 지역에서 코케(Koke), 남부 지역에서 코체르(Kochere), 동부 지역에서 아리차(Aricha) 커피가 생산된다.

하라(하라르) — 동북부 지역의 하라는 에티오피아에서 가장 오래된 커피 재배 지역 중 하나로 건조하고 뜨거운 사막 기후로 인해 독특한 맛을 지닌 커피가 생산되며 디리다와(Dire Dawa)와 하라(Harar) 시를 중심으로 한 1,500-2,100m의 고원 지대에서 대부분 재배된다. 햇볕 건조를 통한 내추럴 커피를 생산하고 커피는 크기에 따라 롱베리와 숏베리로 나뉜다. 근래에는 커피보다 카트가 경제성이 더 좋아 커피 재배가 대폭 감소하여 하라 커피를 접하기가 점점 어려운 상황이다.

하라 시 전경

하라 커피 농장

리무/짐마 — 리무(Limu)와 짐마(Djimmah, Jimma) 커피는 에티오피아의 남서쪽 지역에서 생산된다. 리무는 고도 1,400–2,000m에서 생산되며 워시드 가공을 한다. 시다모와 이가체페에 비해 신맛은 약하지만 균형이 잘 잡힌 커피로 평가된다. 짐마는 고도 1,400–1,800m에서 생산되며 내추럴 가공을 하고 에티오피아 내추럴 커피의 가장 많은 부분을 차지한다.

레켐프티 — 레켐프티(Lekempti, Nekempti)는 에티오피아의 서쪽 지역으로 매우 다양한 특성을 가진 커피가 생산되는데 다른 지역에 비해 신맛은 약하지만 단맛이 뛰어난 편이다. 재배 고도는 1,700–2,200m이고 내추럴 커피가 생산되며 콩이 다른 지역에 비해 큰 편이다.

베베카 — 베베카(Bebeka)는 에티오피아 남서쪽 지역으로 커피는 해발 950–1,300m의 비교적 저지대에서 재배되며 신맛은 약한 편이다.

커피 특성 내추럴 커피는 와인과 베리와 같은 과일의 특성을 지니고 있으며 중간 정도의 바디를 가지고 있다. 워시드 커피는 꽃향과 재스민, 레몬그라스의 특성을 가지고 있으며 차와 같은 느낌을 준다.

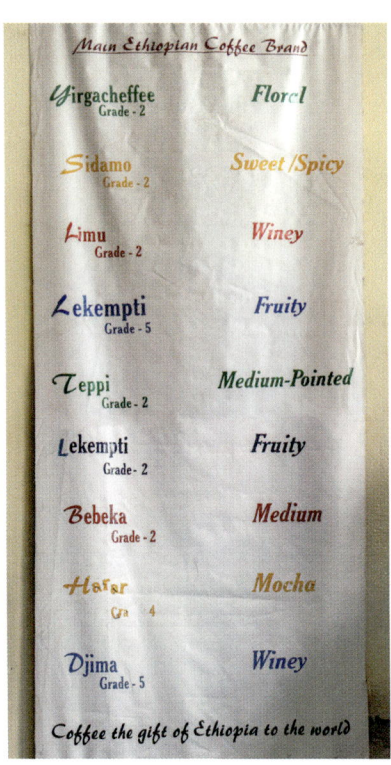

커피		특성
이가체페	워시드	꽃향, 밝은 신맛, 부드러운 감촉, 감귤, 와인, 깔끔하고 밝은 신맛 중간 정도의 바디
	내추럴	단맛, 블랙베리, 블루베리, 재스민, 자두
코체르 내추럴		파파야, 감귤, 무화과, 차
아리차 내추럴		꽃향, 열대과일(망고, 패션프루트, 파인애플) 커스터드와 캐러멜의 단맛
콩가(Konga) 내추럴		감귤, 배와 살구, 체리, 크랜베리, 레몬의 신맛
코케	허니	베리, 꽃향, 블랙티, 단맛, 부드러운 감촉, 바디
	내추럴	라임, 배, 초콜릿, 베리, 복숭아
시다모	워시드	깔끔한 신맛과 단맛, 감귤과 라임, 재스민향
	내추럴	부드러운 단맛, 레몬, 베리, 감귤이 느껴지는 밝은 신맛
리무 워시드		부드러운 신맛과 강한 바디, 와인, 깔끔하고 균형 잡힌 맛
하라 내추럴		모카 플레이버, 깊고 풍부한 바디, 진한 초콜릿, 블루베리, 블랙베리
짐마 내추럴		와인, 다크 초콜릿, 벌꿀, 풀 바디
레켐프티		중간 정도의 신맛과 바디, 과일의 특성
베베카		약한 신맛, 중간 이상의 바디

분류 2008년 에티오피아상품거래소의 설립에 따라 분류기준이 아래와 같이 적용된다.

등급	점수
Grade 1	85이상
Grade 2	75-84
Grade 3	63-74

등급	점수
Grade 4	47-62
Grade 5	31-46
UG(Under Grade)	15-30

커머셜 커피 — 커머셜 커피 중 워시드 커피는 생두 품질(40% : 디펙트 20%, 형태 5%, 색깔 5%, 냄새 10%)과 향미 특성(60% : 클린 컵 15%, 신맛 15%, 바디 15%, 플레이버 15%)으로 점수를 매기고 내추럴 커피도 생두 품질(40% : 디펙트 30%, 냄새 10%)과 향미 특성(60% : 클린 컵 15%, 신맛 15%, 바디 15%, 플레이버 15%)으로 점수를 매긴 다음 아래와 같이 분류한다.

스페셜티 커피 — 커머셜 커피 Grade1이나 2등급 중 SCA 커핑 방법을 통해 다시 아래와 같이 분류한다.

등급	커머셜 커피 등급	커핑 점수
Q1	Grade 1이나 2이면서 등급 점수가 80점 이상일 것	85 이상
Q2	Grade 1이나 2일 것	80.0-84.75

에티오피아 첼바(Chelba) 워시드 G1

에티오피아의 커피 세레머니[30]

에티오피아는 커피의 고향답게 실생활에서도 커피를 즐기는 문화가 오랜 전통으로 전해지고 있다. 에티오피아에서 커피를 마시는 방법은 다른 나라에서 보기 힘든 독특한 방식으로 이를 커피 세레머니(Coffee ceremony)라 부른다.

먼저 생두를 물에 씻어 실버스킨을 제거하고 그다음 둥근 철판이나 손잡이가 달린 냄비를 사용하여 커피를 볶는데 통상 다크 로스팅을 한다. 로스팅이 끝나면 나무로 된 작은 절구에 커피를 넣고 곱게 분쇄한다. 손잡이가 달린 긴 주전자인 제베나(Jebena)에 물을 붓고 분쇄 커피를 담은 후 10분 정도 끓인 다음 찬물을 한 컵 부어주고 몇 분 더 끓인다. 커피가 다 끓으면 주전자를 내려놓고 기울인 상태에서 5분 정도 식혀주며 커피 찌꺼기가 나오지 않도록 조심스럽게 시니(Cini)라 불리는 손잡이가 없는 작은 컵에 따라 마시는데 보통 빵이나 팝콘 등이 제공된다. 일반적으로 설탕을 한 스푼 정도 섞어 마시며 지역에 따라서는 소금을 넣기도 한다.

커피 세레머니가 진행되는 동안에는 향을 피워 이 의식이 진행되고 있다는 사실을 알리며 커피는 총 3회에 걸쳐 제공되고 총 두 시간 정도 소요된다.

1. 준비

2. 로스팅

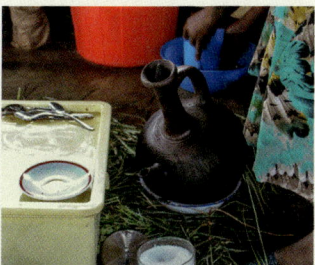

3. 추출

4. 따르기

5. 팝콘이나 전통 빵과 함께 커피를 마심

2. 케냐

케냐는 에티오피아와 국경을 접하고 있음에도 불구하고 다른 커피 생산국에 비해 한참 늦게 커피가 전파되었다. 1893년 동인도회사(British East India Company)를 통해 커피를 들여와 몸바사(Mombasa) 근처에 처음 심었고 1896년 첫 수확을 하였는데 재배 품종은 버번과 켄트였다.[31]

1920년 영국의 식민지가 된 후 케냐 전역에서 커피가 재배되었는데 주로 영국인이 운영하는 농장에서 재배되었으며 커피 경매는 런던에서 이루어졌다. 1933년 커피 법령이 공포되었고 1934년 케냐커피위원회(Coffee Board of Kenya)가 설립되어 커피 경매가 실시되었으며 이후 지금까지 이어져 오고 있다. 1960년에는 8년간 지속된 케냐의 독립 투쟁이 종료되고 일부 흑인들에게 커피 재배가 허용되었지만 그 수량을 철저하게 통제하였으며 커피를 음료로 마시는 것도 금지되었다.

1963년 영국으로부터 독립한 후 1964년에 커피연구소를 설립하여 SL-28, SL-34 등 새로운 커피 품종 개발과 영농 기술 보급에 노력하고 있으며 커피 거래는 대부분 케냐커피생산자거래자연합(Kenya Coffee Producers' and Traders' Association, KCPTA)의 관할을 받는 나이로비커피거래소(Nairobi Coffee Exchange)를 통한 경매방식으로 이루어지고 있다.

나이로비커피거래소

경매 샘플

재배/가공/품종　고지대를 제외하고 선 커피 방식으로 재배하고 있으며 수확은 두 번 이루어지는데 수확 시기는 지역에 따라 조금씩 차이를 보인다. 생산량의 45%는 14헥타르 미만의 소규모 농가에서 나머지 55%는 14헥타르 이상의 대규모 농장에서 생산된다.

소규모 농가들은 조합을 결성하여 자체 소유의 가공 시설에서 가공한 후 조합 이름으로 판매하고 있다.

재배 면적(만 헥타르)	11.2	생산량(만 백)	93 ('18/19)	포장 단위(kg)	60
수확기(월)	5-7(부 수확기, 45%), 9-12(주 수확기, 55%)					
가공	주로 워시드 가공					
건조	햇볕 건조					
품종	주로 아라비카 재배(90%) - SL-28, SL-34, K7, 루이루11, 바티안 등					

생산량

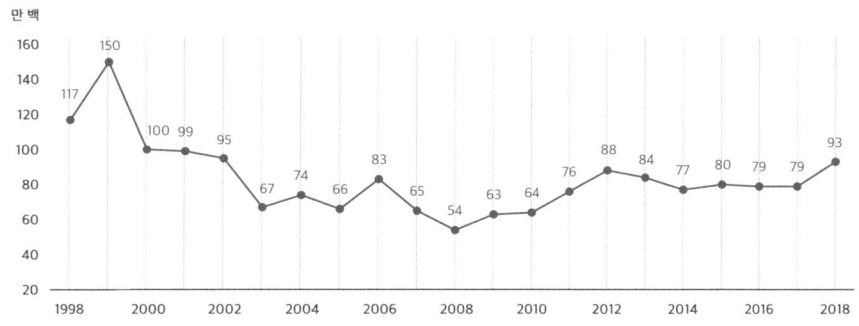

케냐 연간 커피 생산량(1998-2018)

케냐 커피 생산량은 지속적인 감소 추세를 보여 지금은 30년 전에 비해 1/3로, 20년 전에 비해 절반으로 줄어들었는데 이는 커피 가격의 하락, 커피베리병의 확산으로 인한 수확량 감소, 인건비 상승, 불규칙한 기상 조건 등에 기인한다. 최근에는 나이로비 근교의 부동산 개발과 아보카도와 같은 대체 작물의 재배로* 인한 커피 재배 면적의 감소도 큰 영향을 미치고 있다. 그래서 케냐의 중앙 정부와 지방 정부는 버려진 농장의 복원 사업 등 커피 생산량을 증가시키기 위해 노력하고 있다.

---

* 케냐는 세계 8위의 아보카도 수출국인 동시에 아프리카 최대 수출국이다.

재배 지역

케냐의 커피 재배는 대부분 해발 5,199m의 케냐산 (Mt. Kenya) 지역을 중심으로 이루어진다. 이 지역은 비옥한 화산 토양으로 배수가 잘 되며 유기물이 풍부하다. 그리고 기온도 커피 재배에 적합하여 양질의 커피가 생산된다.

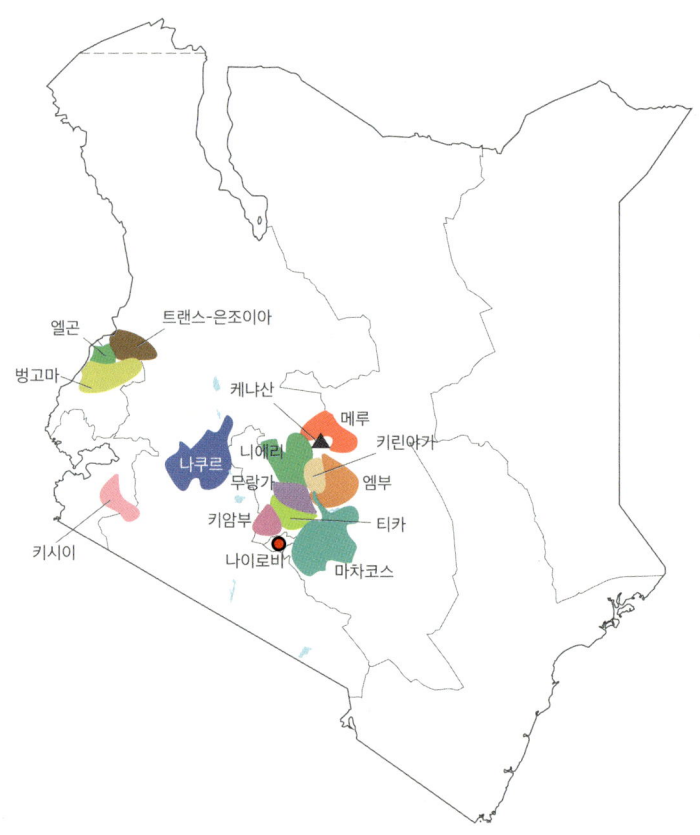

중앙 지역 — 케냐 커피의 80%를 생산하는 최대 생산 지역으로 전통적인 방법으로 커피를 재배하며 커피 외에도 차 재배, 낙농 등이 이루어지고 있다.

니에리(Nyeri)는 동쪽의 케냐산과 서쪽의 아베르다레(Aberdare)산맥 사이의 비옥한 고지대로 이곳의 붉은색 화산 토양에서 생산되는 커피는 뛰어난 품질을 자랑한다. 대부분 소규모 농가들이 조합을 결성하여 커피를 재배하고 있으며 재배 고도는 1,200–1,900m이다.

무랑가(Muranga)는 니에리의 남쪽에 있으며 이곳도 역시 비옥한 화산 토양에서 소규모 농가에 의해 양질의 커피가 생산된다. 재배 고도는 1,300–1,800m이다.

키암부(Kiambu)는 수도 나이로비 외곽 지역이다. 다른 지역에 비해 대규모 농장이 많은 곳으로 케냐의 브라질로 알려져 있다. 재배 고도는 1,500–1,800m이다.

키린야가(Kirinyaga)는 케냐산 남쪽 지역으로 비옥하고 배수가 잘 되는 화산 토양에서 뛰어난 품질의 커피가 생산되며 재배 고도는 1,300–1,900m이다.

동쪽 지역 — 케냐산 동쪽 지역으로 메루(Meru), 엠부(Embu), 마차코스(Machakos) 등이 여기에 속한다. 메루 지역은 케냐산의 동쪽 경사면과 니암베네(Nyambene) 언덕의 비옥한 화산 토양에서 커피가 재배되며 재배 고도는 1,300–1,800m이다. 엠부 지역은 케냐산 동쪽 산기슭의 고도 1,200–1,800m에서 커피가 재배된다. 마차코스 지역은 건조한 곳으로 고도 1,450–1,600m의 구릉지에서 커피가 재배된다.

지구대 지역 — 동아프리카지구대가 지나는 지역으로 생성된 지 100년이 채 안 된 비옥한 화산토로 덮여 있으며 기후도 온화하여 커피 재배에 적합하다. 나쿠루(Nakuru)와 키시이(Kisii)가 여기에 속한다. 나쿠루는 재배 고도가 1,800–2,200m로 케냐에서 가장 높은 곳이다. 커피 재배는 다른 지역보다 늦게 시작되었으며 커피 가공 시설도 다른 곳에 비해 매우 적은 편이다. 키시이는 빅토리아(Victoria)호수 인근 지역으로 구시이(Gusii) 구릉지의 소규모 농가에서 커피가 재배되며 재배 고도 1,450–1,700m에서 블루마운틴을 생산한다.

서쪽 지역 — 서쪽의 우간다와 접경지대로 벙고마(Bungoma), 해발 4,321m의 엘곤산(Mt. Elgon) 지역, 트랜스은조이아(Trans-Njoia) 등에서 커피가 재배된다. 벙고마는 케냐 서쪽의 우간다와 접경 지역으로 엘곤산 기슭에서 커피가 생산된다. 재배 고도는 1,500-1,950m이다.

해안 지역 — 타이타타베타(Taita-Taveta)는 탄자니아와 국경 지대로 구릉지에서 커피가 소량 재배되며 재배 고도는 1,400-1,700m이다.

커피 특성 케냐 커피는 블랙커런트의 향을 느낄 수 있고 베리와 감귤류의 밝은 신맛과 단맛 그리고 드라이 와인의 뒷맛도 가지고 있다. 그러나 과거에 비해 케냐 커피의 품질은 떨어지는 것으로 평가된다.

지역		특성
중앙지역	니에리	뚜렷한 감귤의 신맛, 블랙커런트, 초콜릿, 라임, 바닐라, 풀 바디
	무랑가	밝은 감귤의 신맛, 블랙커런트, 초콜릿, 풀 바디
	키암부	좋은 신맛, 자몽, 풀 바디
	키린야가	뚜렷한 감귤의 신맛, 블랙커런트, 스파이시, 프루티, 풀 바디
동쪽 지역	메루	밝은 감귤의 신맛, 풀 바디 베리, 초콜릿
	엠부	감귤의 신맛, 베리, 초콜릿, 풀 바디
	마차코	중간 정도의 신맛, 과일 특성, 풀 바디
지구대 지역	나쿠루	깔끔하고 밝은 신맛, 체리, 자두, 초콜릿, 풀 바디
	키시이	중간 정도의 신맛과 바디, 전형적인 블루마운틴 커피의 특성
서쪽 지역	벙고마	밝은 신맛, 과일의 특성, 전형적인 고산 지대 커피의 특성
	트랜스은조이아	날카로운 감귤의 신맛, 풀 바디
해안 지역	타이타타베타	중간 정도의 신맛, 풀 바디, 과일의 특성

분류   케냐 커피는 생두의 크기뿐만 아니라 커피 특성도 고려하여 분류한다.

크기

등급	특성	크기(스크린 사이즈)
E	두 개가 결합된 큰 콩(엘리펀트 빈)	21 이상(8.3mm)
AA	플랫빈	18/21(7.2mm)
AB	플랫빈	16/18(6.35mm)
C	크기가 작은 플랫빈	10/16(3.96mm)
PB	피베리	12/17(4.76mm)
TT	E, AA, AB 등급의 밀도 분류 시 분리되는 가벼운 콩	-
T	가장 작은 크기의 콩으로 실제로는 대부분 깨진 콩 조각	7(2.9mm) 이하
UG	Ungraded(등급 외)	-

- 엘리펀트 빈은 생두 두 개가 결합되어 자란 것으로 크기가 커서 케냐에서 이렇게 부르며 마라고지페와는 무관함

- AA는 21 크기의 체를 통과하고 18 크기의 체에 걸리는 크기를 의미하는데 실제로 스크린 19나 20은 별로 없으므로 크기를 18로 볼 수 있음

- 10% 정도 생산되는 내추럴 커피는 Mbuni라 하며 이는 다시 크기에 따라 MH(Heavy Mbuni)와 ML(Light Mbuni)로 분류함

커피 특성 — 크기만으로는 품질을 평가하기 어려워 커핑을 통해 커피 향미를 평가하여 가장 높은 1부터 가장 낮은 10까지 이를 다시 세분한다. Fine, Good, Fair to Good, Fair Average Quality(FAQ), Fair, Poor to Fair, Poor 등인데 실제로는 FAQ만 사용된다.

케냐 니에리 AA

3. 탄자니아

1898년 가톨릭 선교회에 의해 킬리만자로 지역에 처음 커피가 전파되었고 나중에 독일 정착민들에 의해 심어졌다.[32] 하지만 구전에 따르면 탄자니아 북서쪽에 거주하던 하야(Haya) 부족이 16세기 에티오피아 아비시니아로부터 커피를 가지고 와서 재배하였으며 수출도 했다고 한다.[33]

1800년대 후반 독일의 지배를 받게 되어 1911년 강제로 부코바(Bukoba) 지역에 커피를 재배하였다. 곡물을 포기하고 커피를 재배하는 것에 대한 저항이 있었지만 부코바 지역의 커피 수출은 증가하였고 이후 킬리만자로 모시(Moshi)지역에도 커피가 전파되었으며 그들은 전통적으로 해왔던 목축과 농사에서 커피 재배로 전환하였다.

1차 세계대전 이후 탄자니아를 지배하게 된 영국은 부코바 지역에서 재배했던 커피를 교체하기 위해 1919-1925년까지 천만 개의 커피 씨앗을 심는 캠페인을 벌였다. 또 1928년부터 1937년까지 토지 이용에 관한 개혁을 실시하였다. 이런 조치는 원주민의 저항을 유발시켰고 커피나무를 뽑는 일까지 발생시켰으며 그 결과 부코바 지역의 커피 생산은 1950년까지 정체 상태에 머물렀다. 반면 모시 지역은 커피 재배에 힘썼으며 1925년 최초의 조합인 킬리만자로원주민재배자협회(Kilimanjaro Native Planters' Association, KNPA)를 결성하여 커피를 런던 커피 시장에 직접 보내 더 좋은 가격으로 거래하였다.

탄자니아커피연구소

커피가 탄자니아 경제에 차지하는 비중은 아직도 커서 커피 산업의 직간접 종사자는 2백만 명에 달하며 커피 거래는 모시의 경매장을 통한 거래와 농장과 구매자 간 직거래의 두 가지 형태로 이루어진다. 내수용 커피는 농가에서 직접 판매할 수 있지만 이 경우 체리나 파치먼트 상태로만 거래가 가능하다. 탄자니아커피연구소(Tanzania Coffee Research Institute, TaCRI)는 2000년에 설립된 연구소로 커피 품종 연구, 재배 기술 보급, 질병 연구 등의 업무를 수행하고 있다.

재배/가공/품종

45만의 소규모 농가에서 90%의 커피를 생산하고 나머지 10%는 아루샤, 킬리만자로, 음베야(Mbeya) 지역에 위치한 110여개의 대규모 농장에서 생산되는데[34] 대부분(98%) 워시드 가공이 이루어지며 수확기는 지역에 따라 차이를 보인다.

재배 면적(만 헥타르)	26.5	생산량(만 백)	118('18/19)	포장 단위(kg)	60
수확기(월)	북부, 남부 : 7-12, 서부 : 5-10				
가공	워시드 가공				
건조	햇볕 건조				
품종	아라비카(60%) - 버번, 켄트, 티피카, 아루샤, 블루마운틴 / 로부스타(40%)				

생산량

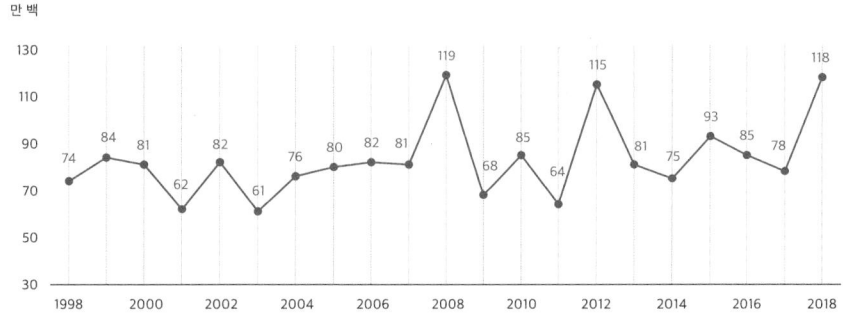

탄자니아 연간 커피 생산량(1998-2018)

탄자니아의 커피 생산량은 큰 변화 없이 정체 상태를 보이고 있다. 다른 아프리카 국가처럼 관개 시설의 부족, 커피나무의 노령화, 전근대적인 영농 기술, 빈약한 투입

자본 등으로 인해 생산성이 매우 낮은 편이기 때문이다. 이런 상황을 타개하기 위해 탄자니아 정부는 2011년 커피산업개발전략(Coffee Industry Development Strategy, CIDS)을 수립하여 시행하고 있다. 이 전략은 새로운 품종의 커피나무를 심고 비료 사용을 확대하며 커피 질병과 해충 퇴치를 통해 2020년까지 헥타르 당 생산량을 250kg에서 600kg으로 증가시키는 것을 목표로 하고 있다.

재배 지역 국토의 대부분이 산악 지역으로 북쪽에 아프리카 최고봉인 해발 5,895m의 킬리만자로산과 해발 4,565m의 메루화산(Mt. Meru)을 비롯해 높은 산들이 산재해 있다.

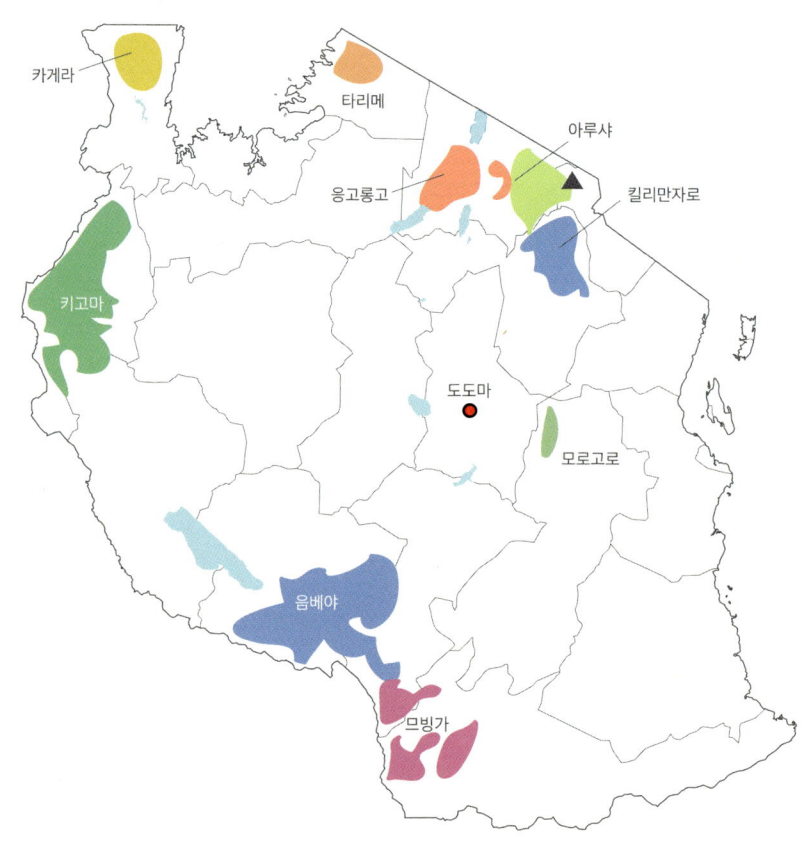

또 국토를 가로 지나는 동아프리카지구대에 의해 고지대가 형성되어 있다. 그래서 커피도 탄자니아 북쪽 지역의 화산 지대와 남쪽 지역의 고원 지대에서 대부분 생산된다.

북부 지역 — 킬리만자로, 아루샤, 마냐라(Manyara), 탕가(Tanga) 등에서 커피가 생산된다. 북부 지역은 한때 탄자니아 커피 최대 생산 지역이었지만 커피나무의 노쇠화로 인해 생산량이 많이 줄어들었으며 커피와 바나나를 같이 재배한다.
킬리만자로는 탄자니아에서 가장 오래된 아라비카 커피 재배지로 킬리만자로산의 경사면을 따라 커피가 재배된다. 일본에서 특히 탄자니아 커피를 선호하며 탄자니아에서 생산된 커피에 킬리만자로라는 브랜드를 사용하여 판매하였기 때문에 킬리만자로는 탄자니아의 커피 브랜드로도 많이 알려져 있다. 지금도 일본은 탄자니아 커피 최대 수출국이다. 아루샤는 킬리만자로와 인접한 메루 화산의 경사면을 따라 커피가 재배되며 대형 농장은 주로 이 지역에 위치하고 있다.

남부 지역 — 남부 지역은 음베야와 므빙가(Mbinga)에서 커피가 생산된다. 음베야는 탄자니아 최대 커피 생산 지역이며 서스테이너블 커피 생산도 이루어지고 있다. 므빙가는 모잠비크와 접경지대인 루부마(Ruvuma) 주의 서쪽지역으로 한때 커머셜 등급의 아멕스(Amex) 커피를 생산하였지만 지금은 탄자니아에서 가장 품질이 좋은 커피를 생산한다.

기타 — 그 밖에 이링가(Iringa), 모로고로(Morogoro), 키고마(Kigoma), 타리메(Tarime) 지역에서도 커피가 생산된다. 로부스타는 카게라(Kagera) 지역의 부코바, 물레바(Muleba), 미세뉴(Misenyi)에서 재배된다.

커피 특성 탄자니아 커피는 케냐 커피와 유사한 특성을 보인다. 꽃향과 과일향을 느낄 수 있고 전반적으로 깔끔한 베리와 감귤류의 신맛을 느끼게 해준다. 탄자니아 피베리는 중간 정도의 바디를 가지고 있으며 레몬, 라임, 블랙커런트가 느껴지는 밝은 신맛과 오래 지속되는 단맛을 느낄 수 있다.

분류

아래와 같이 생두의 크기에 의한 분류를 시행한다.

등급	크기(스크린 사이즈)
AA	18(최소 90% 이상), 17(최대 8-10%), 15(최대 2%)
A	15/16(최소 90% 이상), 14(최대 2%)
B	15/16(최소 90% 이상)
C	14(최대 10%)
PB	피베리
기타(저 품질)	AF, TT, E, F, UG, TEX

- AAA는 공식 분류기준은 아니지만 통상 스크린 사이즈 19 이상인 콩을 말함
- AMEX도 공식 분류기준은 아니며 A 등급이지만 클린 컵이 보장되지 않는 것으로 A등급 보다 낮은 가격에 거래됨

탄자니아 피베리

4. 르완다

아프리카의 중앙에 위치한 르완다는 국토 면적 약 2만Km²의 작은 나라이다. 콩고, 탄자니아, 우간다, 브룬디에 둘러싸인 내륙국으로 가장 가까운 항구까지 거리가 1,500km나 되어 커피 운송에 많은 어려움이 있다. 르완다는 '천 개 언덕의 땅'이라고도 불리며 이에 걸맞게 국토의 평균 고도가 1,500m의 고원국가로 적도 근처지만 평균 기온이 19°C 정도여서 커피 재배에 적합한 조건을 가지고 있다.

독일 선교사에 의해 1904년 커피가 처음 소개되었으며[35] 본격적인 재배는 1930년대부터 시작되었다. 이 당시 르완다를 지배했던 벨기에 식민 정부는 농부들에게 커피를 재배할 것을 강요하는 한편 커피 가격을 통제하고 수출에 높은 세금을 부과하였다. 그래서 생산량 증가에 비해 커피 품질은 낮아 농민들은 아주 적은 수입만을 가져갈 수 있었고 이런 상황은 르완다가 벨기에로부터 독립한 1962년까지 지속되었다. 이런 역사적인 사실로 인해 오늘날 르완다 사람들은 커피보다 차 마시는 것을 더 선호한다고 한다.

1990년대 초 커피 가격의 폭락과 1994년 수 십 만 명이 목숨을 잃은 르완다 대학살은 많은 커피 농장을 황폐화 시켰다. 가공 시설도 완전히 파괴되어 1994년 44만 백이었던 생산량은 1995년 2만 백으로 줄어들었고 이는 르완다의 커피 산업에 치명적인 영향을 주었다. 지금은 생산량이 많이 회복되었지만 전성기의 절반 정도에 불과하다. 이후 르완다 정부는 해외 원조를 받아 커피 산업을 복구하고 커피 품질을 향상하기 위한 국가커피전략(National Coffee Strategy)을 수립하여 실행하였다. 이런 노력의 결과 르완다 커피는 과거 생산량에는 미치지 못하지만 품질 향상을 통해 국제 시장에서 새롭게 부각되고 있으며 2008년부터 COE에도 참가하고 있다.

재배/가공/품종

약 50만 명이 커피 산업에 종사하고 있으며 커피는 대부분 소규모 농가에서 생산되고 있다. 브룬디와 마찬가지로 르완다 커피 명칭에는 워싱 스테이션이 표기된다.

재배 면적(만 헥타르)	6	생산량(만 백)	27('18/19)
수확기(월)	3-7	포장 단위(kg)	60
건조	햇볕 건조		
가공	워시드 가공		
품종	대부분 아라비카 재배 - 버번, 잭슨, 카투라, 카투아이		

생산량   르완다의 커피 생산량은 연간 20만 백 정도로 적은 편이며 큰 변화를 보이지 않는다.

재배 지역   르완다는 대부분의 지역에서 커피가 재배되며 그중 해발 1,200–1,800m의 고지대에서 주로 이루어진다. 서쪽 지역은 키부(Kivu) 호수를 따라 기세뉘(Gisenyi), 키부예(Kibuye)와 시앙구구(Cyangugu)에서 재배가 이루어지고 북쪽 지역은 루린도(Rulindo)에서 재배가 이루어진다. 또한 남쪽 지역의 부타레(Butare)에서도 커피가 생산되며 동쪽 지역에서는 1,300m의 저지대에서 재배가 이루어진다.

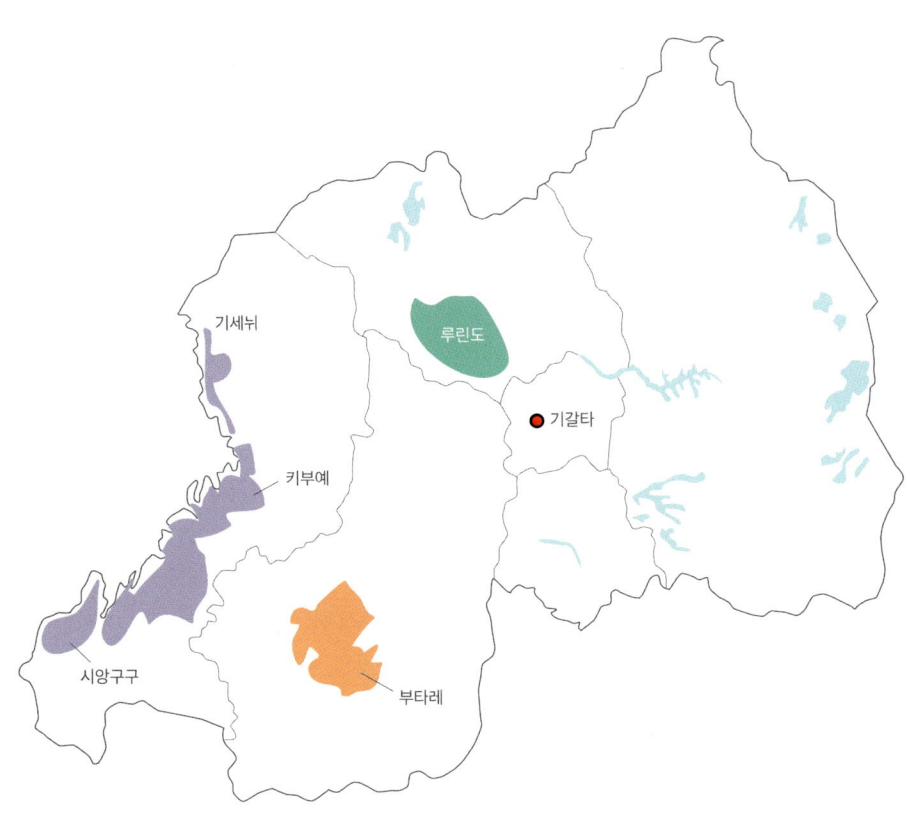

커피 특성   르완다 커피는 종종 케냐와 비교되곤 하는데 밝은 신맛, 과일의 달콤함과 꽃향 그리고 차와 같은 뒷맛을 느낄 수 있다. 르완다 커피에서는 '포테이토 디펙트(Potato defect)'라 하여 오래된 감자에서 느껴지는 안 좋은 맛이 종종 나는데 이는 박테리아가 체리에 침입하여 발생하는 것으로 파치먼트나 생두 상태에서는 알 수 없고 키부 호수 근처에서 생산되는 커피에서 특히 심하게 나타난다.

분류   맛에 대한 평가 점수에 따라 아래와 같이 분류한다.

등급	점수
AAA	90 이상
AA	86-89
A	80-85
Ordinary	80 이하(수출 금지)

르완다 키부 버번

5. 브룬디

브룬디는 르완다, 탄자니아, 콩고민주공화국에 둘러싸인 아프리카에 내륙에 위치한 작은 나라로 르완다처럼 항구까지 커피를 수송해야 하는데 도로 사정이 열악해 많은 어려움을 겪고 있다. 벨기에의 식민 지배를 받다가 1962년 르완다와 분리 독립하였다. 국토의 대부분이 고원 지대이고 연평균 기온 20°C로 커피 재배에 적합한 조건을 갖추고 있으며 커피는 차와 함께 브룬디 경제에 차지하는 비중이 매우 높아 외화 수입의 60% 이상을 차지하고 있다.

커피가 처음 소개된 것은 1930년 이곳을 지배했던 벨기에 인에 의해서였으며[36] 벨기에 지배 시절 커피는 주요한 현금 작물로 주로 유럽으로 수출되었다. 1933년부터 브룬디인들은 벨기에 식민 정부에 의해 별다른 대가 없이 일정 수량의 커피나무를 재배하도록 강요받았다. 1962년 르완다와 분리 독립하였지만 정치적으로 혼란이 지속되었고 1990년대 인종 갈등으로 인한 내란으로 인해 커피 산업이 극심한 타격을 입었다. 하지만 이웃한 르완다의 커피 산업 부흥에 고무되어 브룬디도 세계은행 등의 지원을 받아 커피 산업에 대한 개혁을 진행하였다. 정부 소유의 워싱 스테이션을 민간에게 매각하는 한편 133개의 워싱 스테이션을 새롭게 건설하였다.

또한 2008년부터는 스페셜티 커피 시장을 위해 수요자와 직접 거래 하는 것도 허용하였다. 이런 일련의 조치들로 인해 커피 생산량이 다시 꾸준히 증가하고 있으며 2012년부터 COE에 참가하고 있고 최근에는 르완다와 함께 스페셜티 커피의 주요 공급처로 부각되고 있다.

재배/가공/품종 80만 명이 커피 산업에 종사하고 있지만 가구 당 평균 250그루의 커피나무를 키울 정도로 규모가 매우 영세하다.[37]

재배 면적(만 헥타르)	6	생산량(만 백)	18('18/19)
수확기(월)	3-7	포장 단위(kg)	60
건조	햇볕 건조		
가공	워시드 가공		
품종	대부분 아라비카 재배 - 버번, 잭슨, 미비리지		

| 생산량 | 브룬디는 영농기술의 미비로 인해 격년결실 현상이 두드러지게 나타나고 있었으나 최근에는 이 현상이 완화되었으며 연간 20만 백 정도를 지속적으로 생산하고 있다. |

| 재배 지역 | 커피 재배는 해발 1,250–2,000m에서 이루어지는데 주요 재배 지역은 르완다와 국경 지대인 북쪽의 산악 지대로 키룬도(Kirundo), 카얀자(Kayanza), 엔고지(Ngozi)와 무이잉가(Muyinga) 지역 등이다. 그리고 중부 지역의 음와로(Mwaro), 기테가(Gitega), 무라비아(Muramvya) 등지에서도 커피를 재배하고 있다. |

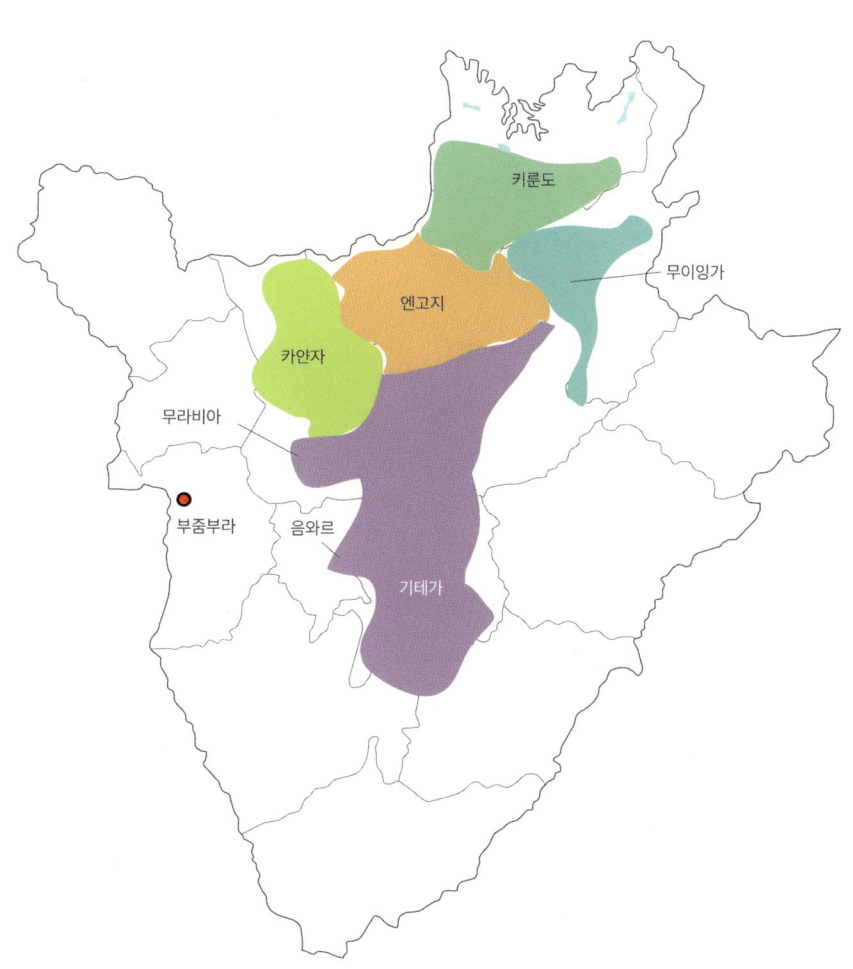

커피 특성   꽃향과 블랙베리의 향이 있으며 베리와 감귤의 밝은 신맛과 그 뒤에 오랫동안 느껴지는 단맛 그리고 중간 정도의 바디를 가지고 있다. 르완다 커피처럼 포테이토 디펙트가 종종 발견된다.

분류   아래와 같이 생두(40%)와 맛(60%)에 의한 분류를 시행한다.

등급	생두			맛
	크기 (스크린 사이즈)	결점두		
		결점두 개수	브로큰 빈(최대, %)	
FW AA	18(95% 이상)	6	0.5	48점 이상
FW A	16(80% 이상)	8	1.0	
FW B	14(92% 이상)	12	1.5	
기타	FW TT, FW T			

- FW는 Fully Washed의 약자임
- FW AA, A, B의 수분 함유율은 11.5%이며 외부물질은 하나도 없어야 함

브룬디 FW AA

아시아·태평양

아시아 태평양 지역은 서쪽의 예멘부터 동쪽의 하와이에 이르는 광활한 지역으로 남미에 이어 두 번째로 커피 생산이 많은 지역이다. 하와이 코나지역과 예멘, 파푸아뉴기니에서는 주로 아라비카가 재배되고 인도와 인도네시아는 아라비카와 로부스타가 같이 재배되고 있으며 베트남은 커피 생산 2위국가로 대부분 로부스타를 생산하고 있다. 그 밖에 태국, 필리핀, 말레이지아 등지에서도 커피가 재배되는데 대부분 로부스타이고 리베리카도 소량 재배된다.

1. 인도네시아

화산활동이 활발한 인도네시아는 수마트라, 자바, 술라웨시, 킬리만탄(보르네오), 파푸아(Papua) 등 18,000여개의 섬으로 구성된 세계에서 가장 섬이 많은 나라이다. 많은 섬들 중에서 수마트라와 자바에 화산활동이 활발한 화산들이 많이 분포되어 있으며 커피 재배도 이곳에 집중되어 있다.

1696년 그 당시 인도네시아를 지배했던 네덜란드 총독에 의해 인도에서 커피를 가져와 바타비아(Batavia, 지금의 자카르타) 인근에 처음 심었지만 홍수로 인해 수확에는 실패하였다. 1699년 네덜란드의 동인도회사에 의해 다시 자카르타와 자바 서부에 커피가 심어졌고 그 뒤 자바와 수마트라, 술라웨시에 많은 커피 농장이 생겨났으며 1711년 유럽으로 커피를 처음 수출하여 인도네시아는 아랍 지역을 벗어나 최초로 커피를 대량 수출하는 국가가 되었다.[38]

동인도회사는 1725-1780년까지 커피 무역을 독점한 후 계속해서 술라웨시, 수마트라 토바(Toba) 호수 인근의 고원 지대까지 아라비카 커피 재배를 확산시켰다. 1800년대 후반에는 자바의 이젠(Ijen) 고원 지대와 동부 자바에서 대규모 커피 농장을 건설하였지만 1876년 커피녹병이 인도네시아 전역을 휩쓸어 아라비카는 거의 멸종되다시피 하였고 해발 1,000m 이상의 고지대에서만 아라비카가 살아남았다. 인도네시아는 이에 대한 대안으로 아프리카에서 리베리카를 가져와 심었지만 리베리카 역시 커피 품질이 떨어지고 커피녹병에 취약한 것으로 밝혀졌다. 리베리카의 재배 실패로 1900년 아프리카 콩고로부터 커피녹병에 강한 로부스타를 가져와 재배를 시작하였다. 이러한 이유로 인도네시아의 아라비카 생산은 소량에 불과하다. 1911년 코코아뿐만 아니라 커피 재배와 가공 기술 연구 및 보급, 품종 개발 등을 위해 인도네시아커피코코아연구소가 설립되었다. 1920년대 소규모 농가들도 인도네시아 전역에서 커피를 현금 작물로 재배하였으며 1924년에는 아체(Aceh)의 타와(Tawar) 호수 인근의 가요(Gayo) 고원 지대에서 커피 재배가 시작되었다.

재배/가공/품종

대규모 농장이 별로 없으며 대부분 1-2헥타르의 소규모 농가가 전체 커피 농장의 90%를 차지하여 안정적인 커피 생산이나 품질 관리에 어려움을 겪고 있다. 섬마다 기후 조건이 달라 가공 방식도 섬에 따라 다양하게 이루어지고 있으며 다양한 품종이 재배되고 있다. 롱베리는 다른 품종에 비해 생두가 길쭉하여 이런 이름이 붙었고 하라 롱베리에서 유래하여 인도네시아로 전파된 것으로 추정되며 아체 지역에서만 재배되다가 근래 토바 호수 지역에서도 재배하고 있다. 토라자(Toraja)는 술라웨시 토라자 지명에서 유래하였고 티피카의 자연 돌연변이다. 잔퉁(Jantung)은 수마트라 아체에서 재배되는 티피카 품종이다.

재배 면적(만 헥타르)	125	생산량(만 백)	942('18/19)
수확기(월)	수마트라 : 10-3, 자바 : 5-9, 술라웨시 : 5-11		
가공	세미 웨트, 워시드 가공, 내추럴 가공		
건조	햇볕 건조	포장 단위(kg)	60
품종	아라비카(15%) - 카투라, 카투아이, 토라자, 라수나 팀팀(티모르 하이브리드), 아텐(카티모르) S-288, 젬베(S-795) 비야사르치, 티피카, USDA 762 등 / 로부스타(85%)		

생산량

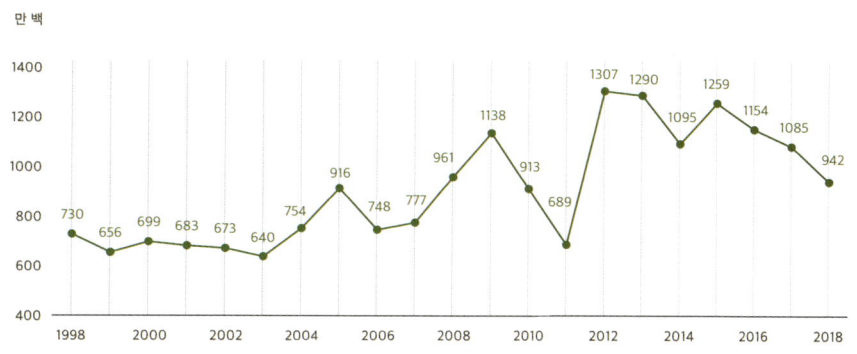

인도네시아 연간 커피 생산량(1998-2018)

인도네시아의 커피 생산량은 2000년대 들어 꾸준히 증가하여 지금은 세계 5위의 커피 생산국이며 커피는 농산물 중 팜유, 고무, 코코아에 이어 네 번째 수출 품목이다.

재배 지역

인도네시아 커피 대부분은 수마트라에서 생산되며 북부의 아체 주와 북부수마트라 주에서 아라비카 커피가, 남부에서는 로부스타 커피가 생산된다. 그 밖에 자바, 술라웨시, 발리(Bali), 플로레스(Flores) 등 인도네시아 전 지역에서 커피가 생산된다.

수마트라 — 수마트라 지역의 커피는 독특한 푸른빛을 띠기도 하는데 이는 세미 웨트 가공법과 철분이 부족한 토양 때문이다.

가요마운틴(Gayo Mountain, Aceh Gayo)은 수마트라 북쪽에 위치한 아체 주의 해발

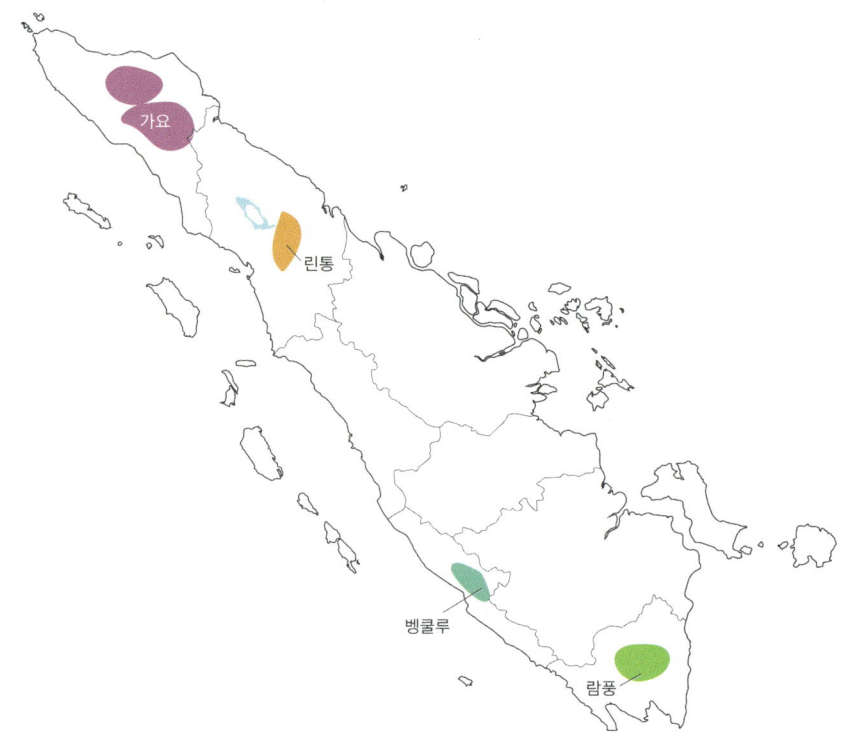

900-1,200m 가요 산악 지대에서 생산된다. 1924년 네덜란드인에 의해 커피 재배가 시작되었으며 현재 9만 5천 헥타르에서 6만 6천 가구가 커피 재배에 종사하고 있다. 셰이딩을 하고 워시드 가공을 하여 만델링이나 린통(Lintong)에 비해 바디가 가벼운 편이다. 린통은 토바 호수의 남서쪽 린통니후타(Lintongnihuta) 지역에서 생산된다. 토바 호수 인근에서 커피가 처음 재배된 것은 1888년부터이며 커피 재배는 이 지역의 해발 1,200-1,500m의 고원 지대에서 이루어진다.

만델링은 인도네시아 커피 중 가장 널리 알려져 있는데 지명이 아니라 토바 호수 근처의 린통, 시디카랑(Sidikalang)의 고지대에서 생산되는 커피의 상표명이다. 통상 커피는 지역 명칭에서 유래하는 경우가 많은데 만델링이라는 명칭은 토바 호수 남쪽의 지역에서 커피 농사를 짓는 만다일링(Mandailing)이라는 부족의 이름에서 유래되었다고 한다. 수마트라 남부의 벵쿨루(Bengkulu), 람풍(Lampung) 지역에서는 로부스타 커피가 재배된다.

토바 호수

토라자 커피

자바

아라비카 재배는 자바 동쪽 끝에 있는 해발 1,400m의 이젠 고원 지역에 집중되어 있다. 5개의 대규모 농장이 있으며 워시드 가공을 하는데 다른 인도네시아 섬들에 비해 품질 관리가 잘 되는 편이다. 블루 자바(Blue Java) 상표로 판매되고 있으며 일부 농장에서 생두를 최대 5년까지 보관 숙성시키기도 하는데 이런 커피들은 올드 자바(Old Java)나 올드 브라운(Old Brown)으로 불린다.

술라웨시 — 술라웨시의 아라비카 커피는 남쪽의 타나토라자(Tana Toraja) 고원 지대에서 대부분 생산된다. 이곳에서 생산되는 토라자 커피는 보통 토라자 칼로시(Toraja Kalosi)로 잘 알려져 있으며 이는 토라자 커피가 칼로시라는 작은 도시로 모인 다음 판매자에게 팔렸기 때문이다. 토라자 외에 마마사(Mamasa), 고와(Gowa)에서도 커피가 생산된다. 남부술라웨시 주에서는 로부스타가 생산된다.

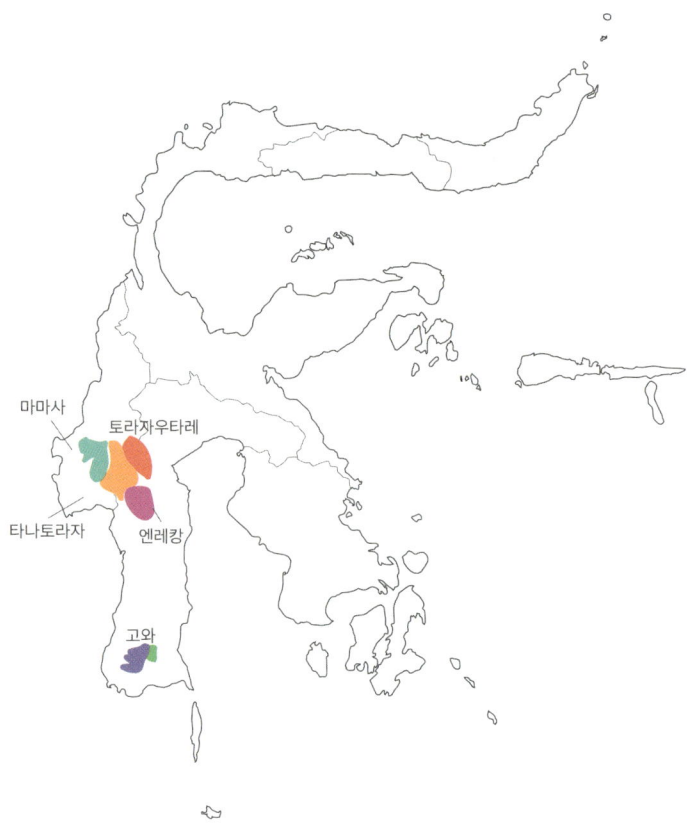

기타 ─ 그 밖에 발리의 킨타마니(Kintamani) 고원 지대에서 워시드 커피가 생산되는데 부드럽고 단맛이 좋으며 레몬과 감귤의 플레이버를 가지고 있다. 플로레스의 루텡(Ruteng), 느가다(Ngada) 지역, 파푸아의 발리엠밸리(Baliem Valley) 지역에서도 아라비카 커피가 재배되고 있다.

파치먼트 건조 - 발리

커피 특성 인도네시아 커피는 보통 강한 바디를 지닌 커피로 많이 알려져 있지만 커피마다 많은 차이를 보인다.

커피	특성
만델링(린통)	초콜릿, 스파이시, 약한 신맛, 강한 단맛과 바디, 지속성 있는 여운
가요 마운틴	부드러운 신맛, 캐러멜, 바닐라, 스파이시, 풍부한 바디
자바	풍부한 향, 너티, 중간 정도의 바디와 신맛, 깔끔하고 균형 있는 맛
토라자	약한 신맛과 풍부한 바디, 초콜릿과 감귤류, 시나몬

분류 결점두에 의한 분류를 한다.

등급	디펙트	등급	디펙트
Grade 1	11	Grade 4b	61-80
Grade 2	12-25	Grade 5	81-150
Grade 3	26-44	Grade 6	151-225
Grade 4a	45-60		

- 로부스타 커피만 4a와 4b로 나눔

수마트라 만델링 G1

루왁 커피

루왁(사향고양이의 일종)은 잘 익은 커피체리를 먹었을 때 과육만 소화하고 나머지는 파치먼트 상태로 배설하는데 그것을 수집한 뒤 가공하여 만든 것을 루왁 커피(Luwak coffee, Kopi Luwak)라 한다. 생산량이 아주 적으며 그 희귀성과 독특함으로 인해 세계에서 가장 비싸게 거래되는 커피 중 하나이다. 인도네시아뿐만 아니라 베트남, 필리핀에서도 생산되지만 인도네시아 수마트라에서 가장 많이 생산된다.

루왁 커피는 쓴맛이 별로 없고 신맛은 부드러우며 다른 커피에서 느낄 수 없는 독특한 향이 특징인데 이는 루왁이 체리를 소화하는 과정에서 분비되는 소화 효소가 생두에 침투하기 때문이다. 최근에는 수요 증가로 인해 물량이 부족해지자 일부 농장에서 루왁을 철창에 가둬 놓고 체리를 강제로 먹여 루왁 커피를 생산하기도 한다. 때문에 동물 학대 논란이 일고 있으며 루왁 커피를 마시지 말자는 움직임도 있다.

수집된 파치먼트

건조

생두

철창에 갇혀 사육되는 루왁

2. 인도

인도에 커피가 처음 전해진 것은 1600년대 바바 부단(Baba Budan)이라는 이슬람 승려에 의해서이다. 그는 메카에서 돌아오는 길에 모카에 들려서 일곱 개의 커피 씨앗을 몰래 가지고 와 마이소어의* 찬드라기리(Chandragiri)라는 곳에 심었고 이를 기념하기 위해 지금은 그 곳을 바바부단기리(Bababudangiri)라고 부른다.[39]
18세기에 들어 상업적 재배가 시작되었고 1840년 남부 지역에 대규모 커피 농장이 탄생하면서 커피 수출이 이루어졌다. 처음에는 아라비카 커피가 주를 이루었지만 인도네시아처럼 커피녹병으로 인해 아프리카에서 로부스타와 리베리카를 들여와 재배하였으며 이런 이유로 지금은 생산의 대부분이 로부스타이다.
1870년대에 들어 커피녹병의 확산과 차 수요의 증가로 인해 커피 산업은 쇠락하기 시작했다. 1942년 인도 정부는 인도커피위원회(Coffee Board of India)를 설립하여 농가가 커피를 직접 판매하지 못하게 하고 이들로부터 커피를 사들여 수출하였는데 이후 커피 품질에 대한 보상을 제대로 해주지 않아 커피 산업이 발전을 하지 못했다. 1993년에 생산량의 30% 이내에서 자율적으로 판매를 허용했으며 점차 규제가 완화되어 1996년 커피 판매가 완전 자유화되었다.
인도의 중앙커피연구소(The Central Coffee Research Institute, CCRI)는 1925년 설립되어 커피 품종 개발, 기술 개발 및 보급, 질병 연구 등을 수행하고 있다.

재배/가공/품종 대부분 셰이딩으로 커피 재배가 이루어진다. 커피와 오렌지, 후추, 카다멈(cardamom)**, 바닐라, 바나나 등을 같이 심는 간작도 이루어지는데 그래서 때로 인도 커피에서 다른 작물의 향이 나기도 한다. 커피 농가 35만 가구 중 거의 대부분(99%)이 4헥타르 미만이며 헥타르 당 생산량도 로부스타는 1,206kg이나 아라비카는 440kg으로 낮은 편이다.[40] 아라비카는 11-2월, 로부스타는 12-2월 사이에 수확이 이루어진다.

---

*　마이소어는 1973년 카르나타카(Karnataka)로 이름이 바뀌었다.
**　카다멈은 생강과에 속하는 식물의 열매에서 채취한 향신료의 일종이다.

재배 면적(만 헥타르)	45	생산량(만 백)	533('18/19)	포장 단위(kg)	60
수확기(월)	아라비카 : 11-1, 로부스타 : 12-2				
가공	워시드 가공, 내추럴 가공				
건조	햇볕 건조				
품종	아라비카(30%) - 켄트, S-795, 카우베리, Sln.9 등 로부스타(70%) - S274, CxR				

생산량

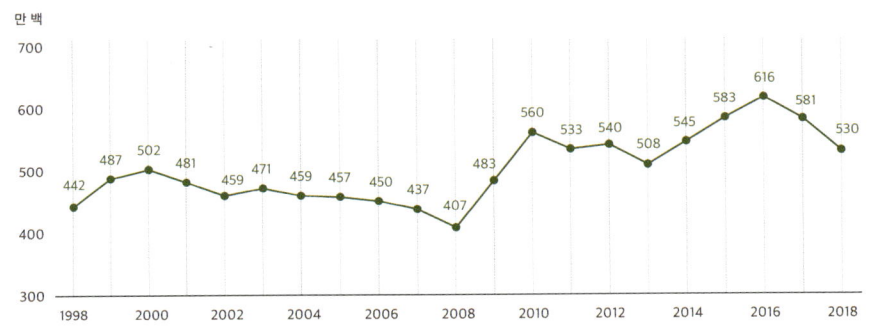

인도의 커피 수확량은 대체로 증가 추세에 있으며 2017년 현재 세계 7위의 커피 생산국이다. 해충과 커피녹병으로 인해 아라비카 재배 비중은 점차 축소되고 있다.

재배 지역

인도 커피의 거의 대부분은 남부의 카르나타카(Karnataka), 타밀나두(Tamil Nadu), 케랄라(Kerala) 세 개의 주에서 생산된다. 그 밖에 동부의 안드라프라데시(Andhra Pradesh), 오디샤(Odisha, 과거 Orissa) 주에서도 소량 생산된다. 아라비카는 고도 1.000-1,500m, 로부스타는 500-1,000m에서 재배된다.

카르나타카 — 카르나타카는 인도 커피의 70%를 생산하는 최대 커피 생산 지역으로 아라비카와 로부스타가 같이 재배되며 로부스타가 아라비카보다 두 배 정도 많이 생산된다. 이 중 쿠르그(Coorg)는 인도의 최대 커피 생산 지대로 재배 고도는 900-1,100m이며 아라비카와 로부스타가 동시에 생산되는데 로부스타가 115만 백으로 아라비카(40만 백) 보다 두 배 이상 많이 생산된다. 만자라바드(Manjarabad)는 해발 900-1,100m의 완만한 구릉지에서 아라비카 35만 백, 로부스타 16만 백이 생산된다.

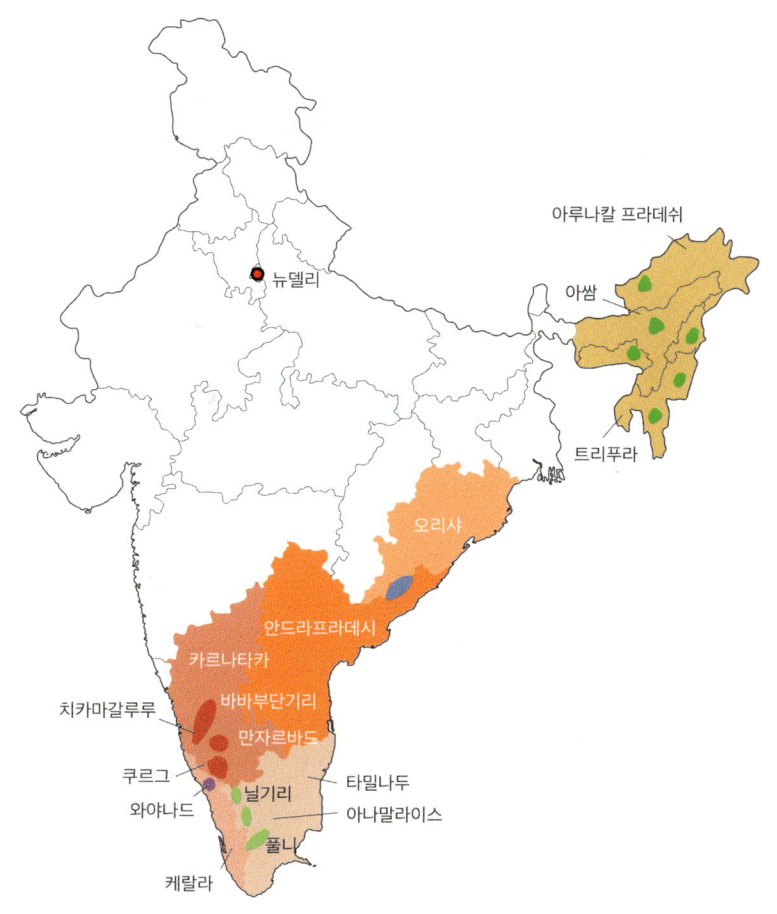

케랄라 — 거의 대부분 로부스타 커피를 생산하며 인도 커피의 20% 정도를 생산한다. 케랄라 주의 북쪽 와야나드(Wayanad)는 최대 로부스타 생산 지역으로 고도 600-900m에서 커피를 생산한다. 그 밖에 트라방코르(Travancore)에서도 로부스타 커피가 소량 생산된다.

타밀나두 — 생산량이 많지 않고 주로 아라비카 커피를 생산한다. 풀니(Pulney)는 고도 600-2,000m에서, 셰바로이(Shevaroy)는 고도 800-1,500m에서 커피가 재배된다. 아나말라이스(Anamalais)와 닐기리(Nilgiri)에서도 아라비카가 소량 생산된다.

> **인도 스페셜티 커피**
>
> 인도에는 몬순 말라바르(Monsooned Malabar), 마이소어 너겟(Mysore Nuggets Extra Bold), 카피 로얄(Robusta Kaapi Royale)의 세 가지 스페셜티 커피가 있다. 마이소어 너겟 커피는 치카마갈루르(Chikamagalur), 쿠르그, 빌리기리(Biligiri), 셰바로이와 바바부단기리에서 생산되는 워시드 아라비카 커피이다. 콩은 청록색을 띠며 크기가 크고 균일하다. 카피 로얄은 쿠르그, 치카마갈루르, 와야나드, 트라방코르에서 생산되는 로부스타로 회색이나 청회색을 띠며 끝이 뾰족하다.

커피 특성

품질이 좋은 인도 아라비카 커피는 인도네시아 커피와 특성이 유사하다. 대체로 바디가 강하며 카다멈, 클로브(clove)*, 넛맥(nutmeg)이** 연상되는 플레이버를 느낄 수 있다. 인도의 로부스타는 다른 나라에 비해 깔끔하고 부드러우며 쓴맛이 적은 편이어서 에스프레소 블렌딩에 사용되기도 한다.

종류	커피	특성
아라비카	만자라바드	부드러운 신맛, 중간 이상의 바디와 아로마, 기분 좋은 플레이버
	쿠르그	약한 신맛, 강한 아로마
	닐기리	풀 바디, 날카로운 신맛, 뛰어난 아로마
	풀니	중간 정도의 바디와 신맛, 시트러스 아로마
	셰바로이	중간 정도의 바디와 좋은 신맛, 향신료향
	몬순 말라바르	약한 신맛, 강한 단맛, 나무 향
	마이소어 너겟	강한 아로마, 중간 이상의 바디, 좋은 신맛과 플레이버, 향신료
로부스타	트라방코르	단맛, 약한 쓴맛, 풀 바디
	와야나드	풀 바디, 강한 아로마, 초콜릿
	쿠르그	부드러운 초콜릿향

* 정향나무의 꽃봉오리를 말린 것으로 매운 맛이 나는 향신료의 일종이다.
** 둥근 형태의 열매로 육두구라고도 하며 달콤한 향이 난다.

몬순커피

과거 인도에서는 커피를 범선에 싣고 유럽으로 수출하였는데 그 당시만 해도 수에즈 운하가 없어 멀리 아프리카 남단을 돌아갈 수밖에 없었다. 6개월의 항해 기간 중 습한 적도 지역의 해풍에 커피가 노출되어 자연스럽게 숙성되었고, 유럽에 도착할 때가 되면 커피 색깔이 녹색에서 황금색으로 바뀌고 전혀 예상치 못한 독특한 향미를 지니게 되었는데 이러한 이유로 당시 유럽인들에게 인기가 높았으며 이를 몬순커피(Monsooned coffee)라 불렀다. 그 후 수에즈 운하의 개통과 증기선의 출현으로 몬순커피가 만들어지지 않아 지금은 인위적으로 만들고 있다. 먼저 창고에 내추럴 커피를 펼쳐 놓고 습한 5-6월의 남서 계절풍(monsoon)에 노출되도록 한 후 지속해서 갈퀴질을 해준다. 그런 다음 백에 담아 쌓아 놓으면 6-7주 후에 몬순커피가 만들어진다. 이렇게 탄생한 몬순커피는 강한 바디, 약한 신맛, 독특한 향을 지니게 되며 인도 몬순 말라바르(Malabar) AA가 대표적인 몬순커피이다. 몬순커피는 일 년에 5,000-6,000톤 정도 생산되는데 아라비카, 로부스타 모두 생산되며 주로 유럽으로 수출된다.[41]

몬순 말라바르 AA

분류   크기, 중량, 결점두 등으로 아래와 같이 분류한다. 워시드 아라비카는 플랜테이션으로 내추럴은 아라비카 체리로 표기하며 워시드 로부스타는 파치먼트로, 내추럴은 로부스타 체리로 표기한다.

종류		커머셜	프리미엄	스페셜티
아라비카	워시드	Plantation A	Plantation AA	Mysore Nuggets EB
		Plantation B		
		Plantation C	Plantation PB Bold	
		Plantation Bulk		
	내추럴	Arabica Cherry AB	Arabica Cherry AA	Monsooned Malabar AA
		Arabica Cherry C	Arabica Cherry A	Monsooned Basanally
		Arabica Cherry PB		
		Arabica Cherry Bulk	Arabica Cherry PB Bold	Monsooned Arabica Triage
로부스타	워시드	Robusta Parchment AB	Robusta Parchment A	Robusta Kaapi Royale
		Robusta Parchment C		Monsooned Robusta AA
		Robusta Parchment PB	Robusta Parchment PB Bold	
		Robusta Parchment		Monsooned Robusta Triage
	내추럴	Robusta Cherry AB	Robusta Cherry AAA	
		Robusta Cherry C	Robusta Cherry AA	
		Robusta Cherry PB	Robusta Cherry A	
		Robusta Cherry Bulk	Robusta Cherry PB Bold	
		Robusta Cherry Clean Bulk		

인도 카피 로얄

3. 파푸아뉴기니

파푸아뉴기니는 오스트레일리아 북쪽의 뉴기니 섬의 동쪽에 위치한 나라로 우기와 건기의 구분이 명확하고 화산 토양, 적당한 기온, 재배 고도 등 커피 재배에 적합한 자연환경을 가지고 있다.

1885년부터 파푸아뉴기니를 영국과 독일이 분할 통치했는데 커피는 이 무렵 독일 식민 정부에 의해 처음 전파되었다고 알려져 있지만 커피 재배에 대한 식민 정부의 공식적인 언급은 1890년에 있었다. 1897년 수도인 포트모르즈비(Port Moresby) 외곽 지대에서 커피가 재배되었고 이 지역의 커피가 1901년 오스트레일리아로 1파운드당 4-10펜스의 가격으로 수출되었다.[42] 그러나 이 당시만 해도 커피를 본격적으로 재배한 것은 아니며 상업적으로 재배가 시작된 것은 1920년대이고 이스트뉴브리튼(East New Britain)과 부겐빌(Bougainville) 지역에서 1920–1930년 사이에 로부스타 커피 농장이 번성했다.

1937년 식민 정부는 연구소를 설립하였으며 고도와 토양, 기후 조건이 커피 재배에 적합해 파푸아뉴기니 고원 지대에 커피를 심었다. 이런 이유로 지금도 파푸아뉴기니의 커피는 주로 고원 지대에서 생산된다. 1927년에는 자메이카로부터 블루마운틴을 들여와 와기 계곡(Waghi Valley)에서 재배하기 시작했다.

파푸아뉴기니의 커피 산업에 종사하는 직간접 근로자가 전 인구의 1/3에 해당하는 2백만 명 정도로 커피가 경제에 미치는 영향이 매우 큰 편이다. 최근에는 유기농 커피와 스페셜티 커피 생산도 꾸준히 늘리고 있다.

재배/가공/품종 커피 재배는 대부분 2.5헥타르 미만의 커피가든(Coffee gardens)이라 불리는 영세한 소규모 농가에서 이루어지는데 이들이 전체 커피 생산량의 85%를 담당하고 있다.

재배 면적(만 헥타르)	12	생산량(만 백)	93('18/19)
수확기(월)	5-9	포장 단위(kg)	60
건조	햇볕 건조		
가공	워시드 가공		
품종	주로 아라비카(95%) - 티피카, 버번, 아루샤, 블루마운틴 등		

생산량

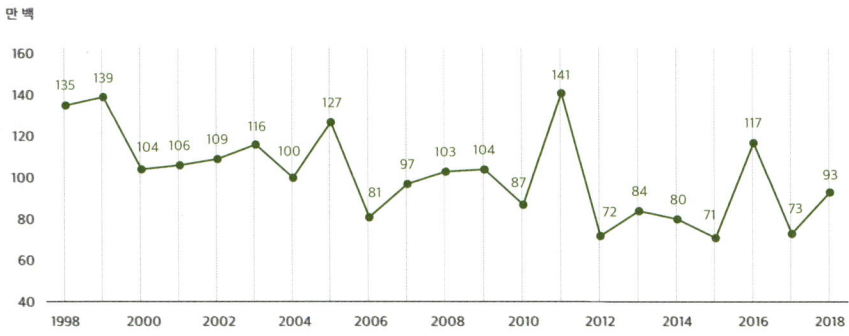

커피 생산량은 점차 감소 추세에 있는데 이는 도로와 같은 사회 인프라의 부족, 나무의 노령화, 해충의 피해 등에 기인한다.

재배 지역

커피 생산은 파푸아뉴기니의 20개 주 중 15개 주에서 이루어지고 있으며 대부분 하이랜드(High Land)라 불리는 600-1,800m의 고원 지대에서 이루어진다. 주요 생산 지역은 웨스턴하이랜드(Western Highland)와 이스턴하이랜드(Eastern Highland)이고 그 밖에 심부(Simbu), 모로비(Morobe)에서도 소량 생산된다.

파푸아뉴기니 커피에서 이름이 많이 알려져 있는 시그리(Sigri)는 웨스턴하이랜드에서 생산되는 커피의 상표명이다. 대부분 아라비카를 재배하며 로부스타는 세픽(Sepik) 지역의 저지대에서 소량 생산된다.

커피 특성 품질이 좋은 파푸아뉴기니 커피는 망고, 파파야와 같은 과일의 특성을 가지고 있으며 깔끔하고 풀 바디를 느낄 수 있다.

커피	특성
이스턴하이랜드	코코아, 초콜릿, 향신료향, 레몬의 신맛, 달콤한 과일이 지속되는 뒷맛
웨스턴하이랜드	견과류, 향신료, 코코아, 초콜릿, 캐러멜향, 감귤, 열대과일의 맛
심부	달콤한 과일, 꽃, 코코아, 초콜릿, 캐러멜향, 열대과일, 멜론, 벌꿀, 감귤, 파인애플의 맛

분류 결점두, 콩의 색깔, 냄새, 컵 퀄리티 등을 감안하여 등급을 결정한다.

등급	결점두(1kg)	색깔	냄새	컵	크기
A	10	청록색	신선하고 깔끔할 것 이상취가 없을 것	조화로움, 균일성, 클린 컵 확실한 신맛과 바디 풍부하고 독특한 향	표기된 스크린 사이즈 이상이어야 하고 균일해야 함
B	30	녹색 - 청록색		균일성, 클린 컵 중간 이상의 신맛 확실한 바디, 풍부한 향	
Y	70	연한 녹색 - 녹색	신선하고 깔끔할 것 약간의 과일향	균일성이 없을 수 있음 좋은 신맛과 바디 약간의 과일 맛, 좋은 향	
Y2	150	연녹색 - 녹색	악취나 외부 냄새가 없을 것	신맛과 바디 악취나 외부 냄새가 없을 것	혼합
Y3	50% 미만 외부물질 없을 것	혼합		악취나 외부 냄새가 없을 것	혼합

- 악취나 외부 냄새는 페놀, 기름, 곰팡이 냄새와 화학적인 이상취를 의미함

파푸아뉴기니 시그리 A

4. 베트남

베트남에 커피가 처음 전파된 것은 1857년 프랑스 선교사에 의해서이고[43] 1980년대에 들어 커피를 주요 수출 품목으로 선정하여 커피 산업을 본격적으로 육성하기 시작하였다. 거의 대부분 로부스타를 재배하지만 북부 지역을 중심으로 점차 아라비카 재배도 늘려나가고 있다.

1990년 베트남커피코코아협회(Vietnam Coffee-Cocoa Association, VICOFA)가 설립되어 커피의 생산과 가공, 수출에 대한 지원과 연구 활동, 교육 업무 등을 수행하고 있다.

재배/가공/품종   소규모 농가가 대부분이며 500헥타르 이상의 대규모 농장은 5% 미만이다. 나무를 조밀하게 심고 관개 시설을 통해 물 공급을 해주고 있으며 화학 비료를 투입함으로써 단위면적당 생산량이 2017년 기준 2,590kg/ha로 커피 생산국 중 가장 많다.[44]

그러나 나무의 노령화가 진행되고 있고 기후 변화에 따른 가뭄 피해도 점차 심해지고 있다.

재배 면적(만 헥타르)	65	생산량(만 백)	3,117('18/19)
수확기(월)	11-2	포장 단위(kg)	60
건조	햇볕 건조		
가공	주로 내추럴 가공		
품종	아라비카(4%) - 카투라, 카투아이, 카티모르, 버번 등 / 로부스타(96%)		

생산량

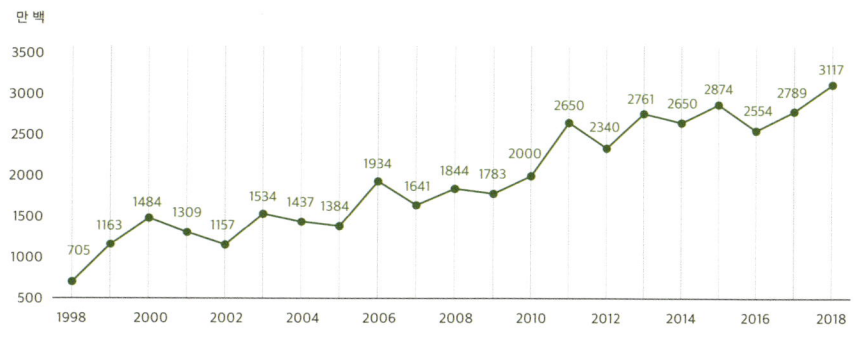

베트남 연간 커피 생산량(1998-2018)

베트남의 커피 생산은 비약적으로 증가하여 30년 동안 100배 가까이 늘었고 1999년에 콜롬비아를 제치고 세계에서 두 번째로 커피를 많이 생산하는 나라가 되었으며 지금까지 그 순위는 이어지고 있다.

재배 지역

북위 15°를 기준으로 북쪽은 아라비카를 재배하며 남쪽은 습도와 기온이 높아 로부스타를 재배한다. 주요 생산 지역은 남부의 닥락(Dak Lak), 람동(Lam Dong), 닥농(Dak Nong)과 중앙의 지아라이(Gia Lai)이다. 아라비카는 남부의 달랏(Da Lat) 지역과 북부 지역의 해발 1,500m의 고지대에서 재배된다.

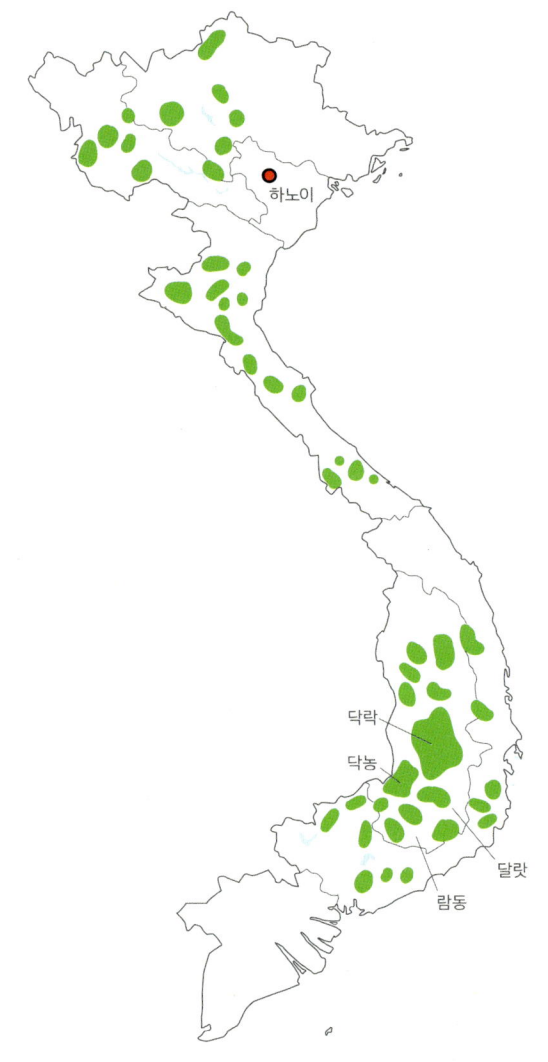

커피 특성	베트남의 아라비카 커피는 품질이 대체로 떨어지며 단맛 이외 별다른 특성을 가지고 있지 않다.
분류	결점두와 크기, 다른 종류의 커피 혼합 정도로 분류한다.

결점두와 크기

등급	디펙트		크기(스크린 사이즈)	
	아라비카	로부스타	아라비카	로부스타
Special grade	15	30	16-18	16-18
Grade1	30	60	14-16	12.5-16
Grade2	60	90	12	12-12.5
Grade3	120	150	10-12	10-12
Grade4	150	250	-	-
Grade5	-	-	-	-

혼합 정도

커피종류 \ 등급	Special Grade & Grade1	Grade2	Grade3-5
아라비카	R과 C가 하나도 섞여 있지 않을 것	R은 1% 이내 C는 0.5% 이내	R은 5% 이내 C는 1% 이내
로부스타	C는 0.5% 이내 A는 3% 이내	C는 1% 이내 A는 5% 이내	C는 5% 이내 A는 5% 이내

- A: 아라비카, R: 로부스타, C: 체리

베트남 Robusta G1

5. 하와이

화와이에는 1817년 커피가 처음 전파되었는데 재배에는 실패하였다. 그 뒤 1825년 오아후(Oahu)를 다스리던 보키(Boki)라는 추장이 여행 중 브라질에 들러 커피나무를 가져와 오아후의 마노아(Manoa) 지역에 심었고 잘 자라서 곧 하와이의 다른 섬까지 퍼져 나갔다. 1828년 버번 품종이 도입되어 빅 아일랜드(Big island)에 심었으며 8년 후 카우아이(Kauai)에서 최초의 상업적인 커피 농장이 생겼다.[45] 그 후 더 많은 커피 농장이 문을 열었지만 1850년대 노동력 부족과 커피 질병, 안 좋은 기상 조건들로 인해 많은 어려움을 겪게 되면서 1860년대 들어 많은 농장들이 사라졌고 지금까지 지속적으로 커피 농장이 존재하는 곳은 코나 지역이 유일하다.

1892년 과테말라에서 티피카 품종이 도입되어 1894년 코나 지역에서도 재배하였는데 하와이의 자연 조건에 잘 맞아 뛰어난 품질을 보였으며 이는 하와이에서 커피 생산이 다시 재개되는 계기가 되었다. 하지만 1899년 커피 가격의 폭락으로 인해 커피 재배가 다시 한 번 심각한 타격을 입었다. 이후 하와이의 커피 산업은 브라질의 서리 피해와 1,2차 세계대전으로 인한 수요 증가 및 경제대공황에 따른 가격 폭락을 겪으면서 부침을 반복하였다.

1980년대 사탕수수 재배의 수익성이 떨어지고 커피 가격이 상승하자 많은 사탕수수 밭이 수익성이 더 좋은 커피 농장으로 대체 되었으며 커피 재배가 하와이 전 지역으로 다시 확산되는 계기가 되었다.

1991년부터 순수한 코나 커피(Kona coffee)만 '100% 코나 커피'로 표기할 수 있고 코나 블렌드(Kona blend)로 표기할 경우 적어도 코나 커피가 10% 이상 함유되어야 하며 '10% 코나 커피'처럼 함량을 표기하도록 법으로 의무화하고 있다.

재배/가공/품종   재배 면적이 작아 생산량도 매우 적으며 일부 지역에서는 기계에 의한 수확이 이루어지기도 한다. 재배 품종은 티피카를 비롯해 카투라 등 다양하며 코나 커피 외에 코나 피베리 커피도 유명하다. 코나 커피의 가격이 비싼 것은 생산량이 적기도 하지만 무엇보다도 다른 나라에 비해 비싼 인건비 때문이다.

재배 면적(만 헥타르)	0.3	생산량(만 백)	4('18/19)
수확기(월)	9-2	포장 단위(kg)	45
건조	햇볕 건조		
가공	워시드, 내추럴, 허니 커피 가공		
품종	아라비카만 재배 - 티피카, 블루마운틴, 카투라, 카투아이, 모카 등		

재배 지역   5개 섬의 11개 지역에서 커피가 재배된다. 하와이는 여러 개의 섬으로 이루어져 있으며 이 중 가장 큰 섬은 하와이로 통상 빅 아일랜드로 불리며 하와이를 대표하는 코나 커피는 빅 아일랜드의 서쪽 코나 지역에서 재배된다.

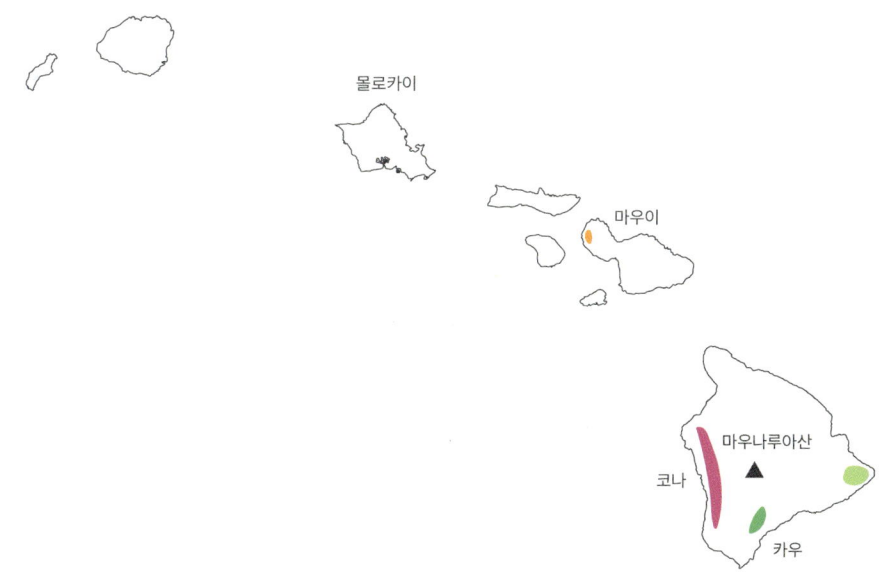

하와이 — 하와이는 오전에 햇볕이 내리 쬐다가 오후엔 구름이 몰려와 자연스럽게 커피나무에 그늘을 만들어주며 또 바람이 강하지 않고 미네랄 성분이 풍부한 화산 토양을 갖추고 있어 커피 재배에 최적의 자연조건을 갖추고 있다. 1990년대부터 하와이에서 생산되는 과테말라 티피카 커피를 다른 지역과 구별하기 위해 '코나 커

피'라고 부르기 시작했다. 이 코나 커피는 대부분(95%) 코나 지역의 후아랄레이(Mt. Hualalai)와 마우나로아(Mt. Mauna Loa)산의 해발 250-750m의 서쪽 사면에서 재배된다. 이 지역은 630개의 농장이 있으며 대부분 2헥타르 미만의 소규모이며 재배 고도는 150-920m이다. 코나 지역 외에 카우(Ka'u), 푸나(Puna), 하마쿠아(Hamakua)에서도 소량 재배된다.

기타 — 카우아이는 1842년 상업적인 커피 재배가 시작되었으며 카투아이, 블루마운틴, 문도 노보, 티피카가 재배된다. 대규모 농장이 있으며 기계 수확도 이루어지고 하와이 커피의 절반 이상을 생산한다.
마우이(Maui)는 할레아칼라(Mt. Haleakala)산과 서쪽 산악 지대에서 품질이 좋은 커피가 소량 생산된다. 재배 품종은 티피카, 카투아이, 카투라, 버번, 모카 등이다.
몰로카이(Molokai)는 가장 늦은 1980년대 커피 재배를 시작했으며 카투아이를 재배하고 생산량은 매우 적다.

커피 특성   코나 커피는 균형이 잘 잡혀있고 깊고 풍부한 맛을 느낄 수 있는데 풍부한 향과 부드러운 신맛과 단맛 그리고 와인과 과일의 플레이버를 가지고 있는 것으로 평가된다. 코나 피베리 커피는 플레이버가 강하고 향이 풍부하며 뚜렷한 신맛을 가지고 있다.

분류   생두의 크기와 결점두 등을 기준으로 분류하며 수분 함유율은 9-12% 이내이어야 한다.

등급	스크린 사이즈	결점두	색깔
Extra Fancy	19(13)	8개 이내	균일할 것, 녹색
Fancy	18(12)	12개 이내	균일할 것, 녹색
No. 1	16(10)	18개 이내	균일할 것, 녹색
Select	선택	5%(중량 기준)	-
Prime	선택	20%(중량 기준)	-
Hawaii No. 3	-	35%(중량 기준)	-

- ( )의 숫자는 피베리의 등급별 크기이며 다른 조건은 플랫빈과 동일하게 적용함

코나 Extra Fancy

6. 예멘

에티오피아를 제외하고 예멘은 커피 생산과 관련하여 가장 긴 역사를 가진 나라이다. 15세기에 대규모 커피 경작이 처음으로 시작되었다고 알려져 있다.* 당시 예멘의 고원 지대에서 생산되는 커피는 낙타로 이동해 예멘 남쪽의 모카(Mocha) 항을 통해 유럽으로 수출되었고 200여 년간 커피 무역을 독점했다. 이후 이곳의 커피가 아시아, 아메리카 등으로 퍼져 나갔으며 그 결과 현재 우리가 마시는 커피는 대부분 예멘에서 온 것이다.

대부분의 물이 카트 생산에 투입되어 예멘의 커피 산업은 극심한 물 부족으로 심각한 상황에 직면해 있다. 또한 정치적 갈등도 심해 현재 내전 상태에 있고 이러한 상황들은 커피 생산에 어려움을 가중시키고 있다.

---

* 페르시아가 에티오피아를 점령한 후인 서기 575년이라고도 한다.

국토의 대부분이 사막 지역으로 커피 생산량이 매우 적으며 전통적인 방법으로 커피를 재배, 가공한다. 예멘에서는 커피보다 말린 체리 껍질을 물에 넣고 끓여 차처럼 마시는데 이를 키시르(Qishr)라 하고 이는 근래에 북미 지역에서도 유행하고 있는데 이 지역에서는 카스카라(Cascara)라 한다.

카스카라

재배/가공/품종

예멘은 계단식 경작지에서 커피를 재배하고 수 세기를 전해 내려온 전통적 방식으로 커피 가공을 한다. 먼저 수확된 체리를 대추 야자로 만든 천연 매트에 건조 시키고 건조된 체리는 가축을 이용하여 커다란 맷돌로 탈곡을 한다. 그 때문에 생두 크기가 불균일하고 깔끔하지 않은 편이다.

재배 면적(만 헥타르)	3.3	생산량(만 백)	11('18/19)
수확기(월)	10-12	포장 단위(kg)	60
건조	햇볕 건조		
가공	내추럴 가공		
품종	아라비카만 재배- 예멘 고유 품종, 티피카, 버번		

재배 지역

예멘은 한 때 연간 20만 백 정도를 생산했으나 내전 등의 영향으로 지금은 지속적으로 감소하여 10만 백 정도를 생산하고 있다.

마타리(Mattari, Matari)는 예멘 커피 중 가장 많이 알려져 있는 커피로 수도인 사나(Sana'a)의 서쪽에 위치한 바니 마타르(Bani Mattar)의 고지대에서 생산된다. 생두 형태가 일정하지 않고 크기가 작으며 색은 옅은 녹색부터 노란빛까지 띠고 있다.

하라지(Harazi)는 이스마일리와 인접한 예멘의 북서쪽 하라즈(Haraz) 산악 지역에서 생산된다. 이스마일리(Ismaili)는 사나 서쪽의 바니 이스마엘(Bani Ismael) 산악 지역에서 생산되는 커피로 생두의 크기가 매우 작으며 예멘 커피의 고유 품종 이름이기도 하다. 사나니(Sanani)는 사나 서쪽의 여러 지역에서 생산되는 커피를 혼합하여 수출할 때 사용되는 상품 명칭이다.

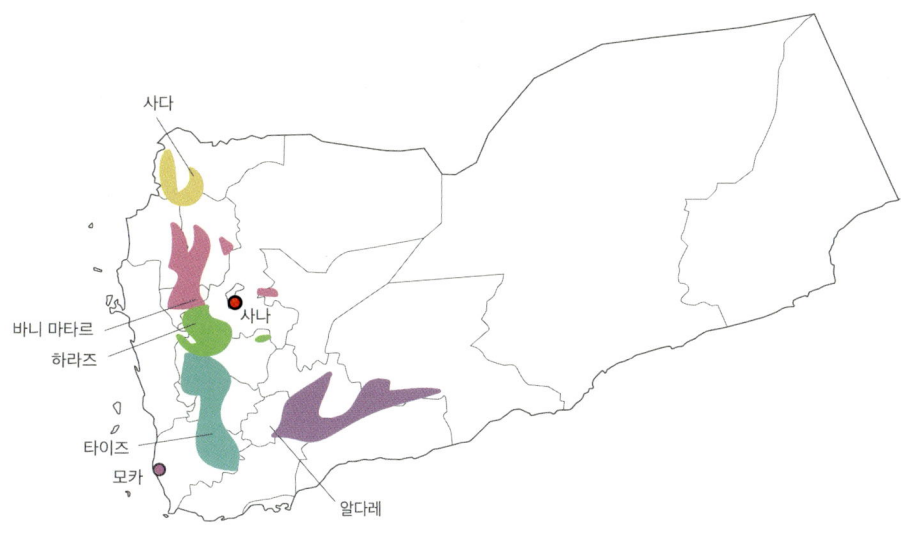

커피 특성

예멘 커피는 세상에서 가장 독특한 특성을 가지고 있는 커피의 하나이다. 밝은 와인의 신맛과 복합적인 특성을 가지고 있으며 달콤한 과일부터 다크 초콜릿의 뒷맛까지 느낄 수 있다.

커피	특성
마타리	강한 신맛, 복합적인 특성, 와인향과 초콜릿향
이스마일리	마타리보다 가볍고 부드러우며 초콜릿, 견과류의 플레이버
하라지	마타리와 유사한 특성, 신맛과 뛰어난 과일향, 가벼운 바디
사나니	균형이 잘 잡힌 커피, 약한 신맛

분류 예멘 커피는 공식적인 분류 기준이 존재하지 않는다.

예멘 모카 부라이(Burrai)

모카의 의미

과거 홍해에 자리 잡은 모카항(Mocha, 이슬람어로 al-Mukhā항)을 통해 예멘 지역의 커피가 유럽으로 수출되었다. 여기서 유래하여 모카의 의미는 다음과 같이 여러 가지로 사용되고 있으며 모카는 Mocha 외에 Moka, Moca 또는 Mocca로도 표기된다.

첫째, 예멘 커피나 이와 비슷한 특성을 지닌 에티오피아 북부의 하라 지역 커피 등을 부르는 말로 쓰인다. 예를 들어 모카 마타리(Mocha Mattari), 모카 하라(Mocha Harrar)가 있다. 둘째, 예멘에서 유래한 품종으로 가장 오래된 아라비카 품종의 하나로 여겨진다. 이 종은 나무의 키가 작고 콩도 둥글고 작은 것이 특징이다. 셋째, 카페 모카(Caffè Mocha)처럼 커피에 초콜릿이 첨가된 음료를 의미한다. 이는 모카 커피의 강한 초콜릿향이 연상되어 지어진 이름이다.

출처

1. "The History of Coffee in Brazil", Casa Brasil Coffees, http://www.casabrasilcoffees.com/learn/history-of-coffee-in-brazil/, (2016.4.20.)
2. "Brazil Coffee Annual 2018", USDA, https://gain.fas.usda.gov/Recent%20GAIN%20Publications/Coffee%20Annual_Sao%20Paulo%20ATO_Brazil_5-15-2018.pdf
3. "A beautiful story'", Cafe de Colombia, http://www.cafedecolombia.com/particulares/en/el_cafe_de_colombia/una_bonita_historia/, (2016.11.5.)
4. "Colombian Coffee Production Decreases after Five Years of Growth", USDA, https://gain.fas.usda.gov/Recent%20GAIN%20Publications/Coffee%20Annual_Bogota_Colombia_5-14-2018.pdf, (2018.7.5.)
5. "UN POCO DE HISTORIA", Infocafés, https://infocafes.com/portal/infocafes/produccion-de-cafe-en-peru/, (2016.12.7.)
6. "Fast facts", CENFROCAFE, https://coopcoffees.coop/cenfrocafe/, (2017.12.8.)
7. "Peru's Coffee Production Continues Recovering", USDA, https://gain.fas.usda.gov/Recent%20GAIN%20Publications/Coffee%20Annual_Lima_Peru_5-9-2018.pdf, (2018.7.9.)
8. "State of the Market: Peru Coffee in 2015/16", Daily Coffee News, 2015.6.,, https://dailycoffeenews.com/2015/06/08/state-of-the-market-peru-coffee-in-201516/, (2016.12.9.)
9. "Everything You Need To Know About Ecuador's Coffee Industry", The Culture Trip, 2017.9.9., https://theculturetrip.com/south-america/ecuador/articles/everything-you-need-to-know-about-ecuadors-coffee-industry/, (2017.12.20.)
10. "2010 Ecuador Coffee Production Consumption Trade Arabica Robusta", USDA, 2010.5.16., https://gain.fas.usda.gov/Recent%20GAIN%20Publications/Coffee%20Annual_Quito_Ecuador_5-18-2010.pdf, (2016.9.18.)
11. "Harvesting Coffee In Bolivia, Tales From Lens, https://talesfromthelens.com/2018/03/01/harvesting-coffee-in-bolivia/, (2017.1.10.)
12. El Café en México – Historia". Jaime Coello Manuell, https://jaimeCOEllomanuell.wordpress.com/2012/02/22/el-cafe-en-mexico-historia/, (2017.5.28.)
13. "HISTORY OF COFFEE IN GUATEMALA", Eual Exchange, 2002., http://equalexchange.coop/history-of-coffee-in-guatemala, (2017.9.3.)
14. "Coffee in Guatemala", Avivara, http://www.avivara.org/aboutguatemala/coffeeinguatemala.html, (2017.9.3.)
15. "Coffee Production: No Longer Business as Usual", USDA, https://gain.fas.usda.gov/Recent%20GAIN%20Publications/Coffee%20Annual_Guatemala%20City_Guatemala_5-15-2017.pdf, (2018.4.2.)
16. "Historia del Café de Costa Rica", ICAFE, http://www.icafe.cr/nuestro-cafe/historia/(2016.10.11.)
17. "The Best Coffee in the World", ICAFE, http://www.icafe.cr/nuestro-cafe/el-mejor-cafe-del-mundo/, (2016.11.10.)
18. "Country Coffee Profile: El Salvador", International Coffee Council, 2016.9., http://www.ico.org/documents/cy2015-16/icc-117-8e-profile-el-salvador.pdf, (2017.10.23.)
19. "Salvadoran Coffee: Trying to Rise above the Crisis", USDA, https://gain.fas.usda.gov/Recent%20GAIN%20Publications/Coffee%20Annual_San%20Salvador_El%20Salvador_5-4-2017.pdf, (2017.10.18.)

20. "Honduran Coffee Beans", Espresso & Coffee Guide, https://espressocoffeeguide.com/gourmet-coffee/coffees-of-the-americas/honduras-coffee/, (2017.11.12.)

21. "A Prince of the Coffee Bean", The Wall Street Jounal, 2011.7.29., https://www.wsj.com/articles/SB10001424053111904800304576474211973637364, (2017.6.4.)

22. "The history of coffee in Nicaragua", Cafés de Nicaragua, http://nicaraguanspecialtycoffee.com/en/history/, (2016.8.20.)

23. "Nicaragua Coffee Annual", USDA, https://gain.fas.usda.gov/Recent%20GAIN%20Publications/Coffee%20Annual_Managua_Nicaragua_6-13-2017.pdf, (2017.12.10.)

24. "Panama", Mercanta, https://www.coffeehunter.com/coffee-country/panama/, (2017.10.17.)

25. William, H. Ukers, op.cit., p.735.

26. "JAMAICA BLUE MOUNTAIN COFFEE HISTORY", J. Martinez & Company, http://www.martinezfinecoffees.com/coffee-information/jamaica-blue-mountain-coffee-information/jamaica-blue-mountain-coffee-history.html, 2017.6.26.

27. "Diving into Dominican Coffee Production", Fresh Cup Magazine, https://www.freshcup.com/diving-into-dominican-coffee-production/, (2017.11.9.)

28. "Ethiopia: The Origin of Coffee", Africa Resource, https://www.africaresource.com/house/index.php/news/our-announcements/21-the-history-of-coffee, (2017.4.20.)

29. "Ethiopia Coffee Annual Report", USDA, 2013.5.14., https://gain.fas.usda.gov/Recent%20GAIN%20Publications/Coffee%20Annual_Addis%20Ababa_Ethiopia_6-4-2013.pdf, (2017.10.11.)

30. "Ethiopian Coffee Ceremony", Africa Resource, https://www.africaresource.com/house/index.php/news/our-announcements/21-the-history-of-coffee, (2017.6.20.)

31. "THE COFFEE BAR", THE KENYA COFFEE TRADERS ASSOCIATION, http://www.kenyacoffee.co.ke/coffeebar-in-the-begining.html, (2016.7.21.)

32. "TANZANIA COFFEE INDUSTRY PROFILE", Tanzania Coffee Board, http://www.coffeeboard.or.tz/tzcoffee_%20profile.php, (2016.7.16.)

33. "The development of coffee cultivation across Tanzania as exemplified by the Bukoba and Moshi regions", Carleton College, https://apps.carleton.edu/curricular/ents/assets/coffee_poster.pdf, (2017.7.20.)

34. "Tanzania Coffee Industry Report 2016-2017", African Fine Coffees Association, https://afca.coffee/tanzania-coffee-industry-report-2016-2017/, (2017.5.1.)

35. "History of Rwanda Coffee", Espresso & Coffee Guide, https://espressocoffeeguide.com/gourmet-coffee/arabian-and-african-coffees/rwanda-coffee/, (2016.11.2.)

36. "Burundi", Sweet Maria's, https://legacy.sweetmarias.com/library/burundi/, (2016.11.9.)

37. "Burundi Coffee Beans", Espresso & Coffee Guide, https://espressocoffeeguide.com/gourmet-coffee/arabian-and-african-coffees/burundi-coffee/, (2016.11.10.)

38 "History of Indonesian Coffee", Indonesia Coffee & Tea http://historyofindonesiancoffee.blogspot.kr/, (2016.11.20.)

39 "ABOUT THE COFFEE BOARD", Coffee Board of India, https://www.indiacoffee.org/aboutus.aspx). (2017.12.7.)

40 "India Coffee Annual", USDA, https://gain.fas.usda.gov/Recent%20GAIN%20Publications/Coffee%20Annual_New%20Delhi_India_5-15-2018.pdf, (2018.7.10.)

41 "Livin' La Vida Mocha: Monsooned Malabar coffee a hit abroad"', The Economic Times, 2013.7.13., https://timesofindia.indiatimes.com/business/india-business/Livin-La-Vida-Mocha-Monsooned-Malabar-coffee-a-hit-abroad/articleshow/21079707.cms, (2017.11.23.)

42 "History Of Coffee In PNG", PNG Coffee Industry Corporation, 2017.2.14., http://www.cic.org.pg/2016/07/14/history-of-coffee-in-png/), (2017.12.21.)

43 "LIVING HISTORY OF VIETNAM COFFEE". VIETNAM COFFEE - COCOA ASSOCIATION, http://vicofa.org.vn/Default.aspx?tabid=151&language=en-US, (2018.2.4.)

44 "Vietnam COFFEE ANNUAL", USDA, https://gain.fas.usda.gov/Recent%20GAIN%20Publications/COFFEE%20ANNUAL_Hanoi_Vietnam_5-17-2017.pdf, (2017.11.30.)

45 "HAWAII COFFEE HISTORY", Hawaii Coffee Association, http://www.hawaiicoffeeassoc.org/history, (2017.10.11.)

참고자료

문헌

- Alexandra Klein, Ingolf Steffan-Dewenter & Teja Tscharntke. (2003). "Bee pollination and fruit set of Coffea arabica and C. canephora (Rubiaceae)", American Journal of Botany, (Universityof Göttingen, 90), 153.
- Andrea Illy & Rinantonio Viani. (2005). Espresso Coffee-The Science of Quality 2ndEd .Elservier Academic Press.
- Braham, J.E. & Bressani, R. (1980). Coffee Pulp: Composition, Technology and Utilization. Ottawa: International Development Research Centre.
- Bruce Schaffer & Peter C. Andersen. (1994). Handbook of Environmental Physiology of Fruit Crops. Florida: CRC Press.
- Clarke, R.J. & Macrae, R. (1987). Coffee Physiology. London & NY: ELSEVIER APPLIED SCEINC.
- Clarke, R.J. & Macrae, R. (1988). Coffee Technology. New York: ELSEVIER.
- Clifford, M.N. & Willson, KC. (1985). Coffee: Botany, Biochemistry and Production of Beans and Beverage. Conneticut: The AVI Publishin Co.
- Ed. by Jean Nicolas Wintgens. (2007). Coffee: Growing, Processing, Sustainable Production. Weinheim: WILEY-VCH.
- Fábio M. DaMatta. (2004). "Ecophysiological constraints on the production of shaded and unshaded coffee", Field Crops Research, Volume 86, (Amsterdam: ELSEVIER), 100.
- ITC(International Trade Center). (2002). Coffee An exporter's guide. Geneva: ITC.
- James Kosalos et al. (2001). SCAA Arabica Green Coffee Defect Handbook. Long Beach: SCAA.
- Kenneth Davids. (2001). Coffee: A Guide to Buying, Brewing, and Enjoying. NEW York: St. Martin's Press.
- Philippe Jobin. (1982). The Coffees Produced Throughout The World. France: Le Havre.
- Pradeepkumar, T. (2008). Management of Horticultural Crops. New Delhi: New India Publishing Agency.
- Rosane F. Schwan & Graham H. Fleet. (2014). Cocoa and Coffee Fermentations. New York: CRC Press.
- Willem Boot. (2006). Variety is the Spice of Coffee, (Roast Magazine, 2006 5/6), 2.
- William H. Ukers. (1935). All ABOUT COFFEE. The Library of Alexandria.
- Willy H. Verheye. (2010). Soils, Plant Growth & Crop Production. Singapore: EOLSS Publications.

웹사이트

- Africa Resource, "Ethiopia: The Origin of Coffee", https://www.africaresource.com/house/index.php/news/our-announcements/21-the-history-of-coffee (2017.4.20.)
- Africa Resource, "Ethiopian Coffee Ceremony", https://www.africaresource.com/house/index.php/news/our-announcements/21-the-history-of-coffee (2017.6.20.)
- African Fine Coffees Association, "Tanzania Coffee Industry Report 2016-2017", https://afca.coffee/tanzania-coffee-industry-report-2016-2017 (2017.5.1.)
- Alliance for Coffee Excellence, "Rules & Protocols", https://allianceforcoffeeexcellence.org/rules-protocols (2017.3.10.)
- Avivara, "Coffee in Guatemala", http://www.avivara.org/aboutguatemala/coffeeinguatemala.html (2017.9.3.)
- Barista Hustle, "Costa Rica El Diamante by Ditta Artigianale", https://baristahustle.com/blogs/subscription/september-2017-costa-rica-el-diamante-by-ditta-artigianale (2018.3.25.)
- Cafe de Colombia, "A beautiful story", http://www.cafedecolombia.com/particulares/en/el_cafe_de_colombia/una_bonita_historia (2016.11.5.)
- Cafe de Colombia, "The tree and its surroundings", http://www.cafedecolombia.com/particulares/en/sobre_el_cafe/el_cafe/el_arbol_y_el_entorno (2016.6.2.)
- Cafe de Colombia, "The tree and its surroundings", http://www.cafedecolombia.com/particulares/en/sobre_el_cafe/el_cafe/el_arbol_y_el_entorno (2016.8.8.)
- Cafe Reunion, "Bourbon pointu Grand cru coffee producers", https://www.cafe-reunion.com/plugins/fckeditor/UserFiles/File/English/ExposantsE.pdf (2018.3.30.)
- Cafés de Nicaragua, "The history of coffee in Nicaragua", http://nicaraguanspecialtycoffee.com/en/history (2016.8.20.)
- Carleton College, "The development of coffee cultivation across Tanzania as exemplified by the Bukoba and Moshi regions", https://apps.carleton.edu/curricular/ents/assets/coffee_poster.pdf (2017.7.20.)
- Casa Brasil Coffees, "The History of Coffee in Brazil", http://www.casabrasilcoffees.com/learn/history-of-coffee-in-brazil (2016.4.20.)
- Casa Coffees, "Cultivars", http://www.casabrasilcoffees.com/learn/cultivars (2007.2.1.)
- Catholic Relief Services, The Origin of The Catillo Cultivar", https://coffeelands.crs.org/2013/01/the-origins-of-the-castillo-cultivar (2017.9.1.)
- CENFROCAFE, "Fast facts", https://coopcoffees.coop/cenfrocafe (2017.12.8.)
- Coffee Board of India, "ABOUT THE COFFEE BOARD", https://www.indiacoffee.org/aboutus.aspx (2017.12.7.)
- Coffee Board of India, "COFFEE REGIONS-INDIA", https://www.indiacoffee.org/coffee-regions-india.html (2017.11.4.)
- Coffee Pick Inn, "CONTEXT", https://openstartups.induct.no/public/pages/CoffeePickInnEN (2017.2.5.)
- Coffee Research Institute, "Coffee Varieties", http://www.kalro.org/coffee/?q=node/25 (2017.10.18.)
- Coffee Research Institute, "Coffee Varieties", http://www.kalro.org/coffee/?q=node/25 (2017.5.30.)
- Coffee Research Station, "BATIAN COFFEE", http://www.

- ico.org/presents/0910/kenya-batiancoffee.pdf (2018.4.25.)
- Coffee Research, "Arabica Coffee Bean Varietals", http://www.coffeeresearch.org/agriculture/varietals.htm (2017.2.3.)
- Coffee Review, "The Tanzania peaberry mystery", http://www.coffeereview.com/the-tanzanian-peaberry-mystery (2016.8.15.)
- Coffee Roasters, "COFFEE VARIETIES & CULTIVARS, Griffiths Bros", http://www.griffithscoffee.com.au/ourcoffees/coffee-varieties (2017.11.15.)
- Coffee Shrub, "Glossary", http://www.coffeeshrub.com/shrub/glossary/term/493 (2016.11.10.)
- Coffee Shrub, "Glossary", https://www.coffeeshrub.com/glossary (2017.4.2.)
- Coffeehabitat, "Quick look at differing shade criteria", http://www.coffeehabitat.com/2007/07/quick-look-at-d (2016.12.7.)
- Coffe's Weird Delicious Uncle, Sprudge, "Meet The Species Eugenoides", https://sprudge.com/meet-the-species-eugenioides-coffees-weird-delicious-uncle-82659.html (2017.4.9.)
- Cultivar Coffee, "Coffea Racemosa possibly the worlds rarest coffee", http://www.cultivar.co.za/coffea-racemosa.html (2017.4.10.)
- Daily Coffee News, "State of the Market: Peru Coffee in 2015/16", https://dailycoffeenews.com/2015/06/08/state-of-the-market-peru-coffee-in-201516 (2016.12.9.)
- Daily Coffee News, "Raisin Process Coffee From Brazil Breaks Cup of Excellence Price Record at $126/lb", https://dailycoffeenews.com/2017/11/29/raisin-process-coffee-from-brazil-breaks-cup-of-excellence-price-record-at-126lb (2018.3.8.)
- Department of Agriculture, "COFFEE PRODUCTION GUIDE", http://cagayandeoro.da.gov.ph/wp-content/uploads/2013/04/Coffee-Production-Guide-2.pdf (2016.10.8.)
- Espresso & Coffee Guide, "Burundi Coffee Beans", https://espressocoffeeguide.com/gourmet-coffee/arabian-and-african-coffees/burundi-coffee (2016.11.10.)
- Espresso & Coffee Guide, "El Salvador Coffee Beans", https://espressocoffeeguide.com/gourmet-coffee/coffees-of-the-americas/el-salvador-coffee (2017.5.4.)
- Espresso & Coffee Guide, "History of Rwanda Coffee", https://espressocoffeeguide.com/gourmet-coffee/arabian-and-african-coffees/rwanda-coffee (2016.11.2.)
- Espresso & Coffee Guide, "Jamaican Blue Mountain Coffee Beans", https://espressocoffeeguide.com/gourmet-coffee/coffees-of-the-americas/jamaicacoffee/jamaica-blue-mountain-coffee (2016.10.8.)
- Espresso & Coffee Guide, "Panama Geisha Coffee Beans", https://espressocoffeeguide.com/gourmet-coffee/coffees-of-the-americas/panama-coffee/panama-geisha-coffee (2018.3.4.)
- Espresso & Coffee Guide, "Honduran Coffee Beans", https://espressocoffeeguide.com/gourmet-coffee/coffees-of-the-americas/honduras-coffee (2017.11.12.)
- Eual Exchange, "HISTORY OF COFFEE IN GUATEMALA", http://equalexchange.coop/history-of-coffee-in-guatemala (2017.9.3.)
- FAO, "Fermentation of Coffee – Control of Operation", http://www.ico.org/projects/Good-Hygiene-Practices/cnt/cnt_en/sec_3/docs_3.3/fermentation.pdf (2016.12.10.)
- Five Senses Coffee, "Coffee varieties in Sumatra", https://

- www.fivesenses.com.au/blog/coffee-varieties-in-sumatra (2017.11.15.)
- Fondazioneslowfood, "Ugandan coffee: a host of varieties for you to discover at a dedicated festival", https://www.fondazioneslowfood.com/en/ugandan-coffee-host-of-varieties-for-you-to-discover-at-dedicated-festival (2017.12.1.)
- Food and Agriculture Organization, "View crop", http://ecocrop.fao.org/ecocrop/srv/en/cropView?id=2508 (2017.4.8.)
- Fresh Cup Magazine, "Diving into Dominican Coffee Production", https://www.freshcup.com/diving-into-dominican-coffee-production (2017.11.9.)
- Genus Coffea, "Arabicas", https://genuscoffea.wordpress.com/arabicas (2017.6.5.)
- genus Coffea, "Historical background", https://genuscoffea.wordpress.com/part-1 (2017.7.20.)
- Genus Coffea, "Historical background", https://genuscoffea.wordpress.com/part-1 (2015.6.15.)
- Genus Coffea, "Canephoras", https://genuscoffea.wordpress.com/canephoras (2017.7.20.)
- GrainPro, "WHY GRAINPRO?", http://grainpro.com/#why (2016.11.4.)
- Griffiths Bros. Coffee Roasters, "COFFEE VARIETIES & CULTIVARS", http://www.griffithscoffee.com.au/ourcoffees/coffee-varieties (2017.5.15.)
- Griffiths Coffee Roasters, "COFFEE VARIETIES & CULTIVARS", http://www.griffithscoffee.com.au/ourcoffees/coffee-varieties (2016.12.10.)
- Hand Crafted Coffees, "Don Pachi 100% Geisha-Panama", http://www.cafetaf.gr/pdf/don%20pachi%20geisha%20english.pdf (2017.5.4.)
- Has Bean Coffee, "Icatu", https://www.hasbean.co.uk/blogs/varietals/6907872-icatu (2016.11.10.)
- Has Bean Coffee, "Maracatu", https://www.hasbean.co.uk/blogs/varietals/6907878-maracatu (2017.10.15.)
- Has Bean Coffee, Acaia", https://www.hasbean.co.uk/blogs/varietals/6907542-acaia (2016.11.4.)
- Hasbean, "Villa Sarchi", https://www.hasbean.co.uk/blogs/varietals/15254989-villa-sarchi (2017.5.10.)
- Hawaii Coffee Association, "HAWAII COFFEE HISTORY", http://www.hawaiicoffeeassoc.org/history (2017.10.11.)
- ICAFE, "The Best Coffee in the World", http://www.icafe.cr/nuestro-cafe/el-mejor-cafe-del-mundo (2016.11.10.)
- Illustrative Mathematics, "Growing coffee", https://www.illustrativemathematics.org/content-standards/tasks/611 (2016.7.10.)
- India Brand Equity Foundation, "Coffee Varieties", https://www.teacoffeespiceofindia.com/coffee/india-coffees-varieties (2016.11.1.)
- Indian Estates, "History of Indian Coffee", https://indianestates.co.in/blog/history-indian-coffee (2017.12.1.)
- Indian Estates, "History of Indian Coffee", https://indianestates.co.in/blog/history-indian-coffee (2017.12.1.)
- Indonesia Coffee & Tea, "History of Indonesian Coffee", http://historyofindonesiancoffee.blogspot.kr (2016.11.20.)
- Infocafés, "UN POCO DE HISTORIA", https://infocafes.com/portal/infocafes/produccion-de-cafe-en-peru (2016.12.7.)
- International Coffee Council, "Country Coffee Profile: El

- Salvador", http://www.ico.org/documents/cy2015-16/icc-117-8e-profile-el-salvador.pdf (2017.10.23.)
- International Coffee Council, "Proposed framework for a global system to improve coffee quality", http://www.ico.org/documents/ico-acpcquality.pdf (2016.4.25.)
- International Coffee Organization, "THE GLOBAL COFFEE CRISIS: A THREAT TO SUSTAINABLE DEVELOPMENT", http://www.ico.org/documents/globalcrisise.pdf (2016.8.4.)
- International Union for Conservation of Nature and Natural Resources, "Coffea mauritiana", http://www.iucnredlist.org/details/18538384/0 (2017.4.10.)
- J. Martinez & Company, "JAMAICA BLUE MOUNTAIN COFFEE HISTORY", http://www.martinezfinecoffees.com/coffee-information/jamaica-blue-mountain-coffee-information/jamaica-blue-mountain-coffee-history.html (2017.6.26.)
- Jaime Coello Manuell, "El Café en México – Historia", https://jaimeCOEllomanuell.wordpress.com/2012/02/22/el-cafe-en-mexico-historia (2017.5.28.)
- Kencaf Importing & Distributing Inc, "Coffea Charrieriana", https://kencaf.com/coffea-charrieriana (2017.4.8.)
- MauiGrown Coffee Distributors, "Varieties", http://www.mauigrowngreencoffee.com/varieties (2018.4.8.)
- Mercanta, "Mocha/Moka", https://www.coffeehunter.com/knowledge-centre/mochamoka (2018.4.8.)
- Mercanta, "USDA762", https://www.coffeehunter.com/knowledge-centre/usda-762 (2018.5.1.)
- Mercanta, "Panama", https://www.coffeehunter.com/coffee-country/panama (2017.10.17.)
- National Coffee Association, "10 Steps from Seed to Cup", http://www.ncausa.org/i4a/pages/index.cfm?pageid=69 (2017.2.8.)
- Perfect Daily Grind, "Batian: Can This New Varietal Transform Kenyan Coffee?", https://www.perfectdailygrind.com/2016/09/batian-can-new-varietal-transform-kenyan-coffee (2018.4.25.)
- Perfect Daily Grind, "Interview: What's So Special About Pacamara?", https://www.perfectdailygrind.com/2015/11/interview-whats-so-special-about-pacamara (2017.9.30.)
- Perfect Daily Grind, "Starmaya: Could This F1 Hybrid Be The Ideal Coffee Variety?", https://www.perfectdailygrind.com/2017/10/starmaya-f1-hybrid-ideal-coffee-variety (2018.4.5.)
- Perfect Daily Grind, "The White Stem Borer: A Threat to the Nepalese Coffee Industry?", https://www.perfectdailygrind.com/2016/04/white-stem-borer-threat-nepalese-coffee-industry (2016.11.18.)
- Perfect Daily Grind, "How Does Fermentation Affect Coffee Flavour Development?", https://www.perfectdailygrind.com/2017/07/fermentation-affect-coffee-flavour-development (2018.3.25.)
- PNG Coffee Industry Corporation, "History Of Coffee In PNG", http://www.cic.org.pg/2016/07/14/history-of-coffee-in-png (2017.12.21.)
- Rainforest Alliance, "Rainforest Alliance Sustainable Agriculture Standard", https://www.rainforest-alliance.org/business/sas/wp-content/uploads/2017/11/03_rainforest-alliance-sustainable-agriculture-standard_en.pdf (2017.11.28.)
- Salvadoran Coffee Council, "Exploring Distinctive Characteristics & Virtues of Coffee Varieties", https://himalayanarabica.com/wp-content/uploads/2015/12/

- Difference-Between-Bourbon-Pacamara-Coffee-posted-by-Himalayan-Arabica-Nepal-Coffee.pdf (2017.4.4.)
- Salvadoran Coffee Council, "Exploring Distinctive Characteristics & Virtues of Coffee Varieties", https://himalayanarabica.com/wp-content/uploads/2015/12/Difference-Between-Bourbon-Pacamara-Coffee-posted-by-Himalayan-Arabica-Nepal-Coffee.pdf (2017.10.4.)
- SCA, "Research Update: The coffee berry borer, Hypothenemus hampei", http://www.scanews.coffee/2015/11/03/research-update-the-coffee-berry-borer-hypothenemus-hampei (2016.11.20.)
- SCAA, "Article by Ric Rhinehart: What is Specialty Coffee?", http://scaa.org/?page=RicArtp1 (2016.10.14.)
- Science Direct, "Coffea liberica", https://www.sciencedirect.com/topics/pharmacology-toxicology-and-pharmaceutical-science/coffea-liberica (2017.8.1.)
- Slow Food Foundation, "Stenophylla Coffee", https://www.fondazioneslowfood.com/en/ark-of-taste-slow-food/stenophylla-coffee (2017.4.7.)
- Smithsonian's National Zoo & Conservation Biology Institute, "The Ecological Benefits of Shade Grown Coffee", https://nationalzoo.si.edu/scbi/migratorybirds/coffee/bird_friendly/ecological-benefits-of-shade-grown-coffee.cfm (2016.8.13.)
- Sprudge, "A User's Guide to Colombian Coffee Varietials", http://sprudge.com/a-users-guide-to-colombian-coffee-varietals-5205.html (2017.11.4.)
- Stump Town Coffee Roasters, "Coffee Varieties", https://www.stumptowncoffee.com/varieties (2016.12.10.)
- Stump Town Coffee Roasters, "Coffee Varieties", https://www.stumptowncoffee.com/varieties (2017.5.6.)
- Sweet Maria's Home Coffee Roasting, "Burundi", Sweet Maria's, https://legacy.sweetmarias.com/library/burundi (2016.11.9.)
- Tales From Lens, "Harvesting Coffee In Bolivia", https://talesfromthelens.com/2018/03/01/harvesting-coffee-in-bolivia (2017.1.10.)
- Tan Lam Agricultural Product Joint Stock Company, "Manual for Arabica cultivation", https://bootcoffee.com/wp-content/uploads/2015/04/manual-for-arabica-cultivation-vs.pdf (2016.12.9.)
- Tanzania Coffee Board, "TANZANIA COFFEE INDUSTRY PROFILE", http://www.coffeeboard.or.tz/tzcoffee_%20profile.php (2016.7.16.)
- The Alliance for Coffee Excellence, "History", https://allianceforcoffeeexcellence.org/about-us (2018.5.19.)
- The American Phytopathological Society, "Coffee rust", http://www.apsnet.org/edcenter/ intropp/lessons/fungi/Basidiomycetes/Pages/CoffeeRust.aspx (2016.8.28.)
- The Culture Trip, "Everything You Need To Know About Ecuador's Coffee Industry", https://theculturetrip.com/south-america/ecuador/articles/everything-you-need-to-know-about-ecuadors-coffee-industry (2017.12.20.)
- The Economic Times, "Livin' La Vida Mocha: Monsooned Malabar coffee a hit abroad", https://timesofindia.indiatimes.com/business/india-business/Livin-La-Vida-Mocha-Monsooned-Malabar-coffee-a-hit-abroad/articleshow/21079707.cms (2017.11.23.)
- THE KENYA COFFEE TRADERS ASSOCIATION, "THE COFFEE BAR", http://www.kenyacoffee.co.ke/coffeebar-in-the-begining.html (2016.7.21.)
- The Wall Street Jounal, "A Prince of the Coffee Bean", https://www.wsj.com/articles/SB10001424053111904800304576474211973637364 (2017.6.4.)

- Union Hand-Roasted Coffee, "How to be a Coffee Picker?", https://www.unionroasted.com/blog/07/20/how-to-be-a-coffee-picker (2018.6.2.)
- Union Hand-Roasted Coffee, "Varietals", https://www.unionroasted.com/blog/08/29/unique-colombia-coffee (2018.4.12.)
- University of Hawaii, "Mineral Deficiency Symptoms of Coffee", https://www.ctahr.hawaii.edu/oc/freepubs/pdf/RES-073.pdf (2017.9.5.)
- University of Hawaii, "Colletotrichum coffeanum", http://www.extento.hawaii.edu/kbase/crop/type/c_coffe.htm (2016.8.30.)
- Universityof Göttingen, "Bee pollination and fruit set of Coffea arabica and C. canephora (Rubiaceae)", https://onlinelibrary.wiley.com/doi/epdf/10.3732/ajb.90.1.153 (2016.7.10.)
- USDA, "2010 Ecuador Coffee Production Consumption Trade Arabica Robusta", https://gain.fas.usda.gov/Recent%20GAIN%20Publications/Coffee%20Annual_Quito_Ecuador_5-18-2010.pdf (2016.9.18.)
- USDA, "Ethiopia Coffee Annual Report", https://gain.fas.usda.gov/Recent%20GAIN%20Publications/Coffee%20Annual_Addis%20Ababa_Ethiopia_6-4-2013.pdf (2017.10.11.)
- Useful Tropical Plants, "Coffea congensis", http://tropical.theferns.info/viewtropical.php?id=Coffea+congensis (2017.4.10.)
- VIETNAM COFFEE - COCOA ASSOCIATION, "LIVING HISTORY OF VIETNAM COFFEE", http://vicofa.org.vn/Default.aspx?tabid=151&language=en-US (2018.2.4.)
- White Horse Coffee, "How specialty coffee is processed", https://whitehorsecoffee.com.au/blog/2018/01/specialty-coffee-processed (2017.8.28.)
- Wikipedia, "Coffee Root-knot Nematode", https://en.wikipedia.org/wiki/Coffee_root-knot_nematode (2016.11.5.)
- World Coffee Research, "Bourbon", https://varieties.worldcoffeeresearch.org/varieties/bourbon (2017.2.4.)
- World Coffee Research, "Catuai", https://varieties.worldcoffeeresearch.org/varieties/catuai (2017.6.5.)
- World Coffee Research, "Centroamericano", https://varieties.worldcoffeeresearch.org/varieties/centroamericano (2018.4.5.)
- World Coffee Research, "History of Bourbon and Typica", https://varieties.worldcoffeeresearch.org/info/coffee/about-varieties/bourbon-and-typica (2017.2.4.)
- World Coffee Research, "Java", https://varieties.worldcoffeeresearch.org/varieties/java (2018.3.15.)
- World Coffee Research, "K7", https://varieties.worldcoffeeresearch.org/varieties/k7 (2017.5.30.)
- World Coffee Research, "Pacas", https://varieties.worldcoffeeresearch.org/varieties/pacas (2017.4.4.)
- World Coffee Research, "SL-28", https://varieties.worldcoffeeresearch.org/varieties/sl28 (2017.5.6.)
- World Coffee Research, "Tekisic", https://varieties.worldcoffeeresearch.org/varieties/tekisic (2017.5.15.)
- World Coffee Research, "archimor", https://varieties.worldcoffeeresearch.org/varieties/t5296 (2017.11.1.)
- World Coffee Research, "Villa Sarchi", https://varieties.worldcoffeeresearch.org/varieties/villa-sarchi (2017.5.10.)

찾아보기

2차 펄퍼 133 149
2차 펄핑 133
4C 197 198 259
가든 커피 280
가요 마운틴 311
가요 306
가이아나 222
가지치기 41 92 97 99 280
간작 81 313
갈라파고스 233
건식 발효 137 138
겉껍질 14 15
게이샤(게샤) 53 54 268 269
격년결실 92 303
결점두 172 175 176 190 194 195 207 208
곁뿌리 13
고와 309
고정식 물탱크 124 125
곧은 뿌리 13
골드 허니 152
공정무역 199
과나카스테 252
과르디올라 건조기 166
과르디올라 166
과발효 138 145 152 190
과테말라 29 241-247
과테말라커피협회 61 241
교배종 16 21 51 60 64 65 66

구시이 291
국가유기농프로그램 199
국가커피전략 299
국제재배식물명명규약 66
국제커피기구 178
그레빌레아 81
그린빈 16
그린커피 16
기니 23
기세뉴 300
기울이기 94
기테가 303
기후 변화 59 64 79 216 323
길링바사 154
까후엘라 114
꺾꽂이 90
꼭두서니과 20
꽃눈 102
꽃밥 13 103
꽃향 31 33 43 54 55
끌리외 271

나랑호 251
나르예리스 62
나리뇨 223 225 226
나비 단계 88
나야리타 62 64
나이로비커피거래소 288

나쿠루 291
난디 커피 23
내과피 15
내추럴 가공 118
내추럴 커피 123 144
네덜란드령 기아나 28
노르융가스 236
녹색 체리 106 122
누에바세고비아 265
뉴오리엔테 158 245
느가다 310
느간다 65
니암베네 291
니에리 290 291
니카라과 29 146 201 264-267
니카라과커피생산자조합연합 264
닐기리 315

다이렉트 트레이드 201
닥농 323
닥락 323
단색광 분류기 175
달랏 323
데가 55
도미니카 28 271 276 277
도타 타라수 251
돈 파치 53 269
돈 페페 269
돌연변이 21 27 36 39 63 66 306
동아프리카 지구대 282
동인도회사 288 306
동종 교배종 41 66
드라이 체리 191 194
드라이 파치먼트 커피 142

드라이밀 132 162
드럼 분리기 133 134 147
드럼 펄퍼 130
디리다와 283
디스크 펄퍼 130 131
디스토닝 169

라미니타 209
라수나 51
라우리나 39
라이베리아 21 22
라테라이트 75
라파스 236
람동 323
람풍 308
러스틱 82
레드 허니 153
레온 코르테스 251
레위니옹 33 39
레이진 가공 156
레인포리스트얼라이언스 197 198
레켐프티 284
레포소 169
렘피라 45
로부스타 10 21 24-26 65 124 175 207
로부스타 커피 109 159 207 307 308 315
로터리 건조기 165
로하 234
롱베리 55 283 306
루린도 300
루메수단 49 57 60 64 99 157
루부마 297
루왁 커피 312
루이루11 49 99

루텡 310
르완다 23 201 299-301
리마니 48
리무 284
리오이 222
리우데자네이루 214
리차드 버튼 21
린네 20
린통 308
린통니후타 308

마그달레나 226
마나구아 265
마나비 234
마냐라 297
마노아 326
마니살레스 226
마드리스 265
마라고지페 29 43 66
마라카투/마라카투라 43
마르세이에사 48 61 238
마르칼라 262
마르티니크 28
마마사 309
마우이 328
마이소어 너겟 316
마이소어 30 40 313
마이크로랏 209 254
마이크로밀 249
마일드 커피 124 145
마차코스 291
마타갈파 264-266
마타리 330-332
마타스데미나스 217

마투그로수 219
마투그로수두술 219
만다일링 308
만델링 154 308
만자라바드 314
말라위 37 45
말레이시아 22
매컬핀 209
메데인 226
메루 291
멕시코 29 201 237-240
멕시코커피연구소 237 238
모라산 257
모로고로 297
모로비 320
모리셔스 23
모시 294 295
모잠비크 23 297
모지아나 219
모카 56 313 329 332
몬순 말라바르 316 317
몬순커피 317
몬타니타 농장 158
몬테시요스 261
몬테알레그레 217
몰로카이 328
몸바사 288
묘판 86 89
묘포 85
무라비아 303
무랑가 291
무산소 발효 156 157
무이잉가 303
문도노보 41 42 44 66

문도마야 61 64
물레바 297
므빙가 297
미나스제라이스 34 214 217 219
미비리지 40
미세뉴 297
밀 132
밀도분류기 174
밀레니오 60 61 64
밑씨 13 103

바니 마타르 330
바니 이스마엘 331
바니 277
바디 16 29 34 36 38 41 47 54
바라오나 277
바바 부단 313
바바부단기리 313 316
바이아 29 219
바티안 59
발리 307 310
발리엠밸리 310
발아 87
발효 124 135-140 143-145 156-158
발효 탱크 125 129 134 136 139 158
발효취 74 120 144 157
배아 16 87 88
배젖 15 104 105
배주 13
버드 프렌드리 197
버라이어탈 66
버라이어티 66
버번 마야게스 40
버번 27 33-40 50 51 214

버번 포인투/부르봉 프웽튀 39
벙고마 291
베네치아 63
베네피시오 132
베라크루스 237 239
베베카 284
베스트 오브 파나마 268
베트남 305 322-324
베트남커피코코아협회 322
벵쿨루 308
보퀘테 268
보키 326
보투카투 32
볼리비아 201 235 236
볼리비아커피생산자수출연합 234
볼칸-칸델라 268
부겐빌 319
부르봉/보르봉 33 34
부카라망가 226
부코바 294
부타레 300
부티르산 138
북부산탄데르 226
브라질 29 111 120 123 146 201 207 214-219
브라질농업연구소 34 42 45 215
브라질스페셜티커피협회 215
브로큰 193 194 220 304
브룬디 40 132 201 208 302-304
브룬카 252
브릭스 107
블랙 허니 152 153
블랙빈 190 195 220
블루 자바 309
블루마운틴 28-30 32 179 273-275 291

비야로보스 30
비야사르치 35
비야클라라 272
빅 아일랜드 326 327
빌로우 스페셜티 그레이드 195
빌리기리 316

사구아 바라코아 272
사나 330
사나니 331
사르치 35 251
사르치모르 47 60 61 64
사모라친치페 234
사샤 세스틱 157
사우어 빈 191
사이잘 178
사이펀 탱크 124-126
산라몬 28 32 251
산라파엘 36
산로케 37
산마르코스 245
산마르틴 229
산미구엘 257
산빈센테 257
산살바도르 256
산타로사 31
산타바바라 261
산타아나 36 189 256
산타크루스 236
산탄데르 226
산토도밍고 276
산토스 209
산호세 250 251
상업적 복합 재배 82

상티스피리투스 272
상파울루 32 41 214 217 219
새잎 12 23 28 30 35 40 43 51 54 56 92
생두 14-16 105 106 183-184
샤리에 커피 23
샤파다데미나스 218
샤파다지아만치나 219
서스테이너블 커피 188 196 200
선 커피 84 95
선충 90 97
성냥개비 단계 88
세계바리스타챔피언십 156
세미 워시드 가공 118 145
세미 웨트 가공 154
세미 포레스트 커피 280
세컨더리 디펙트 194
세픽 321
세하두 218
센터컷 16 25 59 145 183 190
센트럴 벨리 250
센트로아메리카노 60
센프로카페 228
셰바로이 315 316
셰이드 그로운 커피 80
셰이드 트리 81 83 84
셰이딩 단일 재배 82
셰이딩 31 35 80-84 99 200
셸 184 192 194 220
손소나테 256
숏베리 55 283
수단 23 57
수단루메 57
수드융가스 235
수리남 28 214

수마트라 32 154 305-308
수분 스트레스 74 102
수직형 건조기 165 167
수직형 드럼 펄퍼 131
수쿰비오스 234
수평형 드럼 펄퍼 130
술데미나스 217
술라웨시 50 154 305 306 307 309
스코트연구소 37 40
스크린 사이즈 43 56 172
스타마야 61 64
스텀핑 92 93
스트리핑 108-110 112 121
스팅커 138 220
스페셜티 그레이드 195
스페셜티 커피 179 188 189 193
스페셜티커피협회 189
슬라이트 인섹트 데미지 194 195
습식 발효 137 138
습윤성 흑토 75
시그리 321
시니 287
시다마 55
시다마커피생산자조합 279
시다모 282-284
시바오 277
시비어 인섹트 데미지 194 195
시앙구구 300
시에라리온 23
시에라마에스트라 272
실버스킨 14 15 105 171 184
심부 320
싱글 오리진 커피 211
싱커 121 122 124 125 127 129 133

아갈타 262
아나말라이스 315
아라부스타 51
아라비고 32
아라비카 10 16 20 21 24-27
아로마 180 193
아루샤 295 297
아르메니아 226
아리차 283
아마렐로 40
아마조나스 229
아멕스 297
아비시니아 53 294
아비시니안 279
아세트산 136 141
아수아 277
아야쿠초 229
아우아차판 256
아체 306
아카시아 81
아카이아 44
아카테낭고 245
아텡 45
아티틀란 244
아파네카-이라마테펙 256
아프리칸 베드 162 278
안드라프라데시 314
안티구아 211 241 243-246
안티오키아 225 226
알라후엘라 35 251
알로테펙-메타판 257
알투라 오리사바 239
알투라 우아투스코 239

알투라 코아테펙 239 240
알투라 238
앙드레 샤리에 23
애프터테이스트 193
언워시드 커피 123 145
에레디아 251
에르나 크누츠센 189
에리트리나 81
에밀 로랑 21
에발루나 61 64
에스깜브레이 272
에스메랄다 농장 54
에콰도르 214 232-234
에콰도르국가커피협회 232
에티오피아 20 53-55 61 62 199 278-284 287
에티오피아국립커피위원회 279
에티오피아상품거래소 279 285
에티오피아커피마케팅법인 279
엔고지 303
엘디아만테 농장 157
엘리다 269
엘리펀트빈 29
엘발사모-케살테펙 256
엘베니 236
엘브리토 31
엘살바도르 버번 38
엘살바도르 33 201 254-257
엘살바도르커피연구소 38 43
엘오로 234
엘파라이소 262
엠부 291
예멘 28 329-332
옐로 버번 32 220
옐로 허니 153

오디샤 314
오레야나 234
오렌지 필 워시드 158
오로미아커피생산자조합 279
오로시 252
오로아즈테카 45 238
오바타로호 48
오아하카 플루마 239 240
오아하카 239
오아후 326
오코아 277
오코테펙 259 261
오팔라카 261
온두라스 33 201 259-262
온두라스커피연구소 259
올드 브라운 309
올드 자바 309
와야나드 315 316
와이니 가공 155
왜소종 10
외과피 15
외부 냄새 193
외피 15 105
우간다 21 23 37 65 278
우에우에테낭고 239 244
우일라 225 226
워시드 가공 118-120 124 142 144 145
워시워시 55
워싱 스테이션 132 299 302
원형 건조기 167
월리소 55
웨스턴 벨리 250 251
웨스턴하이랜드 320 321
웨트 파치먼트 커피 142

웨트 헐 154 207

웨트밀 132 140

위더드 빈 192

유기농 인증 199 201 228

윤칼리토 277

융가스 236

음베야 295 297

음와로 303

이가체페 55 282 283

이가체페커피생산자조합 279

이링가 297

이색광 분류기 175

이스마일리 331

이스턴하이랜드 320

이스트뉴브리튼 319

이스피리투산투 217 219

이식 86 87 89 91

이종 교배종 44 66

이카투 50 51 99

이파네마 217

인도 65 313-317

인도네시아 75 98 305-312

인도네시아커피코코아연구소 50 306

인도중앙커피연구소 313

인도커피위원회 313

인섹트 데미지 191

인티부카 261

일본농림규격 199

잉가 81

잉키시비 236

잎마름병 98

잎줄기무늬병 98

자가수분 26 103

자당 77

자메이카 28 271 273

자메이카커피산업위원회 274

자바 28 54 75 98 124 305-307 309

자외선 형광분류기 176

잔뿌리 13

잔통 306

잠비아 45

잭슨 40

적도기니 22

전동 스크리너 173

전통적 복합 재배 82

점액질 제거기 145 147 150

점액질 14 15 135-137 145-147 150-153

접목 90

제뉴인 안티구아 244

제데오 283

제베나 287

젬베 50

존 스피크 21

종간잡종 66

종내잡종 66

중과피 15 105

쥐시외 20

지아라이 323

직파 90

진균류 99

짐마 284

짐바브웨 23 37 45 278

찬드라기리 313

찬차마요 229 230

체리 14-17 106 107

체리분리기 127

초콜릿향 33 54 219 220 230 236 240
치리퀴 268
치아파스 239
치카마갈루르 316
친촌테펙 257

카게라 297
카라나비 236
카라콜/카라콜리 16
카르나타카 314
카르모데미나스 217
카르타고 251
카메룬 23 29 54 278
카스카라 330
카스티요 46 47
카시오페아 62
카얀자 303
카우아이 326 328
카우베리 45
카우카 225 226
카카우아티케 257
카타도르 174
카투라 베르멜류 40
카투라 34
카투아이 베르멜류 40
카투아이 42
카투카이 51
카트 281 283 329
카트레닉 45
카티모르 45 51 61 62
카티모르129 45
카티식 45
카파 279
카페 도 브라질 219

카피 로얄 316
카하마르카 229
칼디 279
커머셜 등급 297
커머셜 커피 188 286
커버 플랜트 94
커피 세레머니 287
커피 팩토리 132
커피가든 319
커피꽃 13 14 102
커피녹병 21 98
커피녹병연구소 45
커피베리병 40 99
커피베리보어러 79 97 191
커피벨트 72
커피산업개발전략 296
커피열매 14 78 83 95 99
커피체리 14 16 99 109
커피화이트스템보어러 97
컬티바 66
컵 오브 엑설런스 156 201 202
컵 퀄리티 193 231 321
케냐 23 288-292
케냐식 발효 137
케냐커피생산자거래자연합 288
케냐커피연구소 59
케냐커피위원회 288
케랄라 315
켄트 30 50
코나 블렌드 326
코나 커피 326-328
코나 32 326 328
코닐로우 65
코닐론 65

코로이코 236
코마야과 262
코반 245
코스타리카 31 145-147 201 248-250 252
코스타리카95 45
코스타리카커피연구소 147 248
코차밤바 236
코체르 283
코치닐 241
코케 283
코트디부아르 23
코판 259 261
코페아 라세모사 20
코페아 로렌티 21
코페아 리베리카 20
코페아 모리티아나 23
코페아 샤리에리아나 23
코페아 스테노필라 23
코페아 아라비카 20
코페아 엑셀사 23
코페아 유지니오이드 23
코페아 카네포라 20
코페아 콘젠시스 23
코페아속 20
콜롬비아 버라이어티 46
콜롬비아 34 75 201 223-227
콜롬비아커피생산자연합 223
콜롬비아커피연구센터 39 57 223
콩가 285
콩고 21 23 65
쿠르그 314 316
쿠르메 55
쿠바 237 271 272
쿠스카틀레코 48

쿠스코 229
퀘이커 193 196
퀸디오 227
크리스탈마운틴 커피 272
키고마 297
키룬도 303
키린야가 291
키부예 300
키시르 330
키암부 291
킨탈 147
킬리만자로 57 209 294 297
킬리만자로원주민재배자협회 294
킬리만탄 305

타가수분 103
타라수 250
타리메 297
타리하 236
타밀나두 314 315
타비 51
타이타타베타 291
타파리케라 51
타파출라 239
탄산가스 침용 156
탄자니아 23 294-297
탄자니아커피연구소 295
탈곡 169 171 184 191-193
탕가 297
테라록사 75
테우안테펙 244
테카파-치나메카 256 257
테키식 38
토라자 칼로시 309

토라자 306 309
톨리마 225
투리알바 252
투피 48
트라방코르 315
트라이앵글러빈 17
트랜스은조이아 291
트레스리오스 252
티모르 하이브리드 44 47 49
티모르 44
티피카 28 32 33
팀팀 44

파나마 34 268
파나마스페셜티커피협회 268
파네가 147
파라 214
파라나 219
파라이네마 48
파셜 블랙 194 195
파셜 사우어 194 195
파스코 229
파울리스타 219
파젠다 209
파종 86 87 90 91
파체 31
파체코뭄 31
파체콜리스 31
파치먼트 15 25 86-88 124 129 130 134-140
파카마라 43 61
파카스 36 43
파티오 146 151 152 158 159
파푸아 305 310
파푸아뉴기니 29 57 305 319-321

팔리에타 214
펄퍼 125 127 129-131 134 147
펄프 14 15 129-131 133
펄프드 내추럴 가공 145 146
펄프드 커피 142
펄핑 106 124 125 127 129
펑거스 데미지 191 194
페루 28 201 228-230
페어트레이드인터내셔널 199
펙틴 135
포레스트 커피 280
포린 매터 191 194
포테이토 디펙트 301
포트모르즈비 319
포파얀 226
폴리싱 171
푸나 328
푸에블라 239
푼타아레나스 248
풀 디펙트 194 195
풀 바디 33 246 321
풀 블랙 194 195
풀 사우어 194 195
풀니 315
풀리 워시드 145
프라이머리 디펙트 194 195
프라이하네스 245
프란시스카 모라산 262
프래그런스 193
프레시 체리 123 142
프렌치미션 34 40
프로피온산 138
프리 클리닝 169
프리미엄 커피 164 182 188

플라나우투 219
플랜테이션 커피 280
플랫빈 16 222 292
플레이버 34 36 38 43 56 57 59 146 152 156
플로레스 307 310
플로터 120-122 124-129 133 192
플루마이달고 32
피베리 16 56 172
피우라 229
피친차 234
핀헤드 단계 104
필리핀 22 23

하라 55 283 306 332
하라리 279
하라지 331
하마쿠아 328
하와이 29 75 111 326 327
하이브리드 66
핵과 14
핸드 소팅 176 270
핸드 스크리너 173
핸드 피킹 108
허니 커피 137 145-147 152 153
허스크 169 193 194
헐 193 194
혼도니아 219
화산 토양 75
화산재 토양 75 226 243 245
화이트 허니 152
황마 178
후닌 229
휘기 94
히노테가 264-266

AA 172 208 277 292 298 301 317 318
AAA 298 301 318
Abyssinia 53
Abyssinian 297
Acacia 81
Acaiá 44
Acatenango 243 245
ACE(Alliance for Coffee Excellence) 201 202
Aceh Gayo 307
Aceh 306
acetic acid 136
acidity 193
African bed 162
aftertaste 193
Agalta 262
Ahuachapán 256
Alajuela 35
Alotepeque-Metápan 257
Altura Coatepec 239
Altura Huatusco 239
Altura Orizaba 239
Altura 238 273
Amarelo/Amarello/Amarillo 40
Amazonas 229
Amex 297 298
ANACAFÉ 61
ANACAFÉ14 61
anaerobic fermentation 157
Anamalais 315
Andhra Pradesh 314
André Charrier 23
Antigua 241
Antioquia 225

Antoine de Jussieu 20
AP(American Preparation) 209
Apaneca-Ilamatepec 256
Arabica 10
Arabigo 32
Arabusta 51
Aricha 283
Armenia 226
aroma 193
Arusha 57
Atitlán 244
Ayacucho 229
Azua 277

Baba Budan 313
Bababudangiri 131
Bacterial blight 98
Bahia 29
Bali 307
Baliem Valley 310
Bani Ismael 331
Bani Mattar 330
Bani 277
Barahona 277
Batian 59
bean 14
Bebeka 284
Below specialty grade 195
beneficio húmedo 132
beneficio seco 132
beneficio 132
Bengkulu 308
Best of Panama 54
bichromatic sorter 175

Biligiri 316
Bird-Friendly 197
Black bean 190
black humid soils 75
Blue Java 309
Blue Mountain No. 2 275
Blue Mountain No.1 275
Blue Mountain Peaberry 275
Blue Mountain 28
BOD 141
body 16
Boki 326
Bold Bean 172
Bolivia Extra Arabica 236
Bolivia Primera Arabica 236
Bolivia 234
Boquete 268
Borbón 33
Botucatu 32
Bougainville 319
Bourbon Mayaguez 40
Bourbon Pointu 39
Bourbon 33
BSCA(Brazil Specialty Coffee ssociation) 215
Brazil 29
British East India Company 288
brix 107
broken 171 193
Brunca 252
Bucaramanga 226
Bukoba 294
Butare 300
butterfly stage 88
butyric acid 138

C.A.F.E. Practices 197
Cacahuatique 257
Cafe Chileno de Valparaiso 248
Cafés do Brasil 219
Café Miel 146
CAFENICA(The Nicaraguan Association of Smallholder Coffee Cooperatives) 264
Cajamarca 229
cajuela 114
Cameroon 23
Canephora 20
caracol 16
caracoli 16
Caranavi 236
carbonic maceration 156
Carl von Linné 20
Carmo de Minas 217
Cartago 251
Cascara 330
Casiopea 62
Castillo 47
Catador/Catadora 174
Catimor 45
Catimor129 45
Catrenic 45
Catuai Vermelho 40
Catuaí 33
Catucai 51
Caturra Vermelho 40
Cauca 225
CCRI(The Central Coffee Research Institute) 313
CENFROCAFE(Central Fronteriza del Norte de Cafetaleros) 228
Cenicafé 39

center cut 16
Central Standard(CS) 258
Central Valley 250
Centroamericano 60
Centro-Oeste Paulista 219
Cercospora leaf spot 98
Cerrado De Bahia 219
Cerrado de Minas 218
Chanchamayo 229
Chandragiri 313
Chapada de Minas 218
Chapada Diamantina 219
Charrier coffee 23
Chiapas 239
Chikamagalur 316
Chinchontepec 257
Chipped 193
Chiriqui 268
CIB(Coffee Industry Board of Jamaica) 274
Cibao 277
CIDS(Coffee Industry Development Strategy) 296
CIFC 45
Cini 287
classification 206
C.O.B(Classificacao Official Brasileira) 221
Cobán 245
Cochabamba 236
cochineal 241
COE 261
COFENAC(Ecuador's National Coffee Council) 232
Coffea arabica 20
Coffea canephora 20
Coffea charrieriana 23
Coffea congensis 23

Coffea eugenioides 23
Coffea excelsa 23
Coffea laurentii 21
Coffea liberica 20
Coffea mauritiana 23
Coffea racemosa 23
Coffea stenophylla 23
Coffea 20
Coffee belt 72
Coffee berry borer 79
Coffee berry disease(CBD) 40
Coffee Board of India 313
Coffee Board of Kenya 288
coffee ceremony 287
coffee factory 132
Coffee gardens 319
Coffee leaf rust(CLR) 21
Coffee Research Station 49
Coffee white stem borer 97
Colletotrichum kahawae 99
Colombia variety 46
Colombia 34
color sorter 175
Comayagua 262
commercial coffee 188
commercial polyculture 82
Congo 21
Conillon 65
Coorg 314
Copán 259
Coroico 236
Costa Rica 31
Costa Rica95(CR-95) 45
Cote d'Ivore 23

cover plant 94
Crystal Mountain 271 273
Cuba 237
cultivar 66
Cumbre 273
Cup of Excellence 156
cup quality 193
Cuscatleco 48
Cusco 229
Cut 193
CxR 65
Cyangugu 300

Da Lat 323
Dak Lak 323
Dak Nong 323
defect bean 172
Dega 55
desmucilaginador 145
destoning 169
Dire Dawa 283
direct trade 201
Djimmah 284
Dominica 28
Don Pachi Estate 269
Don Pepe Estate 269
Dota Tarrazú 251
double fermentation 137
Double pick(DP) 176
drum separator 134
drupe 14
dry cherry 107
dry fermentaion 137
dry mill 132

dry parchment coffee 142
dry process 118

E531 62
East New Britain 319
Eastern Highland 320
ECMC(Ethiopian Coffee Marketing Corporation) 279
Ecuador 214
ECX(Ethiopian Commodities Exchange) 279
EL Básamo-Quezaltepec 256
El Beni 236
El Brito 31
El Diamante 157
El Oro 234
El Paraiso 262
El Salvador 33
elephant bean 29
Elida Estate 269
Emil Laurent 21
Erna Knutsen 189
Erythrina 81
Espíritu Santo 217
ET01 61
ET06 61
ET26 62
ET41 62
Ethiopia 20
Eucoffea 20
Euro Preparation(EP) 209
Evaluna 61
Excelso 172 227
Extra Fancy 208 328
Extra Large Bean 172
Extra Prime Washed 246

Extra Turquino 273

Fazenda 209
Fair trade 197
Fairtrade International 199
fanega 147
FAQ(Fair Average Quality) 293
FECAFEB(Federacion de Caficultores Exportadores de Bolivia) 234
FNC(Federacion Nacional de Cafeteros de Colombia) 223
Finca la Montanita 158
Fine Cup 209 222
Fine Roast 222
flat bean 16
flavor 30
floater 192
Flores 307
Foreign matter 191
foreign ordor 193
Forest coffee 280
fragrance 193
Fraijanes 245
Francisca Morazán 262
Francisco de Melo Palheta 214
French Mission 34
fresh cherry 123
Full Black 194
full defect 194
Full Sour 194
fully washed 145 304
Fungus damage 191
FW AA 208 304

Gabriel Mathieu de Clieu 271
Galapagos 233

Garden coffee 280

Gayo Mountain 307

Gayo 306

Gedeo 283

Genuine Antigua 244

Gia Lai 323

Giling basah 154

Gisenyi 300

Gitega 303

Good Bean 172

Good Hard Bean(GHB) 252

Good Roast 222

Good to Fine Roast 222

Good Washed 240

Gowa 309

grading 206

Great Rift Valley 282

green bean 16

green cherry 106

green coffee 16

Grevillea 81

Guanacaste 252

Guatemala 29

Guinea 23

Gusii 291

Guyana 223

H3 62

H361 47

Hacienda La Esmeralda 54

Hamakua 328

hamileia vastatrix 98

hand sorting 176

hand-picking 108

Harar 282 283

Harazi 331

Hard Bean(HB) 234 246 270

Harrar 55 282

Harrari 279

Hawaii Kona 32

Hawaii 29

Heredia 251

HdT(Hibrido de Timor) 44

HG(High Grown) 240 263 267

Honduras 33

honey coffee 137

honey coffee process 145

Huehuetenango 239

Huila 225

husk 169

hybrid 66

IAC(Instituto Agronôico de Campinas) 34

IAPAR59 48

ICAFE(Instituto del Caféde Costa Rica) 147

Icatú 50

ICCRI(Indonesian Coffee & Cocoa Research Institute) 50

ICNCP(International Code of Nomenclature for Cultivated Plants) 66

ICO(International Coffee Organization) 178

IHCAFE(Instituto Hondureñ del Café) 36

IHCAFE-90 45

immature 106 192

Inga 81

INMECAFE(Instituto Mexicano del Cafe) 237

Inquisivi 236

Insect damage 191

intercrop 81

interspecific hybrid 66

Intibucá 261
intraspecific hybrid 66
Ipanema 217
Iringa 297
ISIC(Salvadoran Institute for Coffee Research) 36
Ismaili 331

Jackson 40
Jaguar ear stage 88
Jamaica Blue Mountain 275
Jamaica High Mountain 275
Jamaica Low Mountain 275
Jamaica Supreme 275
Jamaica 28
Jantung 306
JAS(Japanese Agricultural Standards) 199
Java 28
Jebena 287
Jember 50
Jimma 284
Jinotega 264
John Speake 21
José Guardiola 166
Juncalito 277
Junin 229

K7 40
Kauai 326
Kaffa 279
Kagera 297
Kaldi 279
Karnataka 314
Kayanza 303
KCPTA(Kenya Coffee Producers' and Traders' Association) 288

Kent 30
Kenya 23
Kerala 314
Khat 281
Kiambu 291
Kibuye 300
Kigoma 297
Kilimanjaro 57
Kirinyaga 291
Kirundo 303
Kisii 291
KNPA(Kilimanjaro Native Planters' Association) 294
Kochere 283
Koke 283
Kona blend 326
Kona coffee 326
Konga 285
Kopi Luwak 312
Kouillou 65
KP423 64
Kurme/Kudhome 55

La Minita 209
La Paz 236
Lam Dong 323
Lampung 308
Large Bean 172
laterite 75
Laurina 39
Lekempti 284
Lempira 45
León Cortés 251
Liberia 21
Liberica 13

Limani 48
Limu 284
Lintongnihuta 308
Loja 234
Longberry 55
Low Grown(LG) 267
Luwak coffee 312

Machakos 291
Madriz 265
Magdalena 226
Mamasa 309
Manabí 234
Managua 265
Mandailing 308
Mandheling 154
Manizales 226
Manjarabad 314
Manoa 326
Maracatu/Maracaturra 43
Maragogype/Maragogipe 29
Marcala 262
Marsellesa 48
Martinique 28
Matagalpa 264
Matari/Mattari 330
Matas de mlnas 217
matchstick stage 88
Mato Grosso Do Sul 219
Mato Grosso 219
Maui 328
Mauritius 23
Mbeya 295
Mbinga 297

Mbuni 293
MC(Machine Cleaned) 231
MCM(Machine Cleaned Mejorado) 231
Medium Bean 172
Meru 291
Mexico 29
MG(Medium Grown) 267
MH(Heavy Mbuni) 293
MHB(Medium Hard Beans) 252
Mibirizi 40
micro lot 209
micro mill 132
mild coffee 124
Milenio 60
mill 132
Minas Gerais 34
Misenyi 297
ML(Light Mbuni) 293
Mogiana 219
Mokka/Moka/Mocha 56
Molokai 328
Mombasa 288
monochromatic sorter 175
Monsooned coffee 317
Monsooned Malabar 316–318
Montana 251
Monte Alegre 217
Montecillos 261
Morázan 257
Morobe 320
Moshi 294
Mozambique 23
mucilage 14
mucilage remover 145

Muleba 297
Mundo Maya 61
Mundo Novo 41
Muramvya 303
Muranga 291
mutation 66
Muyinga 303
Mwaro 303
Mysore Nuggets Extra Bold 316
Mysore 30

Nairobi Coffee Exchange 288
Nakuru 291
Nandi coffee 23
Naranjo 251
Nariño 223
Naryelis 62
National Coffee Strategy 299
National Organic Program(NOP) 199
natural coffee 74
natural process 118
Nayarita 62
NCBE(National Coffee Board of Ethiopia) 279
Nekemptti 284
Nespresso AAA 197
New Oriente 158
Ngada 310
Nganda 65
Ngozi 303
Nicaragua 29
Nilgiri 315
Nor Yungas 236
Norte de Santander 226
Nueva Segovia 265

nursery 85
Nyambene 291
Nyeri 290

O.I.B.(Oost Indische Bereiding) 124
Oahu 326
Oaxaca Pluma 239
Oaxaca 239
Obata Rojo 48
OCFCU(Oromiya Coffee Farmers Cooperative Union) 279
OCIA(The Organic Crop Improvement Association) 199
Ocoa 277
Ocotepeque 259
Odisha 314
Old Brown 309
Old Java 309
Opalaca 261
orange peel washed 158
Orellana 234
Oro Azteca 45
Orosi 252
outer skin 14
overripe cherry 107

Pacamara 43
Pacas 36
Pache Colis 31
Pache Comum 31
Pache 28
Panama 34
Papua New Guinea 29
Papua 305
Parà 214
Parainema 48

Paraná 219
parchment 14
Partial Black 194
Partial Sour 194
Pasco 229
patio 146
PDO 262
peaberry 16
Peru 28
Pichincha 234
pinhead stage 104
Piura 229
Planalto da Bahia 219
Plantation coffee 280
Pluma Hidalgo 32
polishing 171
Pop3303/21 64
Popayan 226
Port Moresby 319
Potato defect 301
pre-cleaning 169
Premium coffee 164
primary defects 194
Prime Washed 240 246
propionic acid 138
Puebla 239
Pulney 315
pulp 14
pulped coffee 142
pulped natural process 145
pulper 125
pulping 106
Puna 328
Punta Arenas 248

Q1 286
Q2 286
Qat 281
Qishr 330
quaker 196
quintal 147

Rainforest Alliance 197
raisin process 156
Rasuna 51
Réunion 33
reposo 169
Richard Burton 21
Rio de Janeiro 214
Rioy 222
ripe cherry 106
Robusta Kaapi Royale 316
Robusta 10
Rôdonia 219
rotary dryer 165
Ruiru11 49
Rume Sudan 49
rustic 82
Ruteng 310
Ruvuma 297
Rwanda 23

S-228 50
S-274 65
S-795 50
Sagua-Baracoa 272
Salbadoran Bourbon 38
San José 250

San Marcos 245	Semi Hard Bean 246
San Martin 229	semi-washed process 118
San Miguel 257	semi-wet process 154
San Rafael 36	Sepik 321
San Ramon 251	Severe Insect Damaged 194
San Roque 37	shade tree 80
San Vincente 257	shaded polyculture 82
SAN(Sustainable Agriculture Standard) 198	shade-grown coffee 80
Sana'a 330	shading 31
Sanani 331	SHB(Strictly Hard Bean) 207 234 246 252 270
Sancti Spiritus 272	shell 184
Sansalvador 256	Shevaroy 315
Santa Ana 36	SHG(Strictly High Grown) 207 240 258 263 267
Santa Bárbara 261	Shortberry 55
Santa Cruz 236	Sidama 55
Santa Rosa 31	Sierra del Escambray 272
Santander 226	Sierra Leone 23
Santo Domingo 276	Sierra Maestra 272
Santos 209	Sigri 321
São Paulo 32	silver skin 14
Sarchí 35	Simbu 320
Sasa Sestic 157	single-origin coffee 211
SCA(Specialty Coffee Association) 189	sinker 121
SCAA(Specialty Coffee Association of America) 189	sisal 178
SCAE(Specialty Coffee Association of Europe) 189	skin 14
SCAP(Specialty Coffee Association of Panama) 268	SL-28 37
SCFCU(Sidama Coffee Farmers Cooperative Union) 279	SL-34 40
Scott Laboratories 37	Slight Insect Damaged 194
screen size 43	Sln.9 51
secondary defects 194	Small Bean 172
seed bed 86	SMBC(Smithsonian Migratory Bird Center) 200
Segunda 172	Sonsonate 256
selective picking 108	Sour bean 191
Semi forest coffee 280	Specialty coffee 179

Specialty grade 195
SSFC 209
Starmaya 61
stinker 138
Strictly Soft 222
strip harvesting 108
stripping 108
stumping 92
sucrose 77
Sud Yungas 236
Sudan Rume 57
Sudan 23
Sul da Bahia 219
Sul De Minas 217
Sulawesi 50
Sumatra 32
sun coffee 84
Supremo 172 208 227
Surinam 214
Sustainable coffee 188

T-5175 45
T-5296 47
T-8667 45
Tabi 51
TaCRI(Tanzania Coffee Research Institute) 295
Tafarikela 51
Taita-Taveta 291
Tamil Nadu 314
Tanzania 23
Tapachula 239
Tarija 236
Tarime 297
Tarrazú 250

Tecapa-Chinameca 256
Tehuantepec 244
Tekisic 38
Tercera 172
terra roxa 75
Tim Tim 44
Timor 44
Tolima 225
Toraja Kalosi 309
Toraja 306
TP(Triple pick) 176
Traditional polyculture 82
Trans-Njoia 291
Travancore 315
Tres Rios 252
triangular bean 17
Tupi 48
Turquino 273
Turrialba 252
Typica/Típica 28

U.G.Q.(Usual Good Quality) 227
UG(Under Grade) 285
Uganda 21
unripe 106
unwashed coffee 123
USDA762 55
UTZ 197
UV fluorescence sorter 176

Valle Central 250
Valle Occidental 250
varietal 66
variety 66

Venecia 63

Veracruz 237

vertical dryer 165

Very Large Bean 172

VICOFA(Vietnam Coffee-Cocoa Association) 322

Villa Clara 272

Villa Sarchi 35

Villalobos 30

Volcan-Candela 268

volcanic ash 75

volcanic soils 75

Yungas 236

Zamora-Chinchipe 234

Zimbabwe 23

W.I.B.(West Indische bereiding) 124

Waghi Valley 319

washed process 118

washing station 132

water stress 74

Wayanad 315

Western Highland 320

Western Valley 250

wet mill 132

wet parchment coffee 142

wet process 118

wet-hull 154

William McAlpin 209

winy process 155

Withered bean 192

Wolisho 55

World Barista Championship(WBC) 156

Wush-Wush 55

YCFCU(Yirgacheffe Coffee Farmers Cooperative Union) 279

Yemen 28

Yirgacheffe 55

도움주신 분들

강경훈 청라 커피안 대표
고동현 올레 커피 대표
김경임 혜전대학교 호텔조리외식계열 교수
김나희 충남도립대학교 호텔조리제빵학과 교수
김도희 Cafe Jam 대표
김득만 커피앤베이커리학원 대표
김명섭 한림성심대학교 관광영어과 교수
김민성 유니온커피학원대표
김선기 올댓커피 대표
김성권 천안커피교육전문학원 대표
김장하 강릉영동대학교 호텔리조트과 교수
김해영 (사)월드휴먼브리지 카페사업단 교육팀장
문순 한국커피교육원 대표
박기준 Cafe Vivant 대표
박연미 Cafe Astrud Brewers 대표
박용희 마이스터커피학원 대표
서상욱 Rough Roaster 대표
서진우 김포커피바리스타전문학원 교육팀장

성재열 리버스로스터 대표
손혜경 전남과학대학교 호텔커피칵테일과 교수
안지영 코리아커피아카데미 대표
안혜영 토브커피에이전시협동조합 이사장
오영아 대전커피문화연구소 대표
오혜지 상지대학교 호텔컨벤션학과 교수
옹성환 큐빈 이사
이규성 커피디렉션 아카데미 대표
이연옥 빈센트커피학원 대표
이지훈 훈스커피랩학원 대표
이호상 부산씨엔티바리스타학원 대표
임지호 부천혜림학교 행정실장 및 혜림커피로스팅팩토리 대표
정윤희 성북커피학원 대표
정철교 브루잉스튜디오 교육팀장
최재호 부산여자대학교 호텔커피바리스타과 교수
허경택 닥터허커피바리스타학원 대표
Leonel Seo J&B Cafe International CEO
Ricardo Gurdian Hacienda Miramonte Presidente

저자 소개

유대준
커피 인사이드 랩 대표
커피 인사이드 저자

숙명여대, 경희대, 한림성심대 등에 출강하였으며
전문커피교재 및 학습자료 연구 등으로
커피교육발전에 힘쓰고 있다.

박은혜
부천혜림학교 교사
혜림커피로스팅팩토리 대표 강사

음악교사로 재직하면서
초중고 학생들을 위한 커피교재 및 교구 연구,
교원연수 등으로 커피교육발전에 힘쓰고 있다.